本书为国家社会科学基金项目（10XMZ038）的课题成果

"壮"心可鉴：
壮族的族群认同与国家认同研究

罗彩娟　著

中国社会科学出版社

图书在版编目(CIP)数据

"壮"心可鉴：壮族的族群认同与国家认同研究／罗彩娟著．—北京：中国社会科学出版社，2019.3
ISBN 978-7-5203-4355-8

Ⅰ.①壮… Ⅱ.①罗… Ⅲ.①壮族—民族文化—研究—中国 Ⅳ.①K281.8

中国版本图书馆CIP数据核字(2019)第080200号

出 版 人	赵剑英
责任编辑	冯春凤
责任校对	张爱华
责任印制	张雪娇
出　　版	中国社会科学出版社
社　　址	北京鼓楼西大街甲158号
邮　　编	100720
网　　址	http://www.csspw.cn
发 行 部	010-84083685
门 市 部	010-84029450
经　　销	新华书店及其他书店
印　　刷	北京君升印刷有限公司
装　　订	廊坊市广阳区广增装订厂
版　　次	2019年3月第1版
印　　次	2019年3月第1次印刷
开　　本	710×1000　1/16
印　　张	17.75
插　　页	2
字　　数	291千字
定　　价	88.00元

凡购买中国社会科学出版社图书，如有质量问题请与本社营销中心联系调换
电话:010-84083683
版权所有　侵权必究

目 录

序 …………………………………………………………………（ 1 ）
绪论 ………………………………………………………………（ 1 ）
  第一节 "创造壮族"论与选题由来 ……………………………（ 1 ）
  第二节 族群与族群认同研究 …………………………………（ 5 ）
    一 族群释义 …………………………………………………（ 5 ）
    二 族群认同及其解释路径 …………………………………（ 9 ）
    三 国内有关族群认同的实证研究 …………………………（12）
    四 本土化语境中族群认同的发展与变迁 …………………（14）
  第三节 国家认同研究述评 ……………………………………（17）
    一 国家认同的理论内涵 ……………………………………（17）
    二 国家认同的理论渊源 ……………………………………（18）
    三 国家认同的路径分析 ……………………………………（26）
    四 余论 ………………………………………………………（32）
  第四节 壮族认同研究述评 ……………………………………（34）
    一 国外学者的相关研究 ……………………………………（34）
    二 国内学者的相关研究 ……………………………………（37）
  第五节 研究意义、方法与内容框架 …………………………（46）
    一 研究意义 …………………………………………………（46）
    二 研究视角和方法 …………………………………………（47）
    三 内容框架 …………………………………………………（48）
第一章 从骆到撞：族称的出现与族群意识的产生 ……………（52）
  第一节 西瓯、骆越与壮族文化的历史积淀 …………………（54）
    一 西瓯、骆越辨析 …………………………………………（54）

二　瓯骆记忆：族群文化特征的积淀 …………………………（56）
　　三　骆越古国与骆越王祭祀大典 …………………………（61）
第二节　乌浒俚僚与壮族的"僚人家园"想象 …………………（63）
　　一　乌浒：壮族尚黑习俗之源 …………………………（63）
　　二　俚与僚：骆越的后裔 …………………………（65）
第三节　撞（僮）人：族称的出现与族群意识的产生 …………（70）
　　一　作为族称的"撞"和"僮" …………………………（70）
　　二　"僮人"：族称的出现与族群意识的产生 …………（73）

第二章　从僮到壮：壮民族的形成与族群认同 …………………（77）
第一节　侬智高起义与"僮"族认同 …………………………（77）
　　一　历史背景：侬智高起义 …………………………（77）
　　二　祖先记忆：作为侬智高及侬军后裔的部分壮族 ………（80）
　　三　侬与农：靖西侬智高后裔的祖先记忆 ………………（82）
　　四　记忆、实践与族群认同 …………………………（86）
第二节　"汉人认同"：土司制度时期的"僮"与"狼" ………（89）
　　一　"东流西土"：广西土司制度概观 ……………………（90）
　　二　桂西土司时代的广西族群结构 ………………………（91）
　　三　"汉人认同"：土司制度时期僮族的族群认同 ………（96）
第三节　"讲僮话的汉人"：民国时期壮族的族群认同 …………（99）
第四节　从"僮族"到"壮族"：民族区域自治与
　　　　壮族认同的提升 …………………………（104）

第三章　壮族，从这里走向世界：壮族族群认同的
　　　　"中心"表达 …………………………（112）
第一节　龙母传说与文化表达：武鸣壮族的族群认同 …………（112）
　　一　田野点概况 …………………………（114）
　　二　龙母传说：原型与再造 …………………………（115）
　　三　龙母遗址：龙母文化的传承空间 ……………………（117）
　　四　传说与习俗：日常生活中的龙母文化表达 …………（121）
　　五　族群认同：传说与习俗的互构 ………………………（127）
第二节　记忆、表征与认同：靖西壮族的族群认同 …………（128）
　　一　历史记忆：族群认同的基础要素 ……………………（129）

二　文化表征：维持族群边界的符号 …………………………（134）
　　三　记忆、表征与认同 ………………………………………（139）
　第三节　"壮族，从这里走向世界"：田阳县壮族的
　　　　　族群认同 …………………………………………………（140）
　　一　信仰圣地：田阳敢壮山 …………………………………（141）
　　二　布洛陀：壮族的人文始祖 ………………………………（152）
　　三　族群认同的神力：布洛陀信仰 …………………………（159）

第四章　壮族何在：壮族族群认同的"边缘"表达 ……………（171）
　第一节　走向"正统"：云南马关县壮族的族群认同 ………（171）
　　一　侬智高遗裔：侬人的祖先记忆 …………………………（171）
　　二　纪念实践：作为民族英雄的侬智高 ……………………（180）
　　三　何为正统？马关县壮族族群认同 ………………………（185）
　第二节　壮在汉瑶之间：大化壮族的身份意识 ………………（189）
　　一　壮、汉、瑶的"他族观" ………………………………（190）
　　二　有限的族际通婚 …………………………………………（195）
　　三　瑶族与壮、汉族的融合 …………………………………（197）
　　四　瑶族自治县的成立与壮族的族群认同 …………………（200）

第五章　殊途同归：历史与实践中的壮族国家认同 ……………（204）
　第一节　壮族国家认同的历史演变 ……………………………（207）
　第二节　从"归顺"到"靖西"：靖西壮族的国家认同 ……（211）
　　一　从"归顺"到"靖西"：历史与地名中蕴含的
　　　　国家认同意义 ……………………………………………（211）
　　二　日常中的边疆意识与"兴边富民"行动中国家
　　　　认同的经济保障 …………………………………………（213）
　　三　侬智高与"南天国"遗址安德镇：文化遗产中的
　　　　爱国主义精神 ……………………………………………（217）
　第三节　"骆越古国"遗址与"中华文化源头"：武鸣壮族的
　　　　　国家认同路径 ……………………………………………（222）
　　一　"中华文化的源头"——骆越文化与武鸣壮族的
　　　　民族文化认同 ……………………………………………（223）
　　二　"中华文明发祥地"——骆越古国遗址与武鸣

二　壮族的国家认同 ……………………………………………… (227)

　　　三　骆越古国的精神支柱：传说中的骆越祖母王与
　　　　　壮族龙母文化 …………………………………………… (229)

　　　四　"四月四"骆越文化旅游节与国家的在场 ……………… (231)

　　　五　小结：文化认同是连接民族认同与国家认同的纽带 …… (234)

　第四节　侬智高奔"雷火峒"：大新壮族的集体记忆
　　　　　和国家认同 ……………………………………………… (237)

　　　一　雷火峒与傥犹州：侬智高遗址掠影 …………………… (238)

　　　二　壮族世代纪念崇拜侬智高 ……………………………… (240)

　　　三　侬智高精神传后人 ……………………………………… (242)

结语："壮"心可鉴 …………………………………………………… (245)

　一　认同与纽带：我们拿什么来想象壮族 …………………… (245)

　二　多元与流变：壮族族群认同的特征 ……………………… (250)

　三　"壮"心可鉴：壮族的族群认同与国家认同高度统一 …… (255)

参考文献 …………………………………………………………… (266)

后　记 ……………………………………………………………… (274)

序

彩娟是我的学生，说来真巧：当我在广西民族大学当硕导，她考上了我的研究生，成了我培养的硕士生；当我在中央民族大学当博导，她又考上了我的博士生，成了我培养的博士；当我与中山大学合作带博士后时，她又成了我培养的博士后，来了一个硕士、博士和博士后三连贯。这在我的教学生涯中是绝无仅有的一例。

近日获悉彩娟的著作《"壮"心可鉴：壮族的族群认同与国家认同研究》即将出版，我为她感到由衷的高兴。这是继她的博士论文《千年追忆：云南壮族历史表述中的侬智高》于2012年出版之后的又一部有分量的著作问世。如今她嘱我作序，我当然义不容辞，乐意为之。

彩娟的这部著作是她完成国家社科基金项目的成果体现。我虽然没有参与她的项目研究，但是从她申报这个项目开始，我就一直关注和提出个人意见。2010年她结合国家社科基金项目申报指南，告诉我她要以"壮族的族群认同与国家认同"为选题进行申报，我就对她的选题表示非常赞同，这是她第一次申报国家社科基金项目，也是她在参加工作两年后，第一次申报就获得立项的项目，实属难能可贵。这正是她在硕士、博士阶段打好专业基础的体现。

立项后接下来的5年里，她在承担繁重的工作任务和生儿育女的家庭重任之余，多次奔波于各个田野点之中，收集第一手资料，广泛涉猎相关文献，然后闭门写作，终于完成结题报告。结题报告上交之后，得到5位鉴定专家的好评，一致同意通过。

在项目研究过程中，作者采用人类学的田野调查法，利用寒、暑假前往广西的靖西、大化、武鸣、田阳、大新以及云南省马关县等壮族分布的部分地区开展深入的田野调查，从而获取丰富的第一手资料。同时采用历史人类学注重文献解读的方法，广泛阅读有关壮族研究的各类文献，并在此基础上，结合人类学的族群认同、国家认同、中华民族认同等理论对壮族的族群认同与国家认同进行了全方位的审视，提出独到的见解和观点。

族群认同、民族认同与国家认同等一度是民族学、人类学研究的重要研究议题。发展出族群认同的原生论、情境论、边界论、辩证阐释理论等学者们耳熟能详的理论流派。那么，对于人口最多的少数民族——壮族来说，是否可以套用上述理论中之一种来加以解释？而族群认同、民族认同与国家认同之间的关系究竟是和谐共生的，还是势不两立、非此即彼的？学术界也曾对此议论纷纷。壮族的族群认同与国家认同之间的关系呈现出什么样的特点？可以为其他民族处理本族群认同、民族认同与国家认同之间关系问题提供怎样的借鉴意义？对于学界熟知的西方学者提出的"创造壮族论"应如何看待？壮族是否中国共产党为了政治目的而创造出来？这些问题都是作者试图通过深入研究来加以回答的。

所幸的是，该著作并没有令我们失望，而是通过对丰富的田野调查资料和翔实的文献资料进行分析，对上述问题都给予了有力的解答。可以说，该研究成果是学界第一部全面系统研究壮族的族群认同与国家认同的著作，对其他学者研究该问题，起到抛砖引玉的作用。该成果首次从族群认同与国家认同的视角及学科理念，从整体上对我国不同壮族地区的族群认同与国家认同展开系统研究，可以说是目前该问题研究的最新成果。

首先，作者对族群认同、国家认同研究以及壮族认同研究进行了学术回顾和进一步反思。在肯定传统研究不足的同时，进一步指出，以往的族群认同研究大多没能超越族群认同工具论与边界论之争。有关国家认同的研究侧重于对全球化背景下的当代民族国家社会中的国家认同探讨，较少把国家认同放在一个或多个族群发展的历史长河中进行纵向审视。作者试图通过历史人类学的理论和方法来弥补这些不足。

有关壮族认同的研究也存在偏向于从壮族与汉族的互动来论述壮族认同，较少从内部视角及宏观视野来研究壮族族群认同；在壮族认同路径问题上，虽然有学者提出壮族认同三层次论，但是没有对这三个层次进行深入的实证研究；以及倾向于从历史的角度来梳理壮族认同的发展历程和特点，较少建立在扎实的人类学田野调查基础上的研究成果。因此，作者提出，为了突破以往研究的局限，必须既要关注历史上壮族族群认同、民族认同和国家认同几个不同层次认同的历史发展脉络，又要通过人类学田野调查法横向比较不同壮族地区的族群认同与国家认同状况，才能较为全面地把握和审视壮族的族群认同与国家认同及两者之间的关系特点。

其次，作者通过丰富的田野调查资料和历史文献资料分析，回应了21世纪以来风行一时的"壮族创造论"的观点。否认了壮族是共产党创造出来的这一论调，认为壮族虽然在历史上存在族称众多不一，语言多样，分布地域广泛等特点，但其作为一个民族实体是在历史长河中演进的结果，有其认同的历史和文化根基。

历史上壮族的认同发展历程是异常曲折的，当代不同壮族地区的壮族族群认同亦是错综复杂，不一而足的，因此我们要承认这种复杂性，呈现出分别处于核心地区和边缘地区的壮族的不同族群认同模式。但这并不意味着，壮族没有内部的统一，没有统一的认同，更不能因此认为壮族是创造出来的。如同中华民族多元一体格局理论那样，壮族的认同也表现出一体多元的特征。一定程度上超越了族群研究的原生论和工具论的争论。提出并不存在单一的族群认同路径和模式，族群认同的内部复杂性需要引起我们的关注。

再次，该研究成果具有视野开阔、研究视角整体性强的特点。其从纵向和横向、宏观与微观、理论与实证、整体与个案相结合，从多角度、全方位地对壮族历史和现实中的民族认同与国家认同展开系统研究。既从纵向发展的角度勾勒了壮族族群认同与国家认同发展的历史脉络，又从横向比较的角度以案例的形式展示了不同地域和不同人文生态环境下的壮族民众对本族群、本民族以及国家的不同认识和归属感，揭示了壮族族群认同和国家认同的内在复杂性和文化多样性特征。

最后，该书对壮族族群认同和国家认同的关系特点进行了高度概括和提炼。著作在结论部分以"'壮'心可鉴"这一形象的比喻来形容壮族族群认同与国家认同的高度一致性，起到画龙点睛的效果。指出壮族的族群认同与国家认同是高度统一的关系，"'壮'心可鉴"是形象比喻。"可鉴"是清澈得可以照见人的意思。"'壮'心可鉴"一方面是指壮族的族群认同与国家认同是清晰可见的，是可以研究探讨的议题；另一方面是指壮族无论对本族群（民族）的认同还是对国家的认同，均是耿耿忠心，日月可鉴。壮族既认同于自己的族群和民族，又认同于更高一级的国家。

两者相辅相成、高度统一,成为维护祖国边境安全、保持民族团结局面的模范。

正如其中一位鉴定专家所说的那样,作为人口最多的少数民族,壮族的族群认同与国家认同是我国各民族的民族认同与中华民族认同研究范畴的重要组成部分。该成果借鉴和吸收前人的相关研究成果,深入分析,认真梳理,初步厘清了壮族的族群认同和国家认同的历史发展脉络;突破了以往多从历时性研究民族认同的方法,突出不同地域、不同人文生态环境的壮族对本族群、本民族以及国家的不同认识和归属感,探讨壮族族群认同和国家认同的内在复杂性和文化多元性特征。忠实于历史文献资料,并注意剔除封建王朝历史书写中对于少数民族的偏见,以及对西方学者关于壮族创造论的观点予以批驳。多角度、全方位地考察研究壮族历史和现实中的民族认同与国家认同的事实。

该研究成果为族群认同、民族认同以及国家与社会关系研究等领域提供一个来自少数民族地区的生动案例。对于人类学的族群、民族问题研究领域以及壮族历史文化研究领域均有较大的学术价值。此外,对深刻认识壮族的族群认同与国家认同,巩固和发展平等、团结、互助、和谐的社会主义新型民族关系,维护民族团结、边疆稳定和国家统一,增强中华民族凝聚力,构建社会主义和谐社会具有重要的现实意义和借鉴价值。

这是彩娟历经 5 年完成的研究成果,当然还存在一些不足,但总体上瑕不掩瑜。它是作者在博士毕业后参加工作以来努力研究的结晶,是作者在学术研究道路上不断探索的新成果。祝愿她在未来的研究历程中取得更多新的成果。

是为序。

徐杰舜
2017 年 7 月 27 日
于南宁怡璟湾寓中

绪　　论

第一节　"创造壮族"论与选题由来

21世纪的第一年，对于从事中国少数民族研究的很多西方学者来说，无疑是非常重要的一年。这一年，西方学者集中出版了一批旨在解构中国少数民族身份认同和族群关系的重要著作，主要有：路易莎（Lounisa Schein）的《少数的法则——中国文化政治中的苗族与女性》（*Minority Rules: The Miao and Feminine in China's Cultural Politics*）、李福瑞（Ralph Litzinger）的《他者中国——瑶族与民族归属政治》（*Other Chinas: The Yao and the Politics of National Belonging*），以及斯蒂文·郝瑞（Stevan Harrell）的《田野中的族群关系与民族认同：中国西南彝族社区考察研究》等。这些著作在研究思路方面延续了1991年杜磊在《中国穆斯林：人民中国的族群民族主义》（*Muslim Chinese: Ethnic Nationalism in the People's Republic of China*）中所提出的理念，即认为当代中国境内的55个少数民族是1949年中国共产党领导的新政权建立后，国家根据其自身的管理需要而精心分类、识别和建构出来的民族群体，是国家政治运作的产物。[①] 其中，就包括了中国人口最多的少数民族——壮族。

白荷婷（Katherine Palmer Kaup）的《创造壮族——中国的族群政治》（*Creating the Zhuang: Ethnic Politics in China*）一书就是代表，她在书中提出了"壮族是中国共产党创造的"这一观点，与上述同期西方的中国研究著作有异曲同工之妙。作者在这部220多页的著作中写道："在

[①] 雷勇：《西方中心主义视野下的中国民族识别——以白荷婷的〈创造壮族——中国的族群政治〉为中心》，《广西民族研究》2012年第4期。

共产党之前，没有一个制度承认壮族是一个民族……共产党在中国西南部执政后，承认壮族是一个独特民族，并承认广西是中国五个自治区中的一个。这似乎是把南部分散的民族融入统一的中华民族体系中的最好办法，也是唯一的办法。"① 在白荷婷看来，目前被中国政府冠以壮族称谓的各个少数群体，原本并没有共同的语言和共同的文化以及共同的历史渊源，更没有共同的族群认同，完全是中国政府出于复杂的政治情况所创造出来的少数民族。这就是《创造壮族——中国的族群政治》所提出的核心观点。

对于"创造壮族"论，壮学专家们纷纷予以反驳。其中，最有代表性的是富强教授发表了3篇论文批驳白荷婷这一观点是站不住脚的。他在《壮族是创造的吗？——与西方学者 K. Palmer Kaup 等对话》② 一文中，梳理壮族形成发展的历史，指出：壮族族称最早出现于元代，汉文古籍最初写作"撞人"。其渊源与"骆越""俚""僚"等密切相关。明清以来，又写作"獞""僮""仲"等，说明这个民族早已存在，并不断发展，他们的民族认同意识都是在漫长的历史过程中形成的。他还从兄弟传说故事，以及僮族人口在历代中不断增长和分布范围一步步扩大等方面，证明壮族并非人为制造出来的一个民族。在《壮族认同自古有之》③ 一文中，李富强进一步梳理在不同历史时期壮族认同的不同表现程度，说明壮族"民族"层面上的认同虽是局部的、薄弱的、朦胧的，但显然是存在的。

壮族主要居住于我国南疆的广西壮族自治区，少数居住在云南文山壮族苗族自治州、广东连山壮族瑶族自治县、贵州从江县以及湖南部分地区。据2010年的第六次人口普查显示，壮族的人口已经达到了1692.64万人④，其中，在广西壮族自治区内的壮族有1658.72万人，占全区人口的32.15%。与2000年相比增加了105.61万人，增长6.80%。壮族是中

---

① Katherine Palmer Kaup, Creating the Zhuang: Ethnic Politics in China, Colorado: Lynne Rienner Publishers, 2000.

② 李富强：《壮族是创造的吗？——与西方学者 K. Palmer Kaup 等对话》，《桂海论丛》2010年第2期。

③ 李富强：《壮族认同自古有之》，《中国民族报》2008年12月5日第010版。

④ 郝文明主编：《中国民族》，中央民族大学出版社2001年版，第761—762页；国务院人口普查办公室，2002a：18—46；2012a：35—54。

国55个少数民族中人数最多的民族。对于人口最多的少数民族,学界基本认可壮族是中国岭南的土著民族这一观点,壮族与壮侗语族之布依、傣、侗、水、黎、毛南、仫佬诸族同源于古代的百越族,皆为百越后裔,其根源似乎可追溯到距今4万—5万年旧石器时代晚期的"柳江人"。壮族的自称因地而异,有"布壮""布越""布依""布土""布沙""布曼""布傣"等。壮族在宋代史籍中称为"撞""僮",中华人民共和国成立后称"僮",1965年,在周恩来总理建议下改为"壮"。

壮族先民在秦汉统一岭南前自主创造的一系列光辉灿烂的原生态文化:

1. 瓯骆故地远古时代人类文化遗址;
2. 独特的语言文化;
3. 独特的普遍众多的壮语地名;
4. 以稻作为中心的那文化体系;
5. 以铜鼓为代表的青铜器文化;
6. 以干栏建筑为代表的居住文化;
7. 以岜莱(花山)崖壁画为代表的艺术文化;
8. 以壮锦为代表的服饰文化;
9. 以壮欢为代表的歌谣歌圩文化;
10. 以布洛陀么经为代表的原始信仰观念文化体系;
11. 以土医为代表的医药文化;
12. 以宇宙三盖观、天人合一观为代表的朴素哲学思想。①

这些灿烂的文化如今多数依然在壮族人的日常生活中传承,是壮族的财富和骄傲。然而,正如覃德清所说的那样,壮族的宽容胸怀,开放品格、无私奉献、忍耐精神,却不时引来不公正的待遇。"壮族和汉族一样了""壮族没有特点了""壮族被同化了"之类的话语仍时常可闻,落实民族政策,"壮族例外""哭闹的孩子多吃奶",甚至推而广之,引出"壮

---

① 秦红增、张声震:《壮学理论及其建构者》,《广西民族大学学报》2012年第2期。

族地区不必自治"的推论，实是对壮族的误解与不公。①

也正因此，社会上和学术界才会有诸如此类对壮族的误解和偏见，才会有"创造壮族"的论调。面对如此不利于壮族自身发展的局面，无论是基于对壮族的民族情感，还是基于学术研究的客观真实的追求，作为壮族的学者，都不能对上述言论等闲视之或者坐视不见。反而应当像壮学权威专家张声震先生所说的那样，认识到"民族意识包含自我意识和自为意识，自我意识是指认识到自己是本民族的一分子，自为意识是指我作为壮族的成员，应为自己的民族做点什么事情。"② 同样，著名的民族学家徐松石先生对壮族人民的自然真挚情感令人动容，他在《粤江流域人民史》的"跋"中写道："作者祖籍粤东新兴而分居梧郡，因为女性祖系的遗传貌躬有深浓的壮族血液流贯""应为生平无上的荣耀。"在谈到岭南的僮族时，他说："作者研究岭南古代史地愈深，愈觉得僮人文化悠久，历史绵远，民性优良，力量宏厚，以前对于国家的贡献也极伟大。我不期然而自然的，对僮族的同胞，发生了一种热烈爱慕的心情。"③

前辈们对壮族怀有如此深厚的感情及对本民族的使命感，令笔者深受感动。作为壮族的一员，作为人类学者，笔者更应以所学知识对自身所属的民族开展研究，从而为增进笔者与他人对壮族的了解和认识，减少他人对壮族的误解。为更好地致力于消除民族之间的误解，笔者认为从壮族的族群认同与国家认同方面开展研究，对增强壮族内部的认同感，提高壮族的凝聚力，树立客观而正面的壮族形象，实属重要的一部分。因此，笔者希望基于文献资料和田野调查资料，在壮族的族群认同和国家认同方面贡献绵薄之力。早在 2010 年申报国家社科基金项目之时，笔者结合 2010 年国家社科基金申报指南，发现民族问题研究专业的第 1 个条目就是"各民族的民族认同与中华民族认同"，这让笔者异常兴奋，遂以"壮族的族群认同与国家认同研究"作为申报选题，并顺利得到立项。

另外，笔者的博士论文、2012 年出版的著作《千年追忆：云南壮族历史表述中的侬智高》已注意到壮族的认同问题。在查阅整理侬智高的

---

① 覃德清：《多重的认同，共赢的汇融——壮汉族群互动模式及其对消解民族矛盾的启示》，《广西民族研究》1999 年第 4 期。
② 秦红增、张声震：《壮学理论及其建构者》，《广西民族大学学报》2012 年第 2 期。
③ 徐松石：《徐松石民族学文集（上卷）》，广西师范大学出版社 2005 年版，第 62 页。

有关史料和著述时，得知侬智高对于壮族的形成来说意义非常重大，侬智高起义是壮族发展历程的一个重要里程碑。侬智高起义虽然以失败告终，但是侬智高起义对于壮族的影响如此之大。侬智高起义失败后，宋代王朝加强了对壮族地区的管制，开启了壮族的土官（土司）制度的时代。本研究的其中一部分内容，即是把侬智高事件融入到研究当中，深入探讨侬智高事件对壮族的形成以及壮族的族群认同和国家认同产生怎样的影响。

总之，在如上所述的这些内外因素的共同影响之下，笔者开始关注和着手研究壮族的族群认同与国家认同这一议题。这就是本研究的选题由来。

第二节 族群与族群认同研究[①]

在全球化浪潮的推动和影响下，世界经济呈现一体化发展态势，各国各民族之间在经济、政治、文化等方面的交流日益频繁。然而，世界范围内的族群矛盾和国家冲突依旧存在，民族之间和国家之间的和谐共处受到威胁。塞缪尔·亨廷顿认为："文明是终极的人类部落，文明的冲突则是世界范围内的部落冲突。"[②] 在新的文明冲突这一语境下，传统的社会身份认同失去了原有的功能，新的认同形式呈现，即通过依靠他者来实现。而当今多元化的社会环境使得自我与他者总是处于相互交织或者融合的状态，因此，族群认同研究成为人类学、社会学、民族学关注的焦点问题。

一 族群释义

在中国的文化传统中，"族"的概念源远流长。在商朝的甲骨文中，"族"就从字形上表达了"旗所以标众，矢所以杀敌"的意思，代表了古代以家族或氏族为单位的军事组织。[③] 在先秦的文献中，也出现了"九族""宗族""世族""王族"等术语。汉朝的许慎对"族"的解释为

[①] 本节主要内容曾以"族群认同理论研究述评"为题，作为中期成果发表在《广西师范学院学报》2014年第4期。

[②] ［美］塞缪尔·亨廷顿：《文明的冲突与世界秩序的重建》，周琪等译，新华出版社2009年版，第184页。

[③] 徐中舒主编：《甲骨文字典》，四川辞书出版社1988年版，第734页。

"矢锋也,束之族,族也"①。随着历史的发展,"族"的含义也不断扩大,作为一种分类的概念,不仅用于自然万物,而且用于人类社会的群体。正如"族,聚也。君子法此,同人以类而聚也;辨物为分辨事物,各同其党使自相同不间杂也"②。

历史上范围最大的一次"族类"交融时期是春秋战国,族际互动使中华文化圈从边缘走向中心。先秦时期的"族类"观念逐步脱离宗族血缘的纽带,即形成了华夏与"东夷""南蛮""西戎""北狄"的族类新视野。因此,有的学者认为"中华民族的各个民族都是由蛮、夷、戎、狄脱胎出来"③,共同缔造了我们这个伟大的统一的多民族国家。

族群(ethnic group)一词最早是在20世纪30年代开始使用,被用来描述两个群体文化接触的结果,或者是从小规模群体向更大社会中所产生的涵化现象。④ 到第二次世界大战以后,族群一词被用来取代英美国家长期使用的"部族"(tribe)和"种族"(race),强调非体质特征的基于历史、文化、语言等要素的共同体。20世纪70年代末,我国大陆民族研究学界引进这一词语,起初翻译为"民族群体",后来逐步采用香港、台湾学界的译法,即"族群"。

(一)国外学者的界定

关于族群的定义,各有不同的角度,但是基本上指的是在一个较大的社会里有一套自己独特的文化特质的群体。按照马丁·N. 麦格的观点,"族群是一个客观单位,即能够通过人们独特的文化特点进行识别,或者族群仅仅是主观产物,即人们将一个群体视为或将其宣布为族群"⑤。尽管某些群体也存在认同感甚至是社群意识,比如,对某个电影明星的痴迷,但是这些追星群体不会形成一个族群,因为不存在某种使得他们得以联系的共同文化基础和祖先认同。

---

① 许慎:《说文解字》,中华书局1963年,第141页。
② 阮正校刻:《十三经注疏:周易正义》(卷二),中华书局1980年版,第29页。
③ 田昌五:《古代社会形态研究》,天津人民出版社1980年版,第119页。
④ Thomas Barfield (ed.), The Dictionary of Anthropology, Blackwell Publishers, 1997. 转引自周大鸣《论族群与族群关系》,《广西民族学院学报》2001年第2期。
⑤ [美]马丁·N. 麦格:《族群社会学》,祖力亚提·司马义译,华夏出版社2007年版,第11页。

麦克米伦的人类学词典中，"族群"的词条为："族群，是指一群人或是自成一部分，或是从其他群体分离而成，他们与其他共存的或交往的群体具有不同的特征，这些区分的特征可以是语言的、种族的和文化的；族群这一概念包含着这些群体交互关系和认同的社会过程。"① 这一概念强调族群这一部分群体有它自身固有的特征，这些特征区别于其他群体。

1969年，F. 巴斯在其主编的《族群与边界》一书中，根据群体的排他性和归属性，提出了"族群边界"理论。该理论认为："一种归类方式是一个族群归属，即是由于个人的背景和渊源所决定的最基本的、最普遍的认同。在一定程度上，为了互动，成员们用族群认同去给他们自己和其他人分类，他们在此组织意识上构成了族群。"② 这一理论奠定了有关族群研究的基石，从社会视角上揭示了不同群体在社会互动中通过自我认同和被他者认同来维持族群边界这一现象。

《哈佛美国族群百科全书》中将"族群"定义为："一个有一定规模的群体，意识到自己或被意识到其与周围不同，并且具有一定的特征以与其他族群相区别。这些特征包括：共同的地理来源，迁移情况，种族，语言或方言，宗教信仰，超越亲属、邻里和社区界限的联系，共有的传统、价值和象征，文字、民间创作和音乐，饮食习惯，居住和职业模式，对群体内外不同的感觉。"③ 这一定义首次将族群边界和族群的一般内涵综合起来，对于研究族群认同提供了科学的基础。

马克斯·韦伯（Max Weber）将"族群"定义为："某种群体由于体质类型、文化的相似，或者由于迁移中的共同记忆，而对他们共同的世系抱有一种主观的信念，这种信念对于非亲属社区关系的延续相当重要，这个群体就被称为族群"④。台湾和香港诸多学者倾向于支持这一定义，从

---

① Chrlotte Seyttbur – Smith, Dictionary of Anthropology, London&Basingstoke: Macmillan, 1986. 转引自周大鸣《多元与共融——族群研究的理论与实践》，商务印书馆2011年版，第24页。

② [挪威] 弗里德里克·巴斯:《族群与边界》，高崇译，《广西民族学院学报》1999年第1期。

③ Stephan Thernstrom (ed.), Harvard Encyclopedia of American Ethnic Groups, Harvard University Press, Cambridge, Massachusetts, 1980. 转引自周大鸣《论族群与族群关系》，《广西民族学院学报》2001年第2期。

④ Max Weber, The Ethnic Group, In Parsons and Shils et al (eds.). Theories of Society, Vol. 1 Gleercol Illinois, The Free Press, 1961: 306.

社会人类学的角度理解族群意识对于社区发展的重要性。

(二) 国内学者的界定

吴泽霖主编的《人类学词典》对"族群"一词作了如下的解释:"一个由民族和种族自己集聚而结合在一起的群体。这种结合的界线在其成员中被无意识承认,而外界则认为它们是同一体。也可能是由于语言、种族或文化的特殊而被原来一向有交往或共处的人群所排挤而集居。"① 由此可见,该族群定义综合了社会标准和文化标准,既包括社会阶级、都市中的种族群体或少数群体,又区分了土著居民中的不同文化与社会集团。

孙九霞在《论族群与族群认同》一文中,对"族群"作了这样界定:"在较大的社会文化体系中,由于客观上具有共同的渊源和文化,因此主观上自我认同并被其他群体所区分的一群人,即称为族群。其中共同的渊源是指世系、血统、体质的相似;共同的文化指相似的语言、宗教、习俗等。"② 共同的渊源与文化都是客观的标准,族群外部的人通过这些标准对他们进行区分,族群内部的人员也通过这些标准强化内部的认同。

纳日碧力戈认为"同一个族群的人毕竟拥有'共识':同文同种,血脉相连,命运相关。族群可以获得某些'自然'特征,如语言、服饰、住房、饮食、宗教、体貌等等,这些特征既可以同时发生作用,也可以单个发生作用;既可以是原生的,也可以是后来产生的(同化、强加、借入……),甚至可以是想象的、构建的、实用的"③。族群内部的人员在这些"共识"和"自然"特征的共同推动下,具有持久稳定的能动作用。

徐杰舜在《论族群与民族》中指出,族群概念的引入和使用为中国人类学和民族学的研究开辟了一个新天地。他对"族群"的概念这样界定:"所谓族群,是对某些社会文化要素认同而自觉为我的一种社会实体。这个概念有三层含义:一是对某些社会文化要素的认同;二是要对他'自觉为我';三是一个社会实体。"④

综合国内外学者对"族群"的界定,笔者发现,"族群"是一个强调群体内部的文化性,在社会互动中与他者产生异质性,从而维持族群边界

---

① 吴泽霖:《人类学词典》,上海辞书出版社1991年版,第302页。
② 孙九霞:《论族群与族群认同》,《中山大学学报》1998年第2期。
③ 纳日碧力戈:《现代背景下的族群建构》,云南教育出版社1999年版,第3页。
④ 徐杰舜:《论族群与民族》,《民族研究》2002年第1期。

稳定性的具有一定规模的社会群体。

二 族群认同及其解释路径

(一) 族群认同

族群认同是族群研究的核心内容之一，在当今族际交往日益频繁和紧密的情况下，族群认同成为族群研究的重点议题。

"认同"一词原本属于哲学范畴，后来在心理学中得到应用，揭示的是个体对个体的接纳。当被社会学、人类学所采纳时，认同则扩大到个体与群体的关系，因此，有的学者将族群认同定义为"社会成员对自己族群归属的认知和情感依附"①。

族群认同是在族群与族群的社会互动基础上形成的，单个族群不会产生族群认同，只有在族群内部同质性的基础上与其他族群的异质性产生文化上的互动，才能塑造出族群内部的认同。周大鸣认为："任何族群离开文化都不能存在，族群认同总是通过一系列的文化要素表现出来，族群认同是以文化认同为基础的，因此这些文化要素基本上等同于族群构成中的客观因素。"② 因此，共同的历史记忆和语言、宗教信仰、风俗习惯、服饰等文化特征是族群认同的表现符号，这些符号的维持增强了族群内部间的交往，进而强化了内部的认同。

(二) 族群认同理论的解释路径

当前族群认同理论研究主要有以下几大流派：以纳罗尔（Raoul Naroll）为代表的文化说；以弗雷德里克·巴特为代表的"族界理论"；以克利福德·格尔茨、皮埃尔·范登伯格等人为代表的"原生论"；以阿伯乐·库恩、保罗·布拉斯等人为代表的"工具论"；以查尔斯·凯斯为代表的"辩证阐释理论"；以布拉克特·威廉斯为代表的民族—国家及其意识形态构建说，等等。而对于族群认同理论的发展，通常被认为经历了从原生论到工具论的转变，这两大理论也是人类学界最流行的族性理论。因此，梳理这两大解释路径的发展脉络和各自的侧重点，有利于更好地做与族群认同相关的实证研究。

---

① 王希恩：《民族认同与民族意识》，《民族研究》1995 年第 6 期。
② 周大鸣：《多元与共融——族群研究的理论与实践》，商务印书馆 2011 年版，第 30 页。

1. 原生论

原生论（primordialist approach），又称根基论，其萌芽可以上溯到18世纪德国的浪漫主义时代对启蒙运动理性主义的反对。这一理论认为族群认同主要来自天赋或根基性的情感联系，倾向于强调族群认同的自然性和固定性，主张在族群所具有的共同世系或起源的信念中区分族界的标志，甚至有的学者认为这是"亲属认同的一种延伸或隐喻"[1]。从社会心理学的角度，笔者认为，原生论意义上的族群认同是人性中某种非理性的原生情感的外化，在儿童时代通过早期社会化的过程内化到人的意识形态中去。

一般来说，原生论又进一步划分为两个流派，即文化历史学派和社会生物学派。前者以解释人类学家克利福德·格尔茨为代表；后者以社会生物学家皮埃尔·范登伯格为代表。

格尔茨在《文化的解释》中，通过分析新兴国家中的原生情感与公民政治，阐述了亚洲和非洲的一些被殖民国家的文化和社会整合问题。在格尔茨看来，原生纽带的种类主要是假定的血缘纽带、种族、语言、地域、宗教、习俗，正是这些"给定的"社会存在，"塑造了人们关于他们究竟是谁以及与谁的关系密不可分的观念，其力量源于人性中非理性的基础"[2]。而在这些原生依附中，不管是谁，不管在哪个社会和时代，格尔茨认为是源自于自然的或者精神上的联系，而不是社会互动。

范登伯格运用社会生物学理论，认为人类社会是基于亲属关系组织起来的，族群也是如此。在他看来，族群是一个原生的实体，族群认同是"一种根植于人类基因中的生物学理性的外化或表现"[3]。由此可以认为族群实际上是亲属关系的延伸，那些表现型的体征直接地反映了人们在生物学意义上的关联，通过人们的通婚联姻，构成人们共同体。同时，范登伯格认为社会的维系和进步在一定程度上以抑制和牺牲人的生物适存原则为代价，而人类的文化创造能力应该并且可以超越人类行为的生物学基础。

总的来说，原生论认为族群认同的存在是与生俱来的，族群身份也是

---

[1] 庄孔韶：《人类学通论》，山西教育出版社2005年版，第346页。
[2] [美]克利福德·格尔茨：《文化的解释》，韩莉译，译林出版社2008年版，第286页。
[3] 同上书，第348页。

先赋的社会角色，具有稳定性和不可变化性。这一理论对于解释某些族群现象，比如，东南亚被殖民国家的原生情感，具有理论上的意义，但是兰林友认为"这一研究路径过度强调了族性的原生维度，没能理解族群认同的灵活性与工具性"①，可见这一解释路径被认为是静止的、自然主义的族性观。

2. 工具论

工具论（instrumentalist approach），又称情境论，出现在原生论之后，倾向于将族群视为一种政治、社会或经济现象，认为族群认同是在有限资源的竞争中形成，集体利益可以激发族群意识的感召力。阿伯乐·库恩是这一理论的早期代表人物，他认为人是双向度的，既是象征的人，又是政治的人，只有关注政治方面的因素，才能更好地解释族群意识在社会生活中的实际功能。同时，他还认为"当一些利益群体的成员不能依照法定的规则来把自己正式组织起来的时候，他们便会有意无意地来利用既有的文化机制来把彼此组织和连接起来，而族群意识也正是在这种条件下产生的"②。

后来，以保罗·布拉斯为代表的工具论者从理性选择的角度强调了族群认同的建构性，认为族群认同是为了政治、经济目的改变、建构甚至操纵而形成。同时，他还借鉴了精英论的观点，认为族群精英借助文化来维持族群边界，并把它作为象征符号来增强群体团结进而捍卫族群的利益。

工具论这一解释路径得到当代西方许多学者的认同，其中，美国学者白荷婷于2002年出版的关于壮族认同的专著——《创造壮族：中国的族群政治》③就是运用了工具论的视角，认为壮族是中华人民共和国政府出于维护南疆边陲政治稳定的目的而建构起来的"政治性民族"，壮族早已被同化或不存在超出村落和方言范围的认同，之所以难治理是因为与中原汉族主体社会存在异质性。因此中央政府在该民族聚居地设立民族区域自治，赋予他们统一的壮族认同，进而被族群内部的统治精英利用，作为一种工具向中央政府要求更多的政治和经济利益。尽管在白荷婷的研究中存

---

① 兰林友：《论族群与族群认同》，《广西民族学院学报》2003年第3期。
② [美]克利福德·格尔茨：《文化的解释》，韩莉译，译林出版社2008年版，第350页。
③ Katherine Palmer Kaup, *Creating the Zhuang: Ethnic Politics in China*, Colorado: Lynne Rienner Publishers, 2000.

在着西方工具理性认识论的局限性，但是工具论者大多认为族群认同的形塑与政治、经济和社会的变迁密不可分，认同是族群为达到某种功利性目的而采取的手段。因此，对于族群意识兴衰而论，工具论具有一定的解释力。

原生论在本质上是一种客观主义或者说是本质主义的理论，而工具论强调族群认同是在具体的历史和社会情境下构建起来的，具有主观性。族群毕竟是一个社会实体，族群认同也在社会互动中完成，有的人类学家开始倡导将这两种理论组合起来解释，探讨在政权的演变和社会变迁过程中，如何强化原生的族群认同。

三　国内有关族群认同的实证研究

自从族群的概念和理论传入中国后，中国学者开始对族群及其相关概念做理论研究和实证研究，他们运用人类学田野调查的方法，得出了许多学术成果。

中国台湾历史人类学者王明珂在《华夏边缘：历史记忆与族群认同》[1]一书中，运用族群认同理论和边缘研究的方法，分析研究特定情境中族群间的资源配置与资源竞争，以及"中心"与"边缘"的形成与变迁现象。从族群边缘的形成与历史回忆来解读华夏的本质。他引用大量历史资料、考古遗存和口述材料，对汉、羌、藏之间的族群关系或者说中华民族的起源与形成问题，为我们做出新的历史人类学的诠释。他在《羌在汉藏之间：川西羌族的历史人类学研究》中，进一步透过"羌"之历史，展现华夏西部族群边界的变迁，以及其如何贡献于近代中华民族的形成。王明珂认为，"族群"是一类以血缘记忆凝聚的人类社会群体，是家庭、家族发展而来的亲属体系的延伸，这是族群原生论的体现；而羌族聚居于川西岷江流域的高山深谷中，他们相互激烈争夺限定空间中的生存资源，"因此各层次血缘或拟血缘群体之认同与区分和资源的分享与竞争有密切且明显的关联"[2]，这体现族群的工具性。他认为族群认同在这两股

---

[1] 王明珂：《华夏边缘：历史记忆与族群认同》，台北允晨文化实业股份有限公司1997年，第13页。

[2] 王明珂：《羌在汉藏之间》，中华书局2008年版，第32页。

力量间形成和变迁，由小变大、由近及远，最后论及羌族与中华民族等群体的认同。

李远龙在《认同与互动：防城港的族群关系》一书中，运用民族学、人类学、社会统计学的方法，阐述了防城港市各族群的构成与分布、族群接触和地位变迁，他从语言文字、节庆、礼仪、生产习俗、衣食习俗、宗教信仰等方面论述了族群认同，并进而上升到中华民族认同、国家认同的关系。他认为，族群认同是在互动基础上形成的，它们并非原生不动的，而是多变性、动态性的。①

梁茂春在2002年用了4个多月的时间在金秀大瑶山的11个乡镇完成了1771份有效问卷的实地调查，这是我国南方地区第一次较大规模的以族际通婚为主题的社会学问卷调查，结合政府的相关统计数据资料，完成其专著《跨越族群边界：社会学视野下的大瑶山族群关系》。他在书中描述和分析了从民国时期到改革开放后近70年来大瑶山族群关系的历史和现状，从过去泾渭分明的对立族群关系逐步走向融合，从隔离到混居、杂居的居住格局演变，从瑶族内部的不平等到族群平等地位的实现，从族群间相互排斥到友好往来的族际交往观念的嬗变，从"鸡不拢鸭"到族际通婚的增多，从而得出"民族、族群之间不仅有血缘意义上的相互渗透与'融合'，也有文化上的趋同"②的结论，一旦族群之间的边界变得模糊，族群认同意识也会随之淡化，这将有利于改善大瑶山的族群关系。

巫达在《社会变迁与文化认同：凉山彝族的个案研究》中，采用人类学民族志深度访谈和历史文献、作者亲身经历等视角来分析凉山彝族社会变迁与文化认同构建问题。作者认为彝族是一个隐形的组织，一个想象的共同体，他运用真实的冲突理论、社会认同理论、公平理论、相对剥削理论、族群关系五阶段论，探讨了甘洛县彝族和汉族之间的族群关系，揭示彝汉两个族群在文化融合与发展中日益显现的社会转型与社会变迁，从而得出作者的理论主线："族群互动促使社会变迁，社会变迁凸显文化认同及认同构建。"③

---

① 李远龙：《认同与互动：防城港的族群关系》，广西民族出版社1999年版，第120页。
② 梁茂春：《跨越族群边界：社会学视野下的大瑶山族群关系》，社会科学文献出版社2008年版，第299页。
③ 巫达：《社会变迁与文化认同：凉山彝族的个案研究》，学林出版社2008年版，第2页。

祁进玉通过对西北甘肃、青海地区的几个土族聚居农村和西宁、北京两个城市土族散杂居社区进行实地调查研究，配合主位和客位的观察研究并结合共时性与历时性的研究方法，探讨影响族群认同的地域意识、历史记忆、民族文化和公民身份等因素，认为"认同意识在现代的意义转变，有着全球化影响的背景，进而造成人们（个体和群体）的一种身份认同的混乱、暧昧和模糊化"[①]。

吕俊彪通过对扬美古镇商品交换的民族志考察，以发生在民国初年的"四月初九"事件为切入点，描述了当地人在重构此历史事件过程中所表现出来的自我想象以及自我与他者的深刻界分，分析了商品交换与乡土社会秩序的维系问题，历史记忆、生计方式之于族群认同的影响问题，财富观念、商品交换与族群关系三者之间的互动关系。作者从经济人类学的角度，认为"作为一种社会交往方式，商品交换促成了当地人族群认同的形成"，并且"多向度的族群认同是商品交换得以存在的社会基础"[②]。

当然，国内有关族群认同的研究成果还有很多，在此只列举部分作为代表。可以说，国内族群认同研究主要在研究方法、研究素材的使用等方面都有很大贡献，但在理论的建构上仍有不足，比较研究的成果亦较少。

四　本土化语境中族群认同的发展与变迁

费孝通先生提出的"差序格局"与"中华民族多元一体格局"是解释中国社会结构的两大理论基石，前者侧重微观层面，分析人与人之间的关系；后者侧重宏观层面，探讨群体与群体之间的关系。在滕尼斯看来，社会关系中本质的意志产生以社区，以血缘、邻里和朋友关系为纽带；选择的意志则导致社会以契约、交换、计算为主要纽带。前者亲如一家，是个礼俗社会，后者则是与单一功能联系着的角色，是法理社会。而不管在哪种社会结构下，社会的良性运行以及协调发展都离不开族群或者民族内部的认同。

---

① 祁进玉：《群体身份与多元认同——基于三个土族社区的人类学对比研究》，社会科学文献出版社2008年版，第2页。

② 吕俊彪：《财富与他者：一个古镇的商品交换与族群关系》，社会科学文献出版社2009年版，第363页。

(一) 族群认同与"差序格局"

费孝通先生认为中国社会的基层是乡土性的，在这样乡土社会结构的格局中，"以'己'为中心，像石头一般投入水中，和别人所联系成的社会关系，不像团体中的分子一般大家立在一个平面上，而是像水的波纹一样，一圈圈推出去，愈推愈远，也愈推愈薄"①。这就是所谓的"差序格局"，这里所说的"己"不同于西方的"自己"，实际上是以家庭或家族为中心，个人没有独立的权力和地位。生活在这一传统社会结构中的中国人，其社会关系是"逐渐从一个一个人推出去的，是私人联系的增加，社会范围是一根根私人联系所构成的网络"②。这种推移的动力就是以家庭为核心的血缘关系，而血缘关系的投影又形成地缘关系，血缘关系与地缘关系总是不可分离的。阎云翔认为，"差序格局是个立体的结构，包含有纵向的刚性的等级化的'序'，也包含有横向的弹性的以自我为中心的'差'"③。因此，差序格局不仅仅局限于汉人社会或者乡村社会，任何一个族群内部都或多或少存在着，是维系族群认同和文化自我的重要手段之一。"差"体现在族群之间的差异性上，"序"体现在族群内部的同质性上，在族群之间的异质性上更加突出族群内部的同质性。并且，通过各种社会规范、社会控制和契约来使族群社会有序进行，从而实现对某种"序"的追求，整合族群关系，使之成为"美美与共，天下大同"的社会事实。

(二) 族群认同与"中华民族多元一体格局"

费孝通先生认为中华民族多元一体格局具有 6 个特点：（1）中华民族多元一体格局存在着一个凝聚的核心；（2）少数民族中有很大一部分人从事牧业和汉族主要从事农业形成不同的经济类型；（3）除个别民族外，少数民族可以说都有自己的语言；（4）导致民族融合的具体条件是复杂的；（5）组成中华民族的成员是众多的，所以说它是个多元的结构；（6）中华民族成为一体的过程是逐步完成的。④ 徐杰舜认为，"中华民族就是在中国历史上出现的各个民族或族群，在从多元走向一体的逐渐演进

---

① 费孝通：《乡土中国》，上海世纪出版社 2007 年版，第 26 页。
② 同上书，第 29 页。
③ 阎云翔：《差序格局与中国文化的等级观》，《社会学研究》2006 年第 4 期。
④ 费孝通：《中华民族多元一体格局》，中央民族大学出版社 1999 年版，第 31—35 页。

的过程中,通过碰撞、互动、磨合和整合,在中华人民共和国成立,在《义勇军进行曲》的国歌声中形成的一个自在和自觉的民族实体"①。所以首先,中华民族多元一体格局的形成离不开少数民族或者族群,56个民族是基层,中华民族是高层;其次,"形成多元一体格局有个从分散的多元结合成一体的过程,在这过程中必须有一个起凝聚作用的核心。汉族就是多元基层中的一元,由于他发挥凝聚作用把多元结合成一体,这一体不再是汉族而成了中华民族,一个高层次认同的民族"。因此,如果把"差序格局"描述为"家我",那么"中华民族多元一体格局"则描述为"民族国家",是一个想象的政治共同体。在这个共同体中,56个基层民族的认同凝聚成中华民族的高层认同;最后,"高层次的认同并不一定取代或排斥低层次的认同,不同层次可以并存不悖,甚至在不同层次的认同基础上可以各自发展原有的特点,形成多语言、多文化的整体"②。从费孝通先生民族认同的多层次论看,中华民族的认同不仅包含着56个民族的认同,而且包含了中国历史上出现的各个族群的认同,在认同中形成了休戚与共、唇齿相依的感情和道义。

覃乃昌通过对20世纪中后期广西民族识别工作的研究,认为"广西历史上就已经形成了12个各自具有共同历史来源、文化上各具特点并内部认同的族群,经过民族识别,这些族群被确定为民族,使他们从族群认同走向民族认同。但是,这种民族认同是建立在族群认同的基础之上的"③。因此,笔者认为,族群认同与民族认同并非相互独立,而是相互促进、相辅相成的,族群认同是民族认同的前提和基础,民族认同是族群认同的发展和升华,在中华民族多元一体格局中,深化了各民族以及各族群内部的认同。

20世纪70年代末西方族群概念和理论引入中国内地,为中国的人类学、民族学、社会学开辟了新的研究领域。虽然费孝通先生在20世纪40年代就提出了"差序格局",80年代末提出了"中华民族多元一体格局",但是,这两个理论对于族群认同理论在中国本土化语境中的发展与

---

① 徐杰舜:《从多元走向一体:中华民族论》,广西师范大学出版社2008年版,第32页。
② 费孝通:《中华民族多元一体格局》,中央民族大学出版社1999年版,第13页。
③ 覃乃昌:《从族群认同走向民族认同:20世纪中后期广西的民族识别研究之三》,《广西民族研究》2009年第3期。

变迁，依然具有生命力和解释力。从差序格局到中华民族多元一体格局的跨越，不仅帮助我们解读中国社会的过去和今天，还帮助我们从微观层面到宏观层面去更深入地理解族群认同理论，实现族群认同升华到中华民族认同的过程，在跨越中不断强化了族群内部的认同。

第三节 国家认同研究述评

一 国家认同的理论内涵

"认同"一词来源于英语名词"identity"，起初是一个传统的哲学与逻辑问题，后由弗洛伊德移植到心理学领域，认为"认同作用是精神分析理论认识到的一人与另一人有情感联系的最早的表现形式"①。后来埃里克森进一步发展弗洛伊德的研究，指出"认同"实际上是关于"我是谁"这一问题的回答，把认同置于个体的、群体的和社会之中，在与他者的比较中形成自我认知和界定，意识到自身的与众不同。詹姆士指出，个体认同与群体的过程其实就是个体把群体的规则内化的过程。② 随着认同研究的深入，"认同"这个概念逐渐走出单一的心理学研究范畴，进入到社会学和政治学领域，用来表示某个特定主体与特定客体之间的关系。当前，学者们在多维视野下聚焦于民族（族群）或国家这类社会群体，强调身份和集体认同对个人行为的深刻影响，把"认同"当作"原因"或者"动力"来解释群体特性、感情和行为等社会政治现象。③ 芒茨爱拉特·吉博诺总结了"认同"的三个功能：一是做出选择；二是与他人建立起可能的关系；三是使人获得力量和复原力。④ 可见，认同在很大程度上影响着人们的行为方式和价值原则，"认同"研究对于个体、民族乃至国家都具有极其重要的意义。

认同具有多样性，其中民族学、人类学者较为关注族群认同、文化认同、国家认同。在全球化的背景下，民族国家受到超国家的区域认同及次

---

① 车文博：《弗洛伊德主义原著选辑（上卷）》，辽宁人民出版社1988年版，第375页。
② [美]詹姆士：《心理学原理》，唐钺译，商务印书馆1963年版，第146—147页。
③ 钱雪梅：《从认同的基本特性看族群认同与国家认同的关系》，《民族研究》2006年第6期。
④ 贺金瑞、燕继荣：《论从民族认同到国家认同》，《中央民族大学学报》2008年第3期。

国家的民族认同的双重冲击,"国家认同"(National Identity)便成为近年学界探讨的热点问题。在国际学界,国家认同问题在20世纪60年代后期的比较现代化与政治发展的研究领域逐渐凸现,其概念和定义也由西方学者提出并进行阐释。美国政治学家白鲁恂(Lucian Pye)对国家认同作出经典定义:国家认同是处于国家决策范围内的人们的态度取向。美国的另外两位学者罗德明和塞缪尔·金认为白鲁恂对国家认同所作的经典界定不够有效,因此他们在前人的基础上进一步探讨国家认同问题,认为现代国家是在民族这一集合体的基础上形成,可以部分地根据群体维度来定义,也考虑到群体对国家权威的附属这一重要因素,反映了民族与国家之间的关系。[①]"国家认同"最早出现在1953年列文森论梁启超的著作《梁启超与中国近代思想》中。梁启超在1903年热情地宣传以国家利益为最高价值观念的思想,积极主张全国各民族团结起来,加强对于国家的认同。

近年来,我国的学者也对"国家认同"的定义和内涵做了阐释:郑永年认为"National Identity"这一概念就是民族国家认同,即人们对建立在自己的民族基础上的国家的认同;郑富兴将国家认同感定义为个人承受和接受自己的民族文化与政治身份后产生的归属感;林劲将国家认同视为一种政治心理现象,意即某个地区的人们对该地区、国家归属的认可和赞同,包括内政和外交两个方面;佐斌从社会认知理论出发,指出国家认同是人们对自己的国家成员身份的知悉和接受;贺金瑞将国家认同定义为一个国家的公民对自己祖国的历史文化传统、道德价值观、理想信念、国家主权等的认同,即国民认同。

二 国家认同的理论渊源

西方的早期民族理论根植于18—20世纪初期波澜壮阔的民族运动和复杂的民族问题实践,特别是20世纪90年代初以来,包括西方在内的世界正在经历"族性复兴"和"第三次民族主义浪潮"的冲击,因此西方民族理论的研究十分深入、活跃。西方学者的研究起步较早,虽然流派众多,观点相异,但归纳起来,比较成熟的观点和构想当属民族文化实体理

---

① Lowell Dittmer and Samuel S. Kim, *China's Quest for National Identity*, Ithaca and London: Cornell University Press, 1993: 6-7.

论、现代主义、族群—象征理论、后现代主义学说等。而我国作为多民族国家的典型代表，自古不乏对民族问题理论和实践的探讨，从"非我族类，其心必异"的类族辨物到有教无类的"华夷之辨"；从孙中山的"驱除鞑虏，恢复中华"到"五族共和"，都是不同时期对协调国家民族关系的指导路线。现代以来，中国共产党真正实现国家对各民族的有效整合，在建立和巩固国家认同的过程中作出艰难、曲折的探索，曾出现三种有代表性、影响最大的取向：民族国家独立论、中华民族多元一体理论和政治一体论与文化多元论。

(一) 西方国家认同的理论构想

1. 民族文化实体理论

最早谈论民族社会认同的，当属民族文化实体理论。关于文化性的民族概念产生于18世纪后期的德国，民族文化实体理论的代表是被称为"德国民族主义之父"的思想家赫尔德（J. G. Herder）。他认为，民族不是一个国家，而是一个文化实体；同一民族的人说共同的语言，生活在共同的地域，有着共同的习惯、共同的历史和共同的传统。[①] 赫尔德所说的语言、地域、历史和传统等都属于"民族要素"。从文化的角度来定义民族并对民族问题加以论述的理论我们称之为"文化民族主义"（cultural nationalism）的理论。所宣扬的思想并非要与政治隔绝，而是企图通过文化来论证民族需要"自决"的道理。因此赫尔德从不掩饰自己的政治倾向，而是通过强调文化的重要性来说明这些要素是一个民族被承认和拥有建立自己国家权力所依据的标准。同时，赫尔德在民族方面的论述还涉及到"认同"，他最先说明"归属于共同体是人的一种本质的需要"[②]，这一归属理论为后来的民族认同提供了借鉴和思考。

后来，以赫尔德的理论为代表的文化民族主义被冠以"浪漫主义"的政治学说，当代西方民族理论界继承这一学说后，又被冠之以"新浪漫主义"（New - romanticism），当今著名的民族理论家安东尼·史密斯

---

① ［伊朗］拉明·贾汉贝格鲁：《柏林谈话录》，杨祯钦译，译林出版社2002年版，第95页。

② 同上书，第84页。

（A. D. Smith）就是这一学派的突出代表。① 史密斯强调民族群体的"族姓符号"，即神话、历史记忆、宗教仪式、礼仪习俗等，其诸多观点可看作是文化民族主义理论的延续。

2. 现代主义

"现代主义"（Modernism）民族理论兴起于20世纪60年代，在"二战"后的全球性非殖民化和涌现出大批亚非新兴民族国家的背景下产生。该理论将民族主义视为现代性的产物，即在现代性框架下透视民族主义的产生、功能及影响。② 其核心观点为：无论民族还是民族主义，都不是古老的现象或者古老现象的现代化样式，而是新时代条件孕育的、本质上创新的产物。按照研究的视角不同，现代主义理论可大致分为经济现代主义、政治现代主义和文化现代主义三种类型。

经济现代主义主要考察经济发展与民族主义之间的关系。一种观点认为，"民族主义根源于世界资本主义经济的地区不均衡发展"③。以汤姆·耐恩和米切尔·赫克特为代表，在他们看来，这种不均衡的发展造成了核心国家与外围国家的巨大发展差距，由此产生剥夺与被剥夺关系。为了摆脱核心国家的束缚，保护自己的经济利益和市场，外围国家的精英只好借助语言、民间传说或者皮肤颜色等因素对民众进行民族动员。作为意识形态的民族主义运动便由此得以产生，并不断扩散。④ 里亚·格林菲尔德则持另一种观点，她认为资本主义的经济不均衡发展并不是民族主义产生的根源，相反，"民族主义才是导致经济活动一再趋向发展的决定因素"⑤。在她看来，民族主义是16世纪早期率先在英国产生，后来逐渐扩散到全世界的一种特殊社会意识形态。民族威望与经济成就息息相关，民族主义极大地激发了民族成员发展经济的使命感，使国民为了民族的声望而投身到无止境的经济竞争中去。因此，"资本主义精神就是民族主义。民族主

---

① Andreas Wimmer, Nationalist Exclusion and Ethnic Conflict: Shadows of Modernity, Cambridge Press, 2002: 46.

② 王军：《民族主义与国际关系》，浙江人民出版社2009年版，第16页。

③ [英] 安东尼·吉登斯：《民族—国家与暴力》，胡宗泽等译，生活·读书·新知三联书店1998年版，第257页。

④ 闫伟宁：《当代西方民族主义研究范式述论》，《民族研究》2008年第4期。

⑤ [美] 格林菲尔德：《资本主义精神：民族主义与经济增长》，张京生、刘新义译，上海世纪出版集团2004年版，第1页。

义是现代经济发展背后的伦理动力"①。

政治现代主义强调民族现代的政治属性。该理论认为：在从传统社会向现代社会、传统国家向民族国家的转型过程中，人们发生了前所未有的认同的危机。民族、民族主义正是为了应这种认同危机而产生的一种现代现象。② 因此，民族主义与现代国家相伴而生，是整合各种社会群体，使国家获得充分合法性的重要手段。政治现代主义大致存在两种视角：一种是权力的角度，在安东尼·吉登斯看来，现代国家不同于传统国家，它既是一个基于主权和公民权之上的行政统一体，也是一个以文化同质性为基础的"观念共同体"。民族主义是对主权的文化感受，是拥有边界的民族—国家行政力量协作的伴随物。③ 一旦民族国家的政治边界不能与既存的文化共同体相吻合，人们的民族主义情感就会被激发，各种性质的民族主义运动不断出现。另一种是社会建构的视角，强调民族的社会或国家建构特征。根据霍布斯鲍姆的观点，"民族主义早于民族的建立。并不是民族创造了国家和民族主义，而是国家和民族主义创造了民族"④。在启蒙运动、法国大革命和其他力量的推动下，这一学说最终成为一种广泛传播的意识形态，从而引导新近解放出来的群众力量，为现代国家或统治精英利益服务。

文化现代主义则从文化视角来探讨民族主义。这一理论以厄内斯特·盖尔纳（Ernest Gellner）为代表，在他看来，民族主义是"一种新的社会组织形式的结果，这种社会组织形式以深刻内化的、依赖于教育的并且受到各自的国家保护的高层次文化为基础"⑤。这种高层次文化既不存在于游牧社会，也不存在于农业社会，只能是现代工业社会的产物，而高层次文化又孕育了民族主义。与盖尔纳对民族主义的结构功能论证不同，本尼迪克特·安德森从历史社会学的角度对民族主义进行了分析。通过考察民

---

① [美] 格林菲尔德：《资本主义精神：民族主义与经济增长》，张京生、刘新义译，上海世纪出版集团 2004 年版，第 73 页。
② 金观涛：《探索现代社会的起源》，社会科学文献出版社 2010 年版，第 21 页。
③ [英] 安东尼·吉登斯：《民族—国家与暴力》，胡宗泽等译，生活·读书·新知三联书店 1998 年版，第 264 页。
④ [英] 霍布斯鲍姆：《民族与民族主义》，李金梅译，上海人民出版社 2000 年版，第 10 页。
⑤ [英] 盖尔纳：《民族与民族主义》，韩红译，中央编译出版社 2002 年版，第 63 页。

族主义的起源与散布，安德森认为，18世纪以后，世界性宗教、王朝和神谕式时间观念逐渐没落，旧世界观在人类的心灵中丧失霸权地位。在资本主义、印刷科技与人类语言宿命的多样性这三者的综合影响下，人们开始感受到"读者同胞"的存在，民族意识由此形成。因此，民族的属性（nationality）以及民族主义，是一种特殊类型的文化人造物（cultural artefacts）。①

3. 族群—象征主义

20世纪80年代，族群—象征主义（Ethno-symbolism）开始兴起，并发展成为能与"现代主义"比肩的当代西方民族主义研究范式。其代表人物主要有约翰·哈金森（John Hutchinson）、约翰·阿姆斯特朗（John Armstrong）以及安东尼·D.史密斯（Anthony D. Smith）等。该理论强调主观因素在族群延续、民族形成和民族主义影响中的作用，注重研究族群和民族认同情感的维度。族群—象征主义主要有以下几个特点。（1）民族的建构是精英与下层民众之间的双向互动，将民族形成过程视为对既存文化主题的重新阐释以及对早先族群联系和族群情感的重新建构；（2）通过长时间的对社会和文化模式进行历史分析，因为历史记录中不可避免地出现许多断裂和不连贯，只有通过几代人乃至几个世纪的考察，才不会曲解历史上的族群与现代民族之间的复杂关系，引导人们注意过去的集体认同形成对民族复兴的影响；（3）在族群的框架中对民族和民族主义兴起进行分析，把族群看作民族形成的重要基础。现代的民族大都具有多元的族群基础，族群可以和民族并存或者存在于民族之中；（4）象征符号对于民族和民族主义有着重要的作用。与血缘、政治、经济等要素相比较，神话、记忆、象征、传统等文化要素更具有亲和力，更能够维持族群与民族的边界，赋予民族和族群独一无二的特征，使之获得了人民大众的强烈情感性认同。

4. 后现代主义

20世纪80年代后期，后现代主义思潮开始渗透到民族主义研究领域，"后现代主义"（Post-modernism）民族理论开始产生。麦克林托克、

---

① [美]本尼迪克特·安德森：《想象的共同体：民族主义的起源与散布》，吴叡人译，上海人民出版社2003年版，第4页。

伊瓦-戴维斯、米歇尔·比利格、霍米·巴巴、帕尔塔·查特吉等人是主要代表者。他们借助后现代的视角和分析方法,对主流的民族主义理论进行解构和批判,得出许多理论成果,在学术界的影响力日益增强。该理论目前仍处于发展之中,但是对民族主义研究做出了一些突破,首先,表现为拓宽了民族主义的研究空间。比如,麦克林托克等学者认为,虽然妇女从来没有在民族主义论述中缺席,但是她们往往以弱者的形象出现,女性在民族观念建构或者民族想象中所发挥的作用得不到重视,常常被排斥在"民族主义"和"国家"这些话语之外。因此,她们开始对性别与民族主义的关系进行了深入的探讨;其次,民族主义的研究层次得到了深化。传统民族主义理论侧重于宏观层面的分析,"后现代主义"民族理论则转入微观层面的研究。在比利格看来,民族主义必须不断进行再生产,在民众中持续地塑造民族意识,这样宏大的民族主义叙述才能对民众发生影响,人们才能长久地维持集体认同并世代传承。此外,后现代主义还开创了民族主义研究的新视角。受福柯的知识考古学方法影响,后现代主义认为"对民族主义的研究不仅包括公开的民族运动,还应该包括各种民族观和民族叙述结构"[①]。因为民族和民族主义都是语义复杂的文化符号,必须把民族主义的文本当作是一种话语而非认知媒介,探究民族主义话语的内容和民族主义引起的政治这二者间的关联,才能准确把握民族主义特别是第三世界的民族主义的特性。

(二) 我国国家认同的理论探索

1. 民族国家独立论

马克思主义关于现代民族国家和民族主义的理论肇始于马克思、恩格斯,正式形成于列宁斯大林时期。与西方民族主义理论相比,马克思主义民族理论是一种为世界无产阶级革命及殖民地民族解放运动服务的哲学,对马克思主义解决民族问题的实践,乃至国际共产主义运动的历史实践产生巨大影响。马克思主义民族理论直接以民族问题为出发点,认为民族国家(nation-state)是近代资产阶级革命形成的"典型的正常的国家形

---

① [美] 杜赞奇:《从民族国家拯救历史:民族主义话语与中国现代史研究》,王宪明译,社会科学文献出版社2003年版,第8—9页。

式"①。因此，马克思主义致力于实现民族独立，并通过民族国家把国内全部人口或者说不同的民族整合为一个整体。由此，必然会面临这样三个基本问题：民族平等、民族自决与民族融合。马克思主义所认为的民族平等，一是文化和文明的平等，每一个民族都有优越之处，有着优秀的民族文化，不能区分为优等和劣等；二是民族权利的平等，每一个民族都有决定自己事务，平等参与公共事务的权利。所以，我国从中国的具体条件出发，实行民族区域自治，实现各民族平等，在一切权利平等的基础上共建统一的单一的人民共和国，每一个民族自治地方都是国家不可分离的部分。黄岩认为："在多元的复杂的民族国家中，国家的利益在于从国家统一和政治稳定的基础上整合各种不同的地方和各民族间的差异，以使这些多样性不致危害国家统一和领土完整，并达成政治上的民族国家认同。"②

2. 中华民族多元一体理论

费孝通先生认为中华民族多元一体格局具有6个特点。③ 指出中华民族多元一体格局的形成离不开少数民族。首先，56个民族是基层，中华民族是高层；其次，"形成多元一体格局有个从分散的多元结合成一体的过程，在这过程中必须有一个起凝聚作用的核心。汉族就是多元基层中的一元，由于他发挥凝聚作用把多元结合成一体，这一体不再是汉族而成了中华民族，一个高层次认同的民族"。因此，"中华民族多元一体格局"是一个想象的政治共同体，在这个共同体中，56个基层民族的认同凝聚成中华民族的高层认同；最后，"高层次的认同并不一定取代或排斥低层次的认同，不同层次可以并存不悖，甚至在不同层次的认同基础上可以各自发展原有的特点，形成多语言、多文化的整体"④。从费孝通先生民族认同的多层次论看，中华民族的认同不仅包含着56个民族的认同，而且包含了中华民族的认同，在认同中形成了共休戚、共存亡、共荣辱、共命运的感情和道义。徐杰舜对中华民族多元一体理论进一步探索，从结构论的视角出发，他认为中华民族的"多元一体"正是建立在汉民族的"多元一体"上，因为汉民族这个雪球的"一体"是由许多大、小族群的

---

① 《列宁全集》第25卷，人民出版社1988年版，第225页。
② 黄岩：《国家认同：民族发展政治的目标建构》，民族出版社2011年版，第55页。
③ 这6个特点已在本章第二节进行了介绍和阐释。
④ 费孝通：《中华民族"多元一体"格局》，中央民族大学出版社1999年版，第13页。

"多元"组成的。而汉民族这个雪球极具整合性,在汉民族形成和发展的上下五千年历史中,一切外来因素都逐渐变成汉民族这个雪球整体的一部分。在这种整合状态中,汉民族"一体"内的各个族群单位有着相互的联系,他们相互认同、依赖而成为一个整体。① 此外,他认为面对全球化的潮流,为了增强中华民族的凝聚力和创造性,还需要认识和了解中华民族从多元走向一体的过程论。文化基因的凝聚力、边疆对中央的向心力、草原与农业的亲和力是中华民族从多元走向一体的原因。中华民族从多元走向一体的互动轨迹经历了上下五千年,中华民族在中华人民共和国的国歌声中诞生,既标志着中华民族形成阶段的终结,又标志着中华民族发展阶段的开始。②

林耀华从结构论的层面肯定了多元一体论,他说:"费孝通教授确立了'多元一体'这个核心概念在中华民族构成格局中的重要地位,从而为我们认识中国民族和文化的总特点提供了一组有力的认知工具和理解全局的钥匙。"③ 费孝通的中华民族多元一体格局理论,是从研究中国民族的现状和历史的实践中得出的认识中华民族整体结构的一把钥匙,弥补了我国民族理论的空白。但费先生认为这仅仅是一次思想上的探索,尚未达到成熟阶段,需要对它进行更深入的探讨研究。

3. 政治一体论和文化多元论

多种族、多民族国家无一不面临如何处理本国民族关系以及政府应当如何引导民族关系发展方向的重要问题。民族社会学学者马戎从廓清"民族""族群"概念入手,阐述族群"文化化"和"政治化"的历史渊源及国内外背景,提出了理想的国家族群框架——"政治一体化,文化多元化"。中国自古以来在处理民族关系中具有把民族问题"文化化"的传统,这是汲取了源于"华夷之辨"的"天下观"。但是近代在新的历史条件下开始吸收西方国家把民族问题"政治化"和"制度化"的做法,因此没有把传统的民族关系"文化化"继承下来。马戎认为,我国有"文化化"的优良传统,又深受欧洲特别是苏联"政治化"的影响,所以

---

① 徐杰舜:《雪球:汉民族的人类学分析》,上海人民出版社1999年版,第9页。
② 徐杰舜:《中华民族从多元走向一体论纲》,《中国农业大学学报》2008年第12期。
③ 周星:《关于"中华民族多元一体格局"的学术评论》,《北京大学学报》1990年第4期。

对中国的少数民族作出"去政治化"和"文化化"是解决民族问题的"新思路"①。

马戎提出的"政治一体，文化多元"的设想，是费孝通于 1989 年提出的"中华民族多元一体格局"理论基础上的拓展，认为其可以强化作为政治实体的"民族"和国家，并把民族逐步引导到主要代表不同文化群体的角色之中。在"文化多元主义"的民族关系指导路线里，强调所有公民在政治及宪法规定的所有权利和义务方面的平等，维持和发展各民族优秀文化，实现政治统一与民族平等。尽管学术界对马戎的观点反应不一，但这也是我国在新时期对民族问题探索的一个重要突破。

三 国家认同的路径分析

构建国家认同是与民族认同、政治认同、文化认同与宗族认同互为联系、互为作用、相辅相成的。没有民族认同的基础和前提，国家认同就无法构建安全的地域和心理边界；没有政治认同的坚硬外壳，国家认同就会变得软弱无力；没有文化认同的柔软内核，国家认同则会断裂易碎；没有地方社会的认同，国家认同则无法实现整合。

（一）民族认同与国家认同

民族与国家是两个紧密联系的概念，高永久认为，现代民族国家是在超越以文化、民族、宗教等原生性纽带联结局限性基础之上，通过地域领土、中央权威和政治法律规范的统一等次生性政治联系纽带，实现了包容众多族类共同体的历史建构。② 民族认同是人类群体认同的一种，是社会成员对自己民族归属的自觉认知，因此民族认同具有自发性、稳定性和聚合力强的特点，而国家认同是民族国家通过政治社会化的进程中逐步构建起来的，具有波动性和不稳定性。20 世纪中期以来，学者们开始关注民族认同与国家认同二者之间的逻辑联系。不少学者认为民族认同与国家认同之间存在着一种相辅相成、互为补充的关系。③ 民族认同先于国家认同

---

① 马戎：《理解民族关系的新思路：少数族群问题的"去政治化"》，《北京大学学报》2004 年第 6 期。
② 高永久、朱军：《论多民族国家中的民族认同与国家认同》，《民族研究》2010 年第 2 期。
③ 张宝成：《民族认同与国家认同之比较》，《贵州民族研究》2010 年第 3 期。

而出现，是国家认同的前提和基础。每个人都具有特定的民族身份，在现代民族国家中，每个人都具有特定的国籍。国家是各个民族利益保障的共同政治屋顶，民族认同只有在国家的机体中才能巩固和发展。因此，民族认同自然会上升为国家认同，而民族认同与国家认同要相互统一、相互依存，这是多民族国家实现团结统一和社会安定的思想基础。"民族意识既是天使又是恶魔，关键看它在什么时候什么场合出现和怎样发挥作用"①，倘若民族政策的制定和执行不当，各民族的合法权益得不到保障，民族意识则会凸显出来，国家认同意识呈现淡化趋势。"巩固和不断强化国家认同，会对民族认同的发展形成一定程度的抑制作用；而多样性的民族认同及其增强，会对国家认同产生某种消解性的影响，导致对国家认同的侵蚀。因此，国家认同状况，取决于国家认同与民族认同之间的平衡。"②民族认同与国家认同之间存在微妙的辩证关系，并且长期并存、相互作用、良性互动。

学者们在民族认同与国家认同的关系上做了许多相关的实证研究。陈志明从国家认同的建构性特点入手，以马来西亚为例，分析了马来西亚的马来人与印度尼西亚苏门答腊的马来人因为生长在不同的"国家文化"中而成为不同的民族。今天的马来西亚华人与新加坡华人都自视为不同的群体，其差异源于不同的国家认同意识以及参与了不同的"国家文化"的形成。③周建新在分析以区域性混合社会与混合文化为特征的中国—越南、中国—老挝边境地区的多民族"和平跨居模式"的基础上，探讨跨国民族的民族认同与国家认同问题。他认为，"中华民族的大认同，就是实现全中国各族人民的大凝聚，这种大认同既不是同化，也不是异化，而是实现一种最高层次的民族与国家相一致的大认同"④。覃彩銮认为壮族的民族认同和国家认同经历长期的不断积累、不断发展和提升的过程。在民族认同的基础上，随着壮汉民族的文化交流与民族融合，特别是西南边疆遭到外来入侵，壮族的国家认同日愈增强。中华人民共和国成立后，党

---

① 王逸舟：《当代国际政治析论》，上海人民出版社1995年版，第128页。
② 周平：《论中国的国家认同建设》，《学术探索》2009年第6期。
③ 陈志明：《族群认同与国家认同：以马来西亚为例（下）》，罗左毅译，《广西民族学院学报》2002年第6期。
④ 周建新：《中越中老跨国民族及其族群关系研究》，民族出版社2006年版，第291页。

和国家实行的民族政策促进了壮族地区经济社会的全面发展，壮族的国家认同有了质的提升，维护了祖国南部边疆的社会稳定。① 陈心林考察了潭溪土家族的认同层次与变迁，提出潭溪土家族的认同体现出高层次与低层次认同并存不悖、各自发展的特点，其变迁趋势是由血缘性、地缘性认同向国家认同的方向发展。② 此外，还有祁进玉、王纪芒、胡青等学者从民族认同与国家认同调适共生的视角做相应的实证研究，说明二者之间相互依存的事实。

（二）政治认同与国家认同

政治认同最早出现在美国政治学家罗森堡姆的《政治文化》一书中，是指个体在政治生活中产生的一种情感和意识上的归属感。政治认同本质上属于心理层面的一种活动，包含着对政治体系的态度体验与价值评判，是维护政治稳定的重要心理根基。同时也是实现和推动政治发展的重要内容和无形资源。每个人都从属于一定的政治组织，获取相应的政治身份形成政治认同，与国家认同有着密切的关联。国家认同是当今执政党巩固政治认同的一个重要内容，一旦政治认同出现危机，执政党立即通过时间线更为久远的、空间性更为宏大的、人群覆盖更为宽广的国家认同来获取深厚的政治支持，形成认同共识，化解政治认同危局。国家认同的缺位则会导致民族的分离，以执政党为基础的政治认同则发挥效用，通过维系政治系统的良性运行与协调发展，形成强大的政治号召力，促进政局稳定。可见，国家认同是政治稳固的社会资本，政治认同为国家稳定提供心理支持，如此可避免出现像前南斯拉夫和前苏联那样的国家分裂悲剧。

政治认同还体现为公民身份的认同。"公民身份"这一概念蕴含平等、自由等普遍主义的取向，赋予个人以参与权利，驱使共同体走向民主、法治与公共商谈，是现代社会整合的核心。公民身份所要解决的是公民与国家或政治共同体之间的关系，它所体现的是公民在心理上和生活实践中对这种关系的体验和认识。公民身份确立的过程，也同时创造了公民身份及其对新政治单位即国家的认同。正如格罗斯所言："公民权创造了

---

① 覃彩銮：《壮族的国家认同与边疆稳定：广西民族"四个模范"研究之二》，《广西民族研究》2010年第4期。

② 陈心林：《认同的层次与变迁：潭溪土家族的个案研究》，《湖北民族学院学报》2006年第5期。

一种新的认同，一种与族属意识、族际身份分离的政治认同，它是多元文化的一把政治保护伞。它同时也是一种新的政治关系，一种比种族联系和地域联系更加广泛的联系。因而，它提供了一种将种族上的亲族认同（文化认同）与和国家相联系的政治认同（国家民族）相分离的方法，一种将政治认同从亲族关系转向政治地域关系的途径。"①

玉时阶通过考察美国瑶族人的认同发展过程，发现瑶族人从东南亚迁入美国时既不是老挝人也不是美国人，而是为了生存逃到美国的难民。进入美国后他们通过学习培训，对美国有所了解，找到一份安身立命的工作，获得了绿卡，成为了美国公民，实现从"东南亚难民"到"美国公民"的转变。这意味着美国瑶族人已确认自己属于这个国家，已与美国这个国家形成一种契约，即作为美国公民。其国家认同的过程通过国籍的认同得以实现，他们国家认同的核心内容与首要标志是"国籍认同"，没有国籍这一政治认同，也就没法实现国家认同。因此，东南亚瑶族难民取得美国国籍，成为美国公民，既是他们对美国"国家认同"过程的开始，也是他们对美国"国家认同"的继续。②

（三）文化认同与国家认同

文化是一个人们在精神领域内的某种价值共识，它不仅是一个人们行为的共同基础，而且是一个国家政治共同体最根本的维系力量。文化认同是指对人们之间或个人同群体之间的共同文化的确认。使用相同的文化符号、遵循共同的文化理念、秉承共有的思维模式和行为规范，是文化认同的依据。认同是文化固有的基本功能之一。拥有共同的文化，往往是民族认同、社会认同的基础。③

文化认同最早出现在氏族社会，氏族公社起源于对原始家庭群婚和血亲婚配制度的否定和禁忌，④这种规定和禁忌本身就属于文化的范畴，氏族则是其成员认同于这种禁忌的产物，即文化认同的产物，文化认同维系着氏族组织的存在和发展。原始氏族一般都有一定的名称，氏族成员必须

---

① ［美］菲利克斯·格罗斯：《公民与国家：民族、部族和族属身份》，王建娥等译，中央编译出版社2002年版，第32页。
② 玉时阶：《美国瑶族的国家认同与文化认同》，《广西民族研究》2011年第3期。
③ 崔新建：《文化认同及其根源》，《北京师范大学学报》2004年第4期。
④ 《马克思恩格斯选集》第4卷，人民出版社1972年版，第33页。

认同于本氏族的名称。摩尔根对美洲易洛魁人塞讷卡部落的8个氏族进行考察,发现它们全都以动物的名称命名,分别是狼、熊、龟、海狸、鹿、鹬、苍鹭和鹰。① 这些动物的名称成为氏族的名称后,便抽象为氏族成员认同的文化象征。进入到部落阶段,文化认同得到进一步发展,语言开始成为部落认同的基本标志。恩格斯对印第安人部落进行研究,发现部落除了有自己的地区和名称外,还有独特的、仅为这个部落所有的方言;有共同的宗教观念(神话)和崇拜仪式等文化特征。② 由于部落之间的战争,逐步通过分裂而转化成民族,民族的形成过程即是文化差异形成的过程,文化的差异性强化了民族内部的认同。现代民族国家产生以来,共同体成员的文化认同在主权国家的保护和促进下得到进一步发展。文化认同是共同体最稳固且长久的黏合剂,在全球化飞速发展的当今时代,经济和领土意义上的民族国家受到跨国公司的强烈冲击,民族国家的文化认同呈现强化的趋向,出现例如,亨廷顿的"文明冲突论"和罗兰·罗伯森的"民族文化在全球范围内的复兴"等学说,意在深刻认识民族文化与民族国家认同之间的紧密联系。

徐杰舜认为不同的族群能否凝聚成一个民族的关键在于文化的认同,他以汉民族的滚雪球为例,夏、商、周、楚、越诸族之间之所以能在滚雪球发展中凝聚成雪球,而且越滚越结实,文化认同是重要的原因。③ 此外,他还认为文化基因是认同内化的基础,在这个基础上认同的力量是伟大的。例如,在汉族和中南、西南少数民族之中广泛存在的葫芦神话所起的类聚作用,就是一种认同力量,这种认同力量积淀在中华民族的文化底蕴之中,它对中华民族的凝聚作用是任何风暴刮不倒,任何洪水冲不垮的。④ 李伟认为回族是在中华大地形成的一个少数民族,在其形成与发展中吸收和承载了大量中华传统文化,并经历了对中华传统文化到中华民族再到国家的高度认同过程。近代以来,回族在反对分裂、抗击外敌入侵、

---

① 《马克思恩格斯选集》第4卷,人民出版社1972年版,第81页。
② 同上书,第87—88页。
③ 徐杰舜:《从多元走向一体是民族过程的规律:以汉民族的民族过程为例》,《青海民族研究》2010年第4期。
④ 徐杰舜:《文化基因:五论中华民族从多元走向一体》,《湖北民族学院学报》2008年第3期。

维护国家统一、捍卫国家领土完整方面作出贡献,这与历史上回族对中华传统文化的高度认同具有重要关系。① 滕兰花从广西龙州班夫人信仰考察壮族民众的国家认同,认为班夫人的事迹凝聚着百越先民对国家的认同与忠诚,也记录下了汉越民族团结、共同维护边疆安宁的行为。② 石文斌等学者认为在我国社会主义现代化建设过程中,以"多元一体"理论为支持,对各民族文化进行整合,在各民族文化体系进行对话的基础上积极构建文化上的同质内核,使各民族自觉融入国家统一认同的文化场景中,实现对国家统一文化秩序的共享,对增强中华民族凝聚力、保持社会稳定具有重要意义。③

(四) 宗族认同与国家认同

宗族是我国传统社会的基本单位,是联结"国家—社区"二分结构的中间组织,宗族认同在很大程度上是出于一种敬祖崇宗和同源相亲的原生情感,而这种情感在中国有着悠久的历史传统和广泛的心理基础。弗里德曼提出了宗族得以全面发展的"边陲社会论"。在他看来,中国东南地区处于边陲地区,更需要自治,需要宗族的社会组织来管理这个远离中央的边陲地带。而边陲地区的人们需要有效地利用资源来自卫,只有互利合作,形成一个集团,才能获得最大化的资源。稻作生产是东南边陲地区最普遍的经济生活方式,能够带来足够的农业剩余,从而有利于共有财产的产生,进而推动宗族的发展。稻作农业的发展需要发达的水利设施,而水利灌溉设施的修建与维持不是一家一户能解决的,需要依靠宗族这样的合作组织。所以,弗里德曼认为,边陲状态及水利、稻作经济的发达促成宗族的发展。④

弗里德曼认为,宗族与国家之间呈现对立、冲突的关系,但是近年来一些学者从历史人类学的角度对这一观点进行了颠覆。刘志伟等学者认

---

① 李伟、丁明俊:《从文化认同到国家认同:论中华传统文化在回族形成与发展中的重要作用》,《北方民族大学学报》2010年第2期。
② 滕兰花:《从广西龙州班夫人信仰看壮族民众的国家认同:广西民间信仰研究之三》,《广西民族研究》2011年第3期。
③ 石文斌、杨虎得:《多元文化整合:国家认同构建的文化路径》,《青海社会科学》2012年第6期。
④ 王铭铭:《社会人类学与中国研究》,广西师范大学出版社2005年版,第69页。

为,明清以后在华南地区发展起来的所谓"宗族",并不是中国历史上从来就有的制度,也不是所有中国人的社会共有的制度。这种"宗族",不是一般人类学家所谓的"血缘群体",宗族的意识形态,也不是一般意义上的祖先及血脉的观念。明清华南宗族的发展,是明代以后国家政治变化和经济发展的一种表现,是国家礼仪改变并向地方社会渗透过程在时间和空间上的扩展。这个趋向,显示在国家与地方认同上整体关系的改变。[1] 科大卫通过考察北宋到清朝中期珠江三角洲地区礼仪演变,讨论地方社会与国家认同的问题。从北宋开始的正统祭祀礼仪到南宋的地方性礼仪,从明初推行的里甲制到宗祧法,到清代嘉靖年间确立家庙祭祀的地位,使之与宗族土地控制结合起来。随着家庙成为乡村组织的中心,祖先祭祀成了正统化的礼仪,地方社会完成了与国家整合的转变。[2] 萧凤霞等人认为,族群分类是一个流动的社会变迁过程,在这一过程中,地方上各种力量都会灵巧地运用当时的中央政府的符号象征,来宣示自己的权势和特性。[3] 宗族与国家之间并非是矛盾对立的,宗族认同可以成为构建和谐社会的一支辅助力量,改善地方社会与国家之间的关系,实现良性运行和协调发展。

四 余论

"冲突论"命题的核心思想表现为,在处理民族认同与国家认同关系过程中,通过忽视、压制乃至消除民族差异性或异质性要素的方式,打造统一的政治共同体和国家民族,实现国家的同质性建构。高永久从个体认同的多重性和民族认同问题的根源角度,论证了该命题的不科学性。得出民族成员对于国家的认同需要构建国家统一性的结论。民族认同与国家认同的关系又可以转化为民族异质性要素和差异性要素与国家统一性之间的

---

[1] 科大卫、刘志伟:《宗族与地方社会的国家认同:明清华南地区宗族发展的意识形态基础》,《历史研究》2000年第3期。

[2] 科大卫:《国家与礼仪:宋至清中叶珠江三角洲地方社会的国家认同》,《中山大学学报》1999年第5期。

[3] 萧凤霞、刘志伟:《宗族、市场、盗寇与疍民》,《中国社会经济史研究》2004年第3期。

关系，这也是多民族国家民族整合的核心问题。①

民族认同作为民族意识的重要组成部分，是民族自然属性的重要方面，文化认同诉诸着人们的民族主义意识和激发人们的爱国主义情感，政治认同保证民族成员对国家持久的效忠情感和对国家制度的自愿遵守，宗族认同是一种地方社会的集体认同，是社会关系互动的一种形式，国家认同表达了个体与国家相联系的情感联结和归属意识。这几种认同重合交叠，长期共存于个体的观念和意识形态中，它们并非是矛盾与冲突关系，而是在历史的实践中实现良性互动的共生关系。

徐杰舜认为，面对全球化，以及"9·11"事件后世界民族关系更加错综复杂的态势，中国的民族研究要创新、要发展，中国各民族要和平、要生存、要繁荣，必须更紧密地团结起来，必须把对中国56个民族的民族意识升华为中华民族的民族意识，必须把对56个民族的民族认同提升为对中华民族的民族认同，整合出一个适应21世纪全球化的挑战，适应世界民族关系错综复杂变化的、民族认同与国家建构相匹配的民族认同平台，这就是中华民族。②

中国梦是中华民族近代以来民族梦想的延续和升华，是对中华民族发展历程的深刻总结与经典诠释，同每一个中华民族成员的命运紧密相连，拥有旺盛的生命力，是实现国家富强、民族振兴、人民幸福的精神驱动力。中国梦具有强烈的忧患意识和国家情怀，因此，要妥善解决当前面临的认同危机，在筑好国家梦、民族梦和人民幸福梦的统一进程中，不断凝聚民族认同、挖掘文化认同、强化政治认同、协调地方社会认同，实现与国家认同的有机统一。

总的来看，关于族群认同和国家认同的研究具有如下特点：（1）学者们大多没能超越族群认同工具论与边界论之争，这两种理论忽视了更广阔的场景中国家和民族认同以及政治、权力的作用；（2）国内学界纠缠于族群等相关概念的翻译与适用性争论而忽略族群、民族在我国的具体情境中的特点；（3）有关国家认同的研究侧重于对全球化背景

---

① 高永久、朱军：《论多民族国家中的民族认同与国家认同》，《民族研究》2010年第2期。
② 徐杰舜：《论中华民族从多元走向一体》，《西北民族大学学报》2007年第6期。

下的当代民族国家社会中的国家认同探讨，较少把国家认同放在一个或多个族群发展的历史长河中进行纵向审视，致使国家认同的研究成果有缺乏深度之嫌。

第四节　壮族认同研究述评

对壮族认同方面开展研究方面，有少数国外学者研究的成果，也有一些国内学者的研究成果，各自关注既有共同之处，又有不同的地方。

一　国外学者的相关研究

自20世纪80年代以来国外学者对壮族的研究也日益增多。其中涉及壮族认同方面的主要有白荷婷的《创造壮族：中国的族群结构》和杰弗里·巴洛的《壮族：他们的历史文化与民族性》等著述。

(一) 白荷婷的"创造壮族"论

受《想象的共同体》的影响，西方国家的后现代主义者们，对中国少数民族的研究，一度站在对立面，试图重新结构中国少数民族，质疑中国民族识别和民族政策，提出"中国共产党创造中国少数民族"之类的观点。

如前文所述，美国人白荷婷（K. Palmer Kaup）在美国出版《创造壮族：中国的族群政治》[①]。在文中她采用西方族群认同理论中的工具论的分析方法，认为族群的认同与区分问题根本上是一种政治、社会或经济现象；因此她认为在中国共产党执政前，壮族并没有成为一个统一的民族，是中国共产党创造的"政治性民族"。

白荷婷否认壮族有史以来就是一个统一的民族。她基本坚持这种立场，认为多种多样的非汉族族群组成壮族，他们缺乏任何真正统一的文化或语言，只有很早统一的文化或语言才能使一个族群合理地界定为一个民族。按照她的观点，壮族统一的文化或语言是由中国中央政府政策造成的。今日固然存在一个壮族，但1949年前却不存在。

---

① Katherine Palmer Kaup, *Creating the Zhuang: Ethnic Politics in China*, Colorado: Lynne Rienner Publishers, 2000.

(二) 杰弗里·巴洛和《壮族：他们的历史文化与民族性》

在这本书的译者前言《研究壮族的"他者"和壮族作为研究的"他者"——杰弗里·巴洛及其壮族研究》中，金丽教授不仅介绍了作者的生平，还描绘了作者是如何开展壮族研究，又是遭到了怎样的挫折最终坚持形成这一成果的，并对巴洛的贡献给予高度评价。他在20世纪70年代末期开始，到广西工作，在广西工作期间，开始专注于壮族研究。他的研究曾一度被认为是采用了过时的"原生论"研究法，对此，他在原文序言和最后一章"壮族的源生形成"为自己辩护：

> 我并未如后现代主义所责难的那样，采取了"原生主义"分析法，就是说，我没有简单地把语言、宗教、种族、族属和领土等"原生"因素作为讨论壮族和研究他们历史文化的基础。然而，我确信，在壮族的起源和发展演变过程中有一股源源不断的主流，它发端于新石器时代，一直流延至今，孕育出了壮人之间互相联系的原生纽带及其族群认同的根基性情感。当然，壮族支系繁多，在其悠久的历史长河中，许多干流、支流、溪流在彼此的交汇冲撞中耗竭了，抑或被汉族涌入壮族地区的大潮冲蚀了。但如果我们只盯着这些干枯的河床、龟裂的渠底，就说壮族早被汉化，壮族已不存在，就说今天的壮族只是新中国政府出于某种政治策略而创造出来的，那就应了中国一句古话——"一叶障目，不见泰山"。①

可以说，这段话不仅清楚地表明了作者本人的观点和立场，而且有力地回击了"创造壮族"论。正如李富强所说："杰弗里·巴洛，美国太平洋大学历史教授写的《壮族：历史与文化的纵向研究》，作者以历史为框架，他广泛结合考古学、人类学和新近的移民理论，全面梳理了中国壮族从古至今的发展过程，是目前国外描述壮族的历史最为正面的一本著作。"② 因其"最为正面的一本著作"，巴洛的研究得到了壮学专家学者的一致好评。

---

① ［美］杰弗里·巴洛：《壮族：他们的历史文化与民族性》，金丽等译，广西人民出版社2011年版，第219页。

② 李富强：《中国壮学（第三辑）》，民族出版社2007年版，第296页。

他说，"在壮族是一个被创造的少数民族的问题上，我们的看法与莫里斯的不同。莫里斯相信壮族是一个"虚构"的少数民族。我们却认为，壮族的身份是在与汉人的相互关系中形成的；没有汉族，就不会有壮族；但无论是作为一个族群，还是作为个人，壮族都是存在的，他们具备一个真正民族所必需的各种特性。"① 我们可以知道的是，壮族的本质特征在于他们是中国的一个少数民族，他们的身份是在与汉族的相互作用中产生形成的。② 因此，在研究中，巴洛非常注重探讨在不同历史时期，壮族与汉族之间的关系及政府制定的不同民族政策，由此导致不同时期壮族的认同意识。如明代的一个特点是汉壮之间的融合。朝廷汉族官员认定，总有一天壮族会在文化上和政治上完全汉化或"同化"。明代朝廷试图终止对壮族的特殊优待政策。由于民国时代的偏见，及其对少数民族的同化政策，少数民族的风俗习惯被看做陋俗而遭到强行改造，所以"民国年的壮人选择'过关'而成为汉族，他们的行为不是可耻的背叛，归根结底，这只是少数民族生存策略的一种选择。"③ 新中国的少数民族政策，使少数民族享受一定程度的优惠，还有民族识别工作，让壮族和其他少数民族一样，充分感受到作为壮族的身份自豪感。

巴洛的上述分析对于本人的研究有非常重要的启发。本人在研究中，同样关注不同历史时期的壮族认同意识。

(三) 松本光太郎的壮民族意识"再生"论

日本学者松本光太郎梳理自秦朝以来壮族"汉人后裔意识"的变化，认为"汉人后裔意识"在秦军统一岭南后已初步出现。到了明代，"汉人后裔意识"有了很大的发展。宋代"汉人后裔意识"还不完全，但明代以后急速增加的伪称现象就是"汉人后裔意识"的明确化。……1949 年中华人民共和国成立，各民族的民族成分得到了承认，部分民族得到了"民族区域自治"的权利。1965 年把"僮族"一律改称为"壮族"，虽然

---

① [美] 杰弗里·巴洛:《壮族:他们的历史文化与民族性》，金丽等译，广西人民出版社 2011 年版，第 243 页。
② 同上书，第 219 页。
③ [美] 杰弗里·巴洛:《壮族:他们的历史文化与民族性》，金丽等译，广西人民出版社 2011 年版，第 237 页。

"汉族后裔意识"到现在在民间还部分保留,壮族得到了固有的民族成分。[①] 而广西壮族自治区的成立,以及壮文方案的制定,壮族族称的统一,这一切都表明了壮族自我意识的明确化,也是被"汉人后裔意识"的压抑弱化了的本民族意识的恢复。作者用民族自我意识的"再生"表示这种民族自我意识的变化。壮族意识的"再生"有两个重要的特点,第一,中国的民族主义的发展对少数民族意识的发展有一定的积极作用,第二,造成"汉人后裔意识"的不平等民族关系在历史上长期存在,所以壮族意识的"再生"也并不容易完全实现。[②]

二 国内学者的相关研究

(一) 壮族汉化与壮族"汉裔"情结研究

国内对壮族民族意识和认同方面的研究主要集中在对壮族汉化与壮族"汉裔"情结研究方面,尤其是对广西土司制度的研究最为突出。

"祖源山东白马"的说法广泛散落于广西民间的很多族谱和传说中,而且各地的"白马传说"都具有相似的故事情节:狄青讨伐侬智高,从军汉人立功受封,娶本地少数民族女子为妻,获封官职并繁衍后嗣。《清朝续文献通考》卷三百二十四载:"自宋以来,各土官如镇安之岑,向武之黄,步康之冯,上映下雷之许,类皆狄青……将,率所部留戍,裂土世袭。"[③] 广西历史上不乏土官编造家谱改为汉姓的先例,无论是因为受到民族歧视与民族压迫后所采取的策略性应对手段,还是因为向慕汉文化而自愿归属汉裔,以"追根认祖"的文化手段来建构汉族身份是一种共享的经验。……如黄氏与广西的其他一些姓氏后来被识别为壮族,而且在生活习俗、文化等方面都早已壮化,但他们仍称自己为汉族后裔,并有人以宗亲团体名义组织去探访"山东白马"以认祖。把祖先说成是为"讨伐侬智高"而来,则是为了与当地壮族人划清界限,通过祖源上的"汉、壮"的身份对立以凸显自己的汉族身份,试图在以汉族为主的多民族国

---

① [日]松本光太郎:《壮民族意识的"再生"——从"汉人后裔"到"壮族"》,载范宏贵、顾有识《壮族论稿》,广西人民出版社1989年版,第122—127页。
② [日]松本光太郎:《壮民族意识的"再生"——从"汉人后裔"到"壮族"》,载范宏贵、顾有识《壮族论稿》,广西人民出版社1989年版,第128—129页。
③ 刘锦藻:《清朝续文献通考》(第四册),浙江古籍出版社1988年版。

家中，获得自己源出正统的社会地位。①

学者们早已注意到壮族仰慕汉文化，认同古代汉族后裔这一现象，纷纷对此展开讨论。广西土官制度从宋代建立起，到民国初年全部改土归流，有一千多年历史。对广西土官民族成份，有不同说法：一说广西土官有一部分是随狄青平侬智高而来的，是外省人，汉人；一说广西土官全是"土酋"。又一说宋廷平侬智高后，仍用"土酋"任土官，但又说土官多山东人，自相矛盾，不能自圆其说，不足凭信。

粟冠昌认为，宋代广西土官全是僮族统治集团充任，明代虽有些土巡检司或个别土州的土官由汉人充任，但绝大部分土官还是僮族人。而所谓宋平侬智高后裂土分封狄部是不可信的。作者从史料记载以及土官的习俗，如婚姻习俗、服饰、语言习用壮语等方面论述，认为宋代广西土官全是僮族统治集团，明、清两代虽有极少数土官由汉人充任，但绝大部分仍是僮族。②

龚永辉也是较早探讨壮族汉裔情结的一个代表学者。他认为，"土话汉人"的概念并非壮族社会构成集团的正确反映，而是一种迷茫、曲扭的意识。"土话汉人"这一意识概念，从说土话的人们的族谱、家传以及自称来看，属于自我意识范畴。这种自我意识的内含意义，既不是原本的"土人"，也不是现实的"汉人"，而是"古代汉族的后裔"——即"汉裔"。"汉裔"概念作为"土话汉人"意识的核心，集中反映了这一意识的迷茫、扭曲特性。……如果把"汉裔"观念当作"土话汉人"历史范畴的标志，那么，这一历史范畴的上限大致可以划到壮族地区羁縻制度初始的唐朝，下限可以划到土司制度终止的民国时代。③ 这就是壮族自我意识在羁縻——土司时代的历史形态。

顾有识则从汉人入桂及壮汉人口比例的变化来探讨这一问题。他考察了不同历史时期壮汉人口比例变迁，商周、春秋战国时期，今广西是壮族先民西瓯、骆越的居住地，汉族（或其先民）几未涉足。自秦代至元代的1500多年间，壮汉人口比例变化甚微，为壮九汉一，由此以下至明嘉靖间的200年，

---

① 陈靖：《追根认祖：一种国家与乡民关系的文化建构——一个壮家宗族复兴的考察》，《广西民族研究》2014年第1期。
② 粟冠昌：《广西土官民族成份初探》，《学术论坛》1981年第2期。
③ 龚永辉：《"土话汉人"与"汉裔"概念——壮族自我意识历史形态初窥》，载范宏贵、顾有识《壮族论稿》，广西人民出版社1989年版，第101—102页。

为壮八汉二，再从明代中叶至中华人民共和国成立的400年间，为壮四汉六。很显然，壮汉人口比例之消长变化在明清以后的数百年间变得最为明显，其原因主要有两个方面：一是明清以后，汉人入桂的人数大增；二是明清以后，大量壮人同化于汉人之中。其中，既有强迫同化，也有自然同化。而壮族"汉裔情结"就是自然同化的代表。① 此外，谈琪在其论文中认为，汉族身份建构主要有三种方式，第一种认为自己是汉人之后裔；第二种认为先祖参与广西平定而立功受封；第三种认为自己与汉族同宗共姓。②

蓝韶昱对壮族土司社会的族群认同进行了比较深入的研究，是近年来在该领域着力较多的一位学者。他以龙州壮族土司社会为例，通过研究指出，龙州壮族土司社会的族群认同体现出多层次特点。（1）各族群的自我认同表现为原生性；（2）壮族的"汉裔"认同表现为场景性；（3）土司既认同汉族又认同壮族表现出两面性；（4）壮族的中华民族认同表现为向心性。③ 从而拓宽了过去对土司的汉裔认同的认识，还有对壮族土司的民族认同的理解更为深入全面。在承认壮族土司民族认同的双面性的前提下，强调了其对中华民族认同的一致性。

（二）民族识别、民族区域自治与壮族认同研究

部分学者注意到了民族识别与壮族认同有密切的关系，强调民族识别使壮族意识重新得到了恢复，民族识别使壮族众多不一的族称第一次获得了统一等观点。系统阐述民族识别与壮族民族认同问题的当数广西民族大学尹继承的硕士论文——《民族识别与壮族的民族认同》。该文研究发生在20世纪中后期中国民族识别背景下广西的民族识别与壮族的民族认同。在介绍了壮族的民族识别过程之后，重点阐释了壮族的民族识别与民族认同之间的关系。提出，（1）民族识别使壮族意识重新得到了恢复。"自从实行民族识别后，壮族被承认为一个民族，成为中国民族大家庭中平等的一员……1958年广西壮族自治区成立。壮族从此以一个民族的身份登上国家的政治舞台，民族认同意识延展到了民族全体成员，民族情感不断升

---

① 顾有识：《汉人入桂及壮汉人口比例消长考略——兼论壮汉之互为同化》，载范宏贵、顾有识《壮族论稿》，广西人民出版社1989年版，第51页。
② 谈琪：《论壮族历史上的"弃蛮趋夏"现象》，《广西民族研究》1995年第3期。
③ 蓝韶昱：《壮族土司社会族群认同探微——以广西龙州县域为例》，《广西民族研究》2011年第3期。

华，民族自觉得到提高。"（2）民族识别使壮族纷繁复杂的各种族称第一次获得统一；（3）广西壮族自治区的民族区域自治政策的顺利实施促进了壮族的民族认同；（4）民族平等政策的贯彻落实同样增进了壮族的民族认同。从民族识别到民族区域自治的实施再到各项民族平等政策的贯彻实施，极大地固化和强化了壮族的民族意识。①

覃乃昌在《广西民族研究》发表了20世纪中后期广西的民族识别研究系列论文，深入探讨了广西开展民族识别工作，对于实施民族区域自治制度，保障各少数民族的平等权利，增强民族团结等方面具有极大的作用。民族识别使广西历史上形成的众多族群分属于12个世居民族，他们由族群认同走向了民族认同，而这种民族认同是建立在族群认同的基础之上的。其中，在"实行民族平等政策的国家行动——20世纪中后期广西的民族识别研究之一"② 一文中，他详细介绍了广西民族识别工作的主要历程，指出广西民族识别的成就和意义表现于：顺利实行民族区域自治，保障了民族平等；实行各项民族平等和共同发展繁荣的政策；族群认同和民族认同的固化和强化，加强了民族团结。

在论文"马克思主义民族理论中国化的重大实践——20世纪中后期广西的民族识别研究之二"③ 中，覃乃昌指出中华人民共和国成立后开展的民族识别，根据中国的实际，对斯大林民族定义灵活运用，提出"名从主人"的识别原则，是马克思主义民族理论中国化的重大实践。在民族识别、确定中国有56个民族的基础上，形成中华民族多元一体格局理论，是对斯大林民族定义的重大突破。2005年中央关于民族定义的表述，是马克思主义民族理论中国化的重大成果。

在论文"从族群认同走向民族认同——20世纪中后期广西的民族识别研究之三"④ 中，覃乃昌认为，"除瑶族的名称在历史上就比较统一之外，主体

---

① 尹继承：《民族识别与壮族的民族认同》，硕士学位论文，广西民族大学，2009年，第35页。
② 覃乃昌：《实行民族平等政策的国家行动——20世纪中后期广西的民族识别研究之一》，《广西民族研究》2009年第1期。
③ 覃乃昌：《马克思主义民族理论中国化的重大实践——20世纪中后期广西的民族识别研究之二》，《广西民族研究》2009年第2期。
④ 覃乃昌：《从族群认同走向民族认同——20世纪中后期广西的民族识别研究之三》，《广西民族研究》2009年第3期。

在广西的其他四个民族——壮族、仫佬、毛南、京族的名称，由于各种各样的原因，在历史上从未获得过统一。经过民族识别，族称才第一次获得统一"。所以，民族识别，使上述这四个族称获得统一的民族，其族群身份同时又具备了民族的身份，使他们从族群认同走向了民族认同。可见，壮族完成了从族群认同上升到民族认同，民族识别的意义至关重要。

卢露的著作《从桂省到壮乡：现代国家构建中的壮族研究》[①]，是目前国内最全面探讨壮族认同问题的一本专著。她以"民族识别"和"广西壮族自治区"的设置两个大事件作为切入点来考察"民族结构"问题在"国家政权建设（state building）"中的地位，以及由此在社会心理、公民身份认同等方面造成的长期影响。讨论的问题集中在三个维度：国家政权建设的维度、壮族知识体系生产过程的维度以及壮族族群身份认同的维度。该著主要探讨民国以来国家建设语境中各种对壮族认同的表达，但缺乏深入的田野调查。尤其是仅从壮族在线观察当代壮族的认同意识，忽略了壮族地区中活生生的壮族人群及其日常生活中透露出来的壮族符号和标识。其写作思路主要是由外而内，也就是外人是如何看待壮族，如何研究壮族的，却没有从内部视角来探讨壮族是如何认识自我的，仅是从一些壮族精英的视角来探讨。这或许就是社会学研究与人类学研究的不同之处。

（三）民族心理、民族意识与民族认同的关系研究

对于壮族的民族心理方面，也有不少学者述及。他们注意到壮族人性格中忧郁性和自卑感的残存，表现在：其一，满足于现状，自信心和进取心不足；其二，民族观比较狭隘，封闭"自卫"的乡土观；其三，宗教信仰庞杂，迷信束缚比较严重；其四，语言文字上的自卑心理。这些方面都是内向压抑的性格表现。同时指出，壮族犹豫、自卑的性格形成，其原因与壮族的历史、社会及自然因素有密切关系。[②] 这种民族心理和民族性格对壮族的发展形成一定的阻力，但若从处理民族关系方面来看，则也有其积极的一面。韦金学把这种对其他民族包容友好的心理称为"容异心理"。"所谓容异心理，就是指

[①] 卢露：《从桂省到壮乡：现代国家构建中的壮族研究》，社会科学文献出版社2016年版。
[②] 农荣飞：《浅议壮族性格的二重性》，载袁少芬《当代壮族探微》，广西人民出版社1989年版，第43—44页。

一个民族能和其他不管是先进的还是落后的,强大的还是弱小的民族,都能长期和平友好地相处,尊重其他民族的风俗习惯、生产和生活方式以及思想观念等,并乐于接受外来先进文化的心理,也可以说是一种善于兼收并蓄的优点。"① 与个人的性格相似的是,民族心理或民族观并无优劣之分,重要的是我们从什么样的角度来分析和研究它。"容异心理"的提出,让我们看到所谓负面的民族心理,同样也有其积极的意义和价值。

李秋洪从社会学的角度,通过定性研究和定量研究,进一步阐释了壮族的民族心理与民族认同的关系。他指出:(1) 广西各民族存在突出的民族认同感和归属感,但并不表现为狭隘的排他意识或戒备心理;(2) 广西各民族之间存在普遍的信任感和互相学习、互相帮助的愿望。互相之间持较高的宽容和理解态度;(3) 汉族在广西各民族人民心目中有很高的威信和影响力;(4) 共同利益和共同地缘感在一定条件下可能超越民族情感,成为支配人们认识和行为的基本准则和动力。② 李洪秋的研究开启了壮族民族心理与认同研究的定量研究路径,注重从壮族与汉族及其他民族之间的交往互动来阐述壮族的民族心理与民族认同存在的问题,具有一定的说服力。

(四) 文化表征与壮族族群认同研究

近年来,学者们在前人研究的基础上,结合人类学的田野调查资料,以及对人类学族群认同理论的引入,强调日常生活和族群互动中壮族的文化表征与壮族族群认同之间的关系问题。海力波的《道出真我——黑衣壮的人观与认同表征》③ 一书是突出代表。他以那坡县黑衣壮这支壮族的族群为例,从认同、自我与表征的视角,对那坡黑衣壮族群进行深入的人类学田野调查与研究,阐述了黑衣壮的自我认知、人观、历史记忆、文化表征等方面内容及其与族群认同之间的关系。强调黑衣壮人在现代化和全球化浪潮的冲击下,不断对本族群文化传统进行改造、再阐释以至于重新发明,以确立文化自我的核心,从而划分"我群"与"他群"的认同边界,形成"差序格局"的自我意识和族群认同观念。注意到黑衣壮族群成员能动性和主体性文化表征对族群认同的影响。可以说对族群认同理论提出自己的独到见解,是族群认同

---

① 韦金学:《试析壮族的容异心理》,载袁少芬《当代壮族探微》,广西人民出版社1989年版,第31页。
② 李秋洪:《广西民族交往心理的比较研究》,《民族研究》1997年第1期。
③ 海力波:《道出真我——黑衣壮的人观与认同表征》,社会科学文献出版社2008年版。

研究领域一个比较有新意的研究代表。但由于其关注的核心只是壮族中极少数代表的黑衣壮族群，对于整个壮族的族群认同则关照不够。

彭恒礼以壮族的民间节日文化为例，阐述了由民间节日相伴随的故事传说所构成的集体记忆，作为一个民族的口述史，从而成为族群稳固的身份认同基础。强调了民间节日文化对壮族身份认同的维系作用。① 丰富多样的民间节日文化给壮族的族群认同增添了有力的证据。此外，山歌是壮族的又一文化表征，平锋注意到，作为标志性和代表性的非物质文化遗产，歌咏文化凝聚了一代代壮族人的生命情感与诗性智慧，承载着壮族成长的历史记忆，建构起壮族民族认同的文化纽带。作者分别从歌唱传统（歌俗）、歌作、歌者、歌圩四个方面来阐述壮族歌咏文化对建构壮族族群认同的作用。② 在其硕士论文中，他更加深入研究壮族歌咏文化，他认为较之于神话和传说等口头表述，这种歌咏简单易学，更加加深记忆，并且歌咏作为一种娱乐方式，更易于将族群成员心身愉悦的凝聚在一起，从而在潜移默化中增强了族群认同。③

语言是民族认同一个重要的因素，壮语在现代社会的遭遇也引起了学者的注意，当下有的壮族村屯完全放弃了母语壮话，而改用汉语交际。韦家武指出，"壮语的这种局部失落，一方面说明汉壮杂居区域中汉语对壮语的深刻影响及强有力的渗透。另一方面也说明现代的壮族，至少是部分壮族人的民族意识的淡化或逐渐失落（尽管这种淡化与失落是汉文化缓慢地同化壮文化的结果）。壮语这种局部失落的现象，也还反映着这样一种壮文化现象：在壮族政治、经济、文化各方面逊于汉族的一些汉壮杂居地区，壮文化在'有意识'地向汉文化靠拢。"④ 壮语如何在民族认同中继续发挥其不可或缺的作用仍然任重道远。

此外，还有学者从图腾信仰的角度来探讨壮族族群认同的问题。如汤

---

① 彭恒礼：《民间节日中的集体记忆与身份认同——以广西壮族族群为例》，《大连民族学院学报》2005年第2期。
② 平锋：《壮族歌咏文化与壮民族的族群认同》，《黑龙江民族丛刊》2007年第4期。
③ 平锋：《族群记忆、文化认同与非物质文化遗产的保护——以壮族歌咏文化为例》，硕士学位论文，广西师范大学2006年版。
④ 韦家武：《积淀与拓掘——壮语视角的壮族文化透视》，载袁少芬《当代壮族探微》，广西人民出版社1989年版，第29—30页。

春华的《图腾信仰与族群认同——以广西壮族族群蛙图腾信仰为例》[①]等,但讨论不够深入。

上述有关文化表征与壮族族群认同关系的研究,一方面展现了年轻一代壮学学者充分结合和运用当下学界对族群研究的相关理论,把族群概念引入到对壮族认同的研究领域中;另一方面,结合深入的田野调查,从更为具体的个案研究展示族群认同的诸多问题,是壮族认同研究领域紧跟学术发展、紧跟时代步伐的充分体现。

(五) 壮族认同的路径解析

壮族的认同路径问题,也一度成为学者们关注的话题之一。几位著名的壮学学者都在这一领域进行了深入研究,提出自己的独到观点。

李富强在论文《壮族认同论》中提出,壮族虽然自称较多,语言各异,文化多样,但具有统一的族体认同意识和中华民族认同意识。壮族的三个认同层次,即自称群体认同、壮族族体认同和中华民族认同并非相互对立,而是和谐共处,构成了壮族文化"和而不同"的格局。[②] 从而高度概括了壮族认同包括自称群体认同、壮族族体认同和中华民族认同三个不同的层面,三者和谐共生,是壮族认同的特点。

覃德清在论文《多重的认同、共赢的汇融——壮汉族群互动模式及其对消解民族矛盾的启示》中,通过梳理壮汉文化互动的历程,并以华南紫村作为当代壮汉族群多重认同的现实印证,阐述壮汉两大民族之间互利互补,共生共赢的族群互动模式及其深层意蕴,并指出其对减缓民族冲突,促进各民族和睦相处,具有非常重要的借鉴价值和现实意义。[③]

覃彩銮有关广西民族"四个模范"研究的系列论文,探讨了壮族的民族认同和国家认同问题,他回顾了壮族民族认同与国家认同的发展历程。

首先,他梳理了壮族的历史渊源,是从距今四五万年的柳江人发展而来。其族称演变从春秋战国时期属于我国南方百越族群的西瓯、骆越支系;到东汉以后称为乌浒、俚人或僚人;到唐代史籍中统称为南蛮;再到

---

① 汤春华:《图腾信仰与族群认同——以广西壮族族群蛙图腾信仰为例》,《淮南师范学院学报》2006年第1期。
② 李富强:《壮族认同论》,《社会科学战线》2006年第1期。
③ 覃德清:《多重的认同、共赢的汇融——壮汉族群互动模式及其对消解民族矛盾的启示》,《广西民族研究》1999年第4期。

宋代以后称为僚、狼（俍）；最后元代始有撞、獞、僮等族称。壮族自称也有20多种。中华人民共和国成立后，民族识别统一为"僮族"，1965年改称壮族；其次，他从历史文化方面着手讨论，提出历史上，壮族虽然支系及自称繁多，但各支系的语言和文化习俗大同小异，属壮侗语族壮傣语支。壮族独具特色的文化，如稻作文化、铜鼓文化、花山文化、干栏文化、歌圩文化等。历史事实证明，壮族是一个以文化认同为基础的古老民族。而且"壮族的民族认同，经过了一个自在到自觉，从朦胧到逐渐清晰、从小到大、从局部到全局、从各支系到整个民族的发展过程。"

壮族的国家认同与不同历史时期王朝对边疆的治理政策对对外抗争历史有密切关系，如唐宋推行羁縻州和土官制促进壮族的国家认同；元明时代土司制增进壮族的国家认同；明清时期的改土归流政策对壮族的国家认同有莫大影响；清代抗法斗争、抗日战争与壮族的国家认同之间的关系；以及中华人民共和国成立后党的民族政策的贯彻落实进一步提升了壮族国家认同感。① 覃彩銮的系列论文，对壮族的民族认同和国家认同发展历程，从历史上进行了非常完整的梳理，对年轻的学者继续从事该领域的研究，提供了很好的参考价值。

我们知道，"族群意识是人们后天生成的，是社会化过程中的重要内容。在不同的环境、不同的场合，人们的认同意识会在不同的层次上强化或弱化。"② 由此我们可以更好地理解壮族民族认同和国家认同在不同历史时期的动态变化。

此外，还有学者从图腾信仰的角度来探讨壮族族群认同的问题。如汤春华的《图腾信仰与族群认同——以广西壮族族群蛙图腾信仰为例》③等，但讨论不够深入。

综上所述，学界对壮族的认同进行了方方面面的涉猎，进行了较为深入的研究，取得了丰硕的研究成果。笔者在行文中已对相关研究角度进行了简要评论，在此做一个简单的小结，即上述相关研究成果体现出如下的

---

① 覃彩銮：《壮族的国家认同与边疆稳定——广西民族"四个模范"研究之二》，《广西民族研究》2010年第4期。
② 马戎：《社会学的族群关系研究》，《中南民族大学学报》2004年第3期。
③ 汤春华：《图腾信仰与族群认同——以广西壮族族群蛙图腾信仰为例》，《淮南师范学院学报》2006年第1期。

研究特点。(1) 偏向于从壮族与汉族的互动来论述壮族认同，较少从内部视角及宏观视野来研究壮族族群认同。无论早期对土司制度时期壮族认同"汉裔情结"研究，还是后来对民族区域自治制度时期的壮族认同研究，都侧重于把汉族当成一个参照物来讨论壮族认同问题。当然这也反映了长期以来，壮族的民族地位受到其与主体民族——汉族的互动关系的影响这一现实；(2) 在壮族认同路径问题上，虽然有学者提出壮族认同三层次论，但是没有对这三个层次进行深入的实证研究。亦有学者从历史发展的不同时期，纵向梳理壮族的认同如何从族群认同发展到民族认同，以至于发展到最后的国家认同路径，却也缺乏更为深入细致的田野调查资料作为依据；(3) 学者们对壮族认同的研究，倾向于从历史的角度来梳理壮族认同的发展历程和特点，较少建立在扎实的人类学田野调查基础上的研究成果。即使是海力波的著作有翔实的田野调查资料作为论据，但是其研究对象却仅限于黑衣壮这一族群，而忽略了整体壮族的族群认同的描述和阐述。因此，笔者认为，为了突破以往研究的局限，必须既要关注历史上壮族族群认同、民族认同和国家认同几个不同层次认同的历史发展脉络，又要通过人类学田野调查法横向比较不同壮族地区的族群认同与国家认同状况，才能较为全面地把握和审视壮族的族群认同与国家认同这一议题。

第五节　研究意义、方法与内容框架

一　研究意义

本研究不仅具有学术价值，还有现实的意义，具体表现在以下两个方面。

(一) 学术价值

作为人口最多的少数民族，壮族的族群认同与国家认同是我国各民族的民族认同与中华民族认同研究范畴的重要组成部分。本研究坚持正确的马克思主义民族观，贯彻中国特色社会主义民族理论，借鉴和吸收前人的相关研究成果，深入分析，认真梳理，初步厘清了壮族的族群认同和国家认同的历史发展脉络；突破了以往多从历史学角度来研究民族认同的方法，突出地处不同区域和人文生态环境的壮族对本族群、本民族以及国家的不同认识和归属感，探讨壮族族群认同和国家认同的内在复杂性和文化多元性特征。忠实于历史文献资料，并注意剔除封建王朝历史书写中对于少数民族的偏见,以及对西方学者关于壮族创造论的观点予以批驳。主要以人类学、历史学的基本理论方法,结合田野调查的资料加以分析研究,从纵向和横向两条路径,力图多角度、全方位地考察研究壮族历史和现实中的民族认同与国家认同的事实。最后回应族群认同的相关理论观点,超越族群认同的原生性论者和工具性论者的争辩。提出并不存在单一的族群认同路径和模式,族群认同的内部复杂性需要引起我们的关注。为族群认同、民族认同以及国家与社会关系研究等领域提供一个来自少数民族地区的生动案例。对于人类学的族群、民族问题研究领域以及壮族历史文化研究领域均有一定的学术价值。

(二) 现实意义

壮族主要聚集在我国西南边疆地区,是中国人口最多的少数民族。壮族的自称群体认同、壮族族体认同甚至于壮族对国家的认同,这三个不同层次的认同都对维护边疆稳定和国家安全具有重要意义,其自我认同和国家认同程度关乎我国长治久安及和谐社会的建构。本研究对进一步深刻认识壮族的族群认同与国家认同,巩固和发展平等、团结、互助、和谐的社会主义新型民族关系,维护民族团结、边疆稳定和国家统一,抵制和反对民族分裂,增强中华民族凝聚力,构建社会主义和谐社会具有重要的现实意义。

二 研究视角和方法

基于上述有关壮族认同的研究特点,本研究将既关注纵向的研究视角,又关注横向的视角。即从历史的角度,纵向梳理并力图还原壮族在不同历史时期,其族群认同意识是如何发生、发展和强化的;从共时的角度,横向比较壮族不同地区当下的族群认同现状,从而归纳总结壮族族群认同的特征;回应学界的族群认同理论,尝试找到另一条有关族群认同的解释路径,从而弥补以往相关研究之不足。

首先,本研究将采用文献分析法和人类学田野调查方法来开展研究工作。选择广西武鸣县(现为武鸣区)[①]、靖西县(现为靖西市)[②]、田阳

[①] 2015年,国务院批准同意广西壮族自治区调整南宁市部分行政区划,决定撤销武鸣县,设立南宁市武鸣区,以原武鸣县的行政区域为武鸣区的行政区域。

[②] 2015年8月1日,撤销靖西县,设立县级靖西市。

县、大化瑶族自治县与云南省文山壮族苗族自治州马关县这五个囊括南壮与北壮两个主要壮族族群的地域为田野点，利用参与观察和深入访谈、问卷统计等方法关注、描述和分析壮族民众的族群认同特征。因此，本研究汇集了笔者从 2007 年至 2015 年间在云南马关县、广西靖西市、南宁市武鸣区、大化瑶族自治县以及田阳县的相关村落开展断断续续、多次重访的人类学田野调查资料和研究成果。

这五个田野点的地理分布和历史背景、文化特征既包含了被视为壮族聚居的中心地带，同时又是具有壮族典型文化特征的代表。如武鸣区是壮族的发源地之一，壮民族文化源远流长，中国壮语以武鸣方言为标准音，被誉为"中国壮乡"，每年在武鸣城区举办的中国壮乡·武鸣"三月三"歌圩活动已成为中外民族文化交流的平台；2012 年，靖西县总人口 65 万，壮族人口占总人口的 99.4%，是全国典型的壮族人口聚居地，是壮族吉祥物绣球之乡。2015 年 8 月 1 日，撤销靖西县，设立县级靖西市；田阳县是壮民族的发祥地，是壮族人文始祖布洛陀的故乡，是明代抗倭女杰瓦氏夫人的故乡，是邓小平等老一辈无产阶级革命家创建的右江革命根据地之一。因此这三个地方是壮族文化的典型代表，是研究壮族认同的理想田野点。如果说这三个地区是壮族核心区域的代表的话，那么仅对三地开展调查研究，还不足以全面统观壮族认同的面貌。因此，笔者还对处于边陲地区的云南省文山壮族苗族自治州马关县以及与汉族、瑶族相处的大化瑶族自治县的壮族作为研究对象，这样就能弥补仅仅关注组织聚居地之不足，也看到了在与其他民族杂居之地方，壮族的认同有何不同之处。

其次，在具体研究过程中，采用共时与历时、宏观与微观相结合的方法，对文献资料和田野调查的第一手资料进行比较分析。因此在研究中，除了田野调查资料，还广泛依赖地方志以及壮族史志等方面的文献来回顾梳理壮族在不同历史时期的民族意识和民族认同感，纵向还原壮族认同的起源、形成和发展的脉络。

三 内容框架

本研究项目在研究方法上有一定的创新，突破以往壮族认同研究多以历史学文献研究法为主的局限，主要采用人类学的田野调查方法开展调查研究，并结合历史学的研究方法，获取更为丰富的研究资料。

全书除了绪论和结论外，共分五章。主要内容涉及壮族认同的纵向发展过程和横向认同模式。

第一章"从骆到撞：族称的出现与族群意识的产生"，梳理自先秦起，壮族的先民在西瓯骆越时代、乌浒俚僚时代以及在后来的撞丁族称的出现，探讨这一历史时期壮族先民创造遗留下来的极具特色的族群文化遗产，成为后来族群认同的文化积淀和依据。阐明族称的确定过程及族群意识的产生。

第二章"从撞到壮：壮族族群认同的历史演变"，重点探讨宋代"僮族"族称确定之后，"僮族"在宋元明清以至于民国时期的遭遇，包括土司制度和民国时期"大汉族主义"的改良风俗活动等对僮族认同的影响。最后阐述进入中华人民共和国时期，广西实行民族区域自治制度及其对壮族族群认同的意义。

第三章"壮族，从这里走向世界：壮族族群认同的中心表达"，主要以丰富的田野调查资料为依据研究壮族聚居区的武鸣、靖西、田阳三个地方的族群认同状况。本章将以广西的武鸣、靖西、田阳三个被认为是壮族核心地带，是因为这三个地方作为壮族文化特征最突出的代表为例，展现壮族群体对于壮族认同的核心表达。

在此需特别说明的是，这里所说的族群认同"中心"表达及下一章的"边缘"表达，其"中心"与"边缘"的含义并非我们平常依据壮族人口多寡或地理位置所处的中心或边缘地带作为依据，而是以当地壮族群众对壮族这一民族（或族群）的认同感强弱作为依据。经过调查，笔者发现武鸣、靖西和田阳三县市对壮族有高度的认同感，在族群文化表达方面也有非常突出的表现，他们皆极力宣称自己为"壮族"文化的"中心"或者是壮族文化的典型代表。故而，以这三个地方作为壮族族群认同"中心表达"的典型代表来加以阐述其族群认同的模式与特征。三个地方的壮族认同分别以龙母文化、历史记忆以及布洛陀信仰等各种认同要素为特征，在新时期下各自塑造和展现出不同的壮族形象。三者的共同之处在于他们都各自都认为自己的是壮族文化典型的代表，是壮族的发源地，从而发出"壮族，从这里走向世界"之类的声音，其对壮族有高度的认同感和归属感。

第四章"壮族何在：壮族族群认同的边缘表达"，主要以云南马关县和大化瑶族自治县两个处于壮族地理或文化上的边缘地带的地区，论述两地的壮族认同感与核心地区的不同面貌。以此更为全面地关照壮族在不同地区的不同文化表达。马关县壮族由于处于地理和文化上的边缘，当地壮族侬人不仅通过族谱的编写，把祖先追溯到侬智高士兵身上。并通过不断学习广西壮族"三月三"及其他文化特征，而为自己获取壮族正统地位而努力。大化瑶族自治县的壮族却由于身处汉族与瑶族之间，在对本民族的认同上，出现过摇摆的一面，他们的族群身份亦是经由与汉、瑶两族的互动而变得清晰。

第五章"殊途同归：历史与实践中的壮族国家认同"，主要关注壮族在历史上与中央王朝之间的错综复杂的关系，厘清壮族国家认同的历程。同时以靖西、武鸣、靖西三地为例，考察三个地方壮族对于国家向心力的不同路径和体验。三个地方各自发掘自身的历史文化来表达其对于国家的不同认同模式，然而，无论以何种路径，我们发现，他们最终都是殊途同归，与历史上壮族对国家的态度一脉相承，壮族人本质上从未有过反抗中央王朝或者说现代民族国家的异心，壮族的族群认同与国家认同之间是相辅相成、和谐共处的关系。即使是历史上著名的侬智高事件，也是在侬智高七次向宋王朝请求内附而不得导致的。壮族的族群认同与国家认同出现过不和谐，也主要是由于国家制定和执行的一系列不利于壮族的政策所致，以及壮族在国家这个大家庭中没有得到足够的重视和尊重。

最后，结论部分总结了壮族族群认同的特点和主流方向，给予"创造壮族"论有力的批驳。笔者认为族群认同的客观特征论或者主观论都存在其说服力，又同时表现出各自之不足。在对壮族漫长的形成发展历史进行审视后，我们发现既不能简单地认为壮族是被无端地，毫无根基地"创造"出来的民族，又不能按照传统的民族志方法，按照可见的文化现象等诸多族群要素来界定谁是壮族，而是提出壮族有其贯穿始终的认同纽带，有其身后的历史文化根源，对于骆越文化和布洛陀的信仰就是突出的表现，而这样的认同纽带，当属于基于文化要素的认同的一部分，所以文化认同是族群建构自身的重要基础。此外，从纵向上看，在不同历史时期，壮族的族群认同也会跟随政治、经济、社会的环境变化而发生变化；横向上看，处于不同地理环境的壮族族群，则会表现出不同侧重的多元认同面貌。这也就是说，对于壮族来说，族群认同并非恒定不变，而是流动变迁的；族群认同的表现形式也非单一的，而是多元化的。流动变迁与多元是壮族族群认同的典型特征。因此，任何想要简单地运用根基论或工具论、边界论来界定壮族这一个人口最多的人们共同体都会徒劳无功的，也定会缺乏解释的力度。结合史料和具体的田野资料，对壮族族群认同的复杂性给予充分的重视才是解答壮族族群认同问题的出路。

最后用"'壮'心可鉴"来形容壮族的族群认同与国家认同高度统一的特点。指出侬智高是壮族族群认同与国家认同高度统一的精神源泉；大度包容是壮族族群认同与国家认同高度统一的有力保障；文化认同是壮族族群认同与国家认同高度统一的坚实纽带。

第一章 从骆到撞：族称的出现与族群意识的产生

关于壮族的来源一度存在不同的观点，不同的说法。有的认为壮族是广西土著民族，有的认为是外来民族。但时至今日，越来越多的证据表明壮族是土著的民族。在考古上有充分的证据，如柳江人、甑皮岩人的考古遗址的发掘，都证明了在距今多少万年前，广西这个地方早已有人类居住，壮族源于百越的一支。学术界普遍认为百越不是一个单一的族称，而是多个民族的泛称，泛指越族的支系繁多、各有种姓。百越，又称为越人，越人是指使用一种石戈的人类群体的名称，后来不断加入了众多的来源不同的氏族、部落集团，形成了许多互不统属的部落集团，被称为"百越"。（杨圣敏，2003；蒋炳钊，吴绵吉，辛土成，1988；何光岳，1989等）百越的构成并非指确有100个越人支系，是很宽泛的概念，寓意很多支系，其中，较大的支系有于越、扬越、南越、闽越、骆越、东瓯、山越、越、西瓯等。①

百越一名最早出现在《吕氏春秋·心字旁寺君》篇，文曰："扬汉之南，百越之际。"高诱注释"百越"曰："越有百种。"百越的分布地区非常广泛，《汉书·地理志》载"自交趾至会稽七八千里，百越杂处，各有种姓。"是说自今越南北部经广西、广东、福建至浙江，都有越人各部杂居共处。

黄现璠的《壮族通史》中，这样描述道：

> 壮族先民是百越的一支。《汉书·地理志》颜师古注引臣瓒说：

---

① 参见杨圣敏《中国民族志》，中央民族大学出版社2003年版。

第一章 从骆到僮：族称的出现与族群意识的产生

"自交趾至会稽，七八千里，百越杂处，各有种姓，不尽少康之后也"。壮族源于百越中的西瓯和骆越。"西瓯、骆越这两大部落，自东汉以后，逐渐演变为乌浒、俚人、僚人、僮人、俍人等等。'僮'这个民族名称，是南宋时出现的。宋人李曾伯在上宋理宗的'奏议'中，曾提到宜山有'僮丁'。宋人朱辅在《溪蛮丛笑》中进一步指明南方'洞民''有五：曰苗、曰瑶、曰僚、曰僮、曰仡佬'。以后历代均多沿用'僮'名，到明代'僮'名引用逐渐增多，但往往与'瑶'并举。到清代对'僮'名的引用已遍于广西各地。……解放后，经过深入调查和进行民族识别，人民政府把广西、广东、云南等地自称'布壮''布土''布农''布泰''布班''布陇''布诺''布衣''布民''布越''布寮''布雅衣''布曼'等的人们统一称为僮族。后因'僮'字的含义不够清楚，又容易读错音，一九六五年，按照周恩来总理的倡议，把'僮'改为'壮'，把'僮族'改为'壮族'。按'壮'是健壮、茁壮的意思。"①

这段话为我们勾勒了壮族的起源、形成与发展的历程和族称演变的历史脉络。所以，壮族是西瓯、骆越的后代，从西瓯、骆越到后来的乌浒、俚、僚、撞、僮，最后到壮，这是壮族族称演变的过程。徐杰舜早在1990年就著文论述了从骆到壮这一壮族起源和形成的路径。他指出，"壮族起源于古代百越集团的骆，形成于两宋时期。在从骆到壮的历史过程中，经历了三个发展阶段：1. 从骆到瓯骆和骆越为第一阶段；2. 从瓯骆和骆越到俚和僚以及乌浒蛮为第二阶段；3. 从部分俚族和僚族发展为壮族为第三阶段。"②

因此，在这一章中，我们将循着这一脉络，探讨在壮族形成发展的历史长河中，族群意识是如何一步步产生的。从历史的角度来梳理壮族的起源和形成发展，方能厘清壮族的族群意识得以产生的根基。

---

① 黄现璠、黄增庆、张一民：《壮族通史》，广西民族出版社1988年版，第4—5页。
② 徐杰舜：《从骆到壮——壮族起源和形成试谈》，《学术论坛》1990年第5期。

第一节　西瓯、骆越与壮族文化的历史积淀

徐松石曾说过："僮"或称为"西瓯""骆越"。① 1980 年编写的《壮族简史》中曾论述："分布于广东西部和广西境内的西瓯、骆越等支系，则同壮族有着密切的关系"，"壮族主要来源于土著的西瓯、骆越"。② 张声震主编的《壮族通史》中说："在众多的越人种属之中，壮族乃渊源于西瓯、骆越人。"③

一　西瓯、骆越辨析

如前所述，壮族的先民是西瓯和骆越。然而关于西瓯和骆越的关系，学界长期以来存在不同的观点。黄现璠等人所著的《壮族通史》认为，"从史籍记载、地理分布和语言等多方面综合考察来看，周秦和汉代活动于今广西地区的人们，有时被称为骆越，有时又被称为西瓯、有时则西瓯、骆越并称。可见它们之间的关系是很密切的。"④

有学者因之误以为骆越是壮族的先民，西瓯不是，或者西瓯是壮族的先民，骆越则不是。黄世杰在《骆越是壮族的祖先吗》一文中质疑我们固有的看法，认为骆越不是壮族的祖先。他说，一方面，两汉以后骆越族群就淡出了历史的舞台，而西瓯族群则来到了原来骆越族群的聚居地居住，现代聚居在大明山周围的族群基本上都是西瓯族群的后裔，而不是所谓骆越族群的后裔；另一方面，现在的学术权威并不认同骆越是壮族的祖先。即范宏贵在《同根生的民族》中认为壮侗语族是西瓯人的后裔。在他的专著中，一点都没有提到骆越的情况——其言下之意就是，百越民族中的骆越族群不是壮族的祖先，骆越族群是现代越南的京族和芒族的祖先。⑤

---

① 徐松石：《粤江流域人民史》，载徐松石《徐松石民族学文集》（上卷），广西师范大学出版社 2005 年版，第 73 页。
② 《壮族简史》编写组编：《壮族简史》，广西人民出版社 1980 年版，第 7—8 页。
③ 张声震：《壮族通史》，民族出版社 1997 年版，第 228 页。
④ 黄现璠、黄增庆、张一民：《壮族通史》，广西民族出版社 1988 年版，第 39 页。
⑤ 黄世杰：《骆越是壮族的祖先吗》，《广西民族大学学报》2012 年第 3 期。

但是，绝大多数学者仍然坚持西瓯和骆越都是壮族的祖先，两者是同源的部落，他们很早就共同生活在一起，有时被统称为"瓯"或"瓯骆"。罗香林先生根据唐宋史籍考证后指出："盖西瓯与骆越，似以今日柳江西岸区域为界，柳江东南则称西瓯，柳江西岸区域以西称骆越，而此西岸区域之接连地带则称西瓯骆越。"① 罗香林是以柳江为界，从地理位置上对西瓯和骆越进行了区分。"西瓯大致以湘漓流域为活动中心，而骆越则主要集中在左、右江流域。"② 也有学者进行了更详细的划分，"根据有关文献图籍记载，西瓯的活动地域是五岭以南，南越之西，骆越之东，大体包括汉代郁林郡和苍梧郡，相当于柳江以东、桂江流域和西江中游一带。骆越的活动地域则在西瓯之西，汉代牂牁郡东部和东南部，印度支那半岛北部；大体相当于左右江流域、贵州省西南部及今越南红河三角洲一带。广东的茂名、海南岛和广西的陆川、博白、玉林、灵山、合浦一带则是西瓯、骆越的交错杂居地区。"从而确定了西瓯和骆越活动的地理区域。作者还从文献、考古学、体质特征、人口学、语言、地名诸方面进行探讨西瓯骆越与壮族的关系，认为西瓯、骆越是壮族的先民，而壮族则是西瓯、骆越的共同后裔。③

从史料记载来看，《史记·南越列传》载："且南方卑湿，蛮夷中间，其东闽越千人众号称王；其西瓯、骆、裸国亦称王。"《史记》中所说的"瓯、骆"，是"西瓯、骆越"的简称。《交州外域记》说："交趾昔未有郡县之时，土地有雒田，其田从潮水上下，民垦食其田，因名为雒民"。而《广州记》中则云："'交趾有骆田，仰潮水上下，人食其田'。可见'骆田'与'雒田'相通，'雒民'亦即'骆人'，故'骆人'之意，就是垦食骆田的人。""骆，又作雒，是百越集团中土著广西以及广东雷州半岛、海南岛和越南东北部、中部的一支。骆，因垦食'雒田'和其活动地区多'雒田'而得名。所谓'骆田'或'雒田'，就是山麓岭脚间的田。耕种骆田的人称为骆民。"骆越名称的由来，据现有文献记载"骆越"的"骆"，是由"骆民"演变而来的。

---

① 转引自徐恒彬：《南越族先秦史初探》，会议论文。
② 王明亮：《西瓯骆越三题》，《岭南文史》1993年第3期。
③ 张一民、何英德：《西瓯骆越与壮族的关系》，《广西师范大学学报》1987年第2期。

至于骆越的解释，是因垦食"雒田"和岭南地区多"骆田"而得名。由于土地有雒田，民垦食其田，因名为雒民，而治理这些骆田的又分别为骆王、骆侯、骆将，因而把垦食越田的越人称骆越。① 所以，我们认为，先秦时期生活在华南一带的西瓯、骆越两大族群是百越族系的成员，是壮侗民族的远祖。西瓯和骆越是百越民族中文化和语言等互相接近，在地理分布有所不同，但又往往互相交错、重叠的两支越人。西瓯在广西中部、西部、北部和贵州南部，而骆越在广东西部、广西南部、云南东部和越南北部的一些地区。他们的分界线大致是从广东西部肇庆、怀集一带往西，到广西梧州之后，循浔江、郁江往西到达南宁，再沿右江到达平果县，然后稍稍偏南，沿北回归线一直往西，到达文山州中部，这条分界线的西端跟目前壮语南、北方言的分界线大致相同。②

居住在岭南中西部的西瓯和骆越这两个百越族群的支系，就是壮族的祖先。西瓯、骆越的地理分布特征，奠定了后来壮族共同地域的大致范围。

二 瓯骆记忆：族群文化特征的积淀

覃德清以瓯骆族裔指称："先秦时期百越族群中西瓯、骆越人的后裔，主要包括中国境内的壮侗语族群，即壮、布依、侗、傣、水、黎、仫佬、毛南8个民族，还有越南的岱族、侬族，老挝的老族、泰国的泰族、缅甸的掸族、印度阿萨姆邦的阿含人等。"③ 壮族是瓯骆族裔中最重要的一个代表。如今要重振壮族文化，则"有赖于对瓯骆族群辉煌文明成就的民族记忆的链接和恢复，有赖于瓯骆族裔民族文化的多元整合与认同，也有赖于瓯骆族裔文化谱系的自主性延续以及瓯骆族裔现代人世界的创造性建构。"那么瓯骆族群到底给我们留下了什么样的文化遗产，我们对瓯骆族群文化的记忆是什么？笔者认为，发掘瓯骆记忆，探讨其对于壮族族群认同意识的影响至关重要。

通过考古发掘和对历史文献的搜索，我们发现了较为清晰的瓯骆文化

---

① 黄现璠、黄增庆、张一民：《壮族通史》，广西民族出版社1988年版，第38页。
② 梁敏：《论西瓯骆越的地理位置及壮族的形成》，《民族研究》1996年第3期。
③ 覃德清：《瓯骆族裔——壮侗语民族的族群记忆与人文重建》，《广西民族研究》2005年第3期。

特征，这些就是至今仍然影响我们生活的瓯骆记忆。作为百越中的一支，西瓯和骆越同样具备了百越民族的文化特征，学者们对百越文化的特征进行了总结。如吴绵吉结合百越民族的相关经济生活与文化特征，如种植水稻又从事占一定比重渔猎经济；善于用舟，习于水战；营住"干栏"房屋，并在楼上住人，楼下圈畜；断发文身等。此外，凌纯声教授在《南洋土著与中国古代百越民族》一文中，论述百越民族的10种文化特质，即祖先崇拜，家谱，洗骨葬，铜鼓，干栏，龙船凿齿，文身，食人与猎首，洪水传说等。① 他提出这些中国古代百越民族（包括东南的百越与西南的百濮）与南洋土著的共同文化特质，除了扩大到中国西南部地区外，有些文化特质如铜鼓，却是东南越族所没有的②。

总的来说，壮族先民西瓯和骆越在语言上有自己的语言；在生活习俗上有断发、文身之俗，居住的是上住人下居畜的"干栏"房子。已学会制造铜鼓和使用铜鼓，给壮族后人留下了宝贵的文化遗产和财富。居住在我国南方的瓯骆先民结合自身所处的地理环境发展出一套独特的文化系统，这与中原文化是完全不同的壮族先民自己的文化，而这些文化特征也在历史的长河中沉淀下来，成为当代壮族族群文化的典型标志。在此仅略举一二以作说明。

（一）干栏建筑

干栏建筑是壮族人民源远流长的民居建筑形式，具有独特的风格。干栏建筑是壮族有别于其他民族的一个重要标志。以干栏建筑为代表的干栏文化是壮族及其先民在长期的历史时期所创造，经过不断的积淀而形成，并世代相承下来，是壮族传统文化体系中文化含量最为丰厚、最具有民族特色的一个组成部分，对壮族及其先民的安居乐业及其社会的发展，具有重要的促进作用。③ 干栏建筑的历史源远流长，古代居"干栏"之俗主要在广泛分布于长江以南地区的百越民族中流行。据陈国强、蒋炳钊、吴绵吉、辛土成《百越民族史》一书的考证，越人的"干栏"建筑，"早在六

---

① 凌纯声：《中国边疆民族与环太平洋文化（上册）》，台北联经出版事业公司1979年版，第389—408页。

② 陈国强：《东南越族文化特质与铜鼓》，载《东南文化（第3辑）》，江苏古籍出版社1988年版，第2—5页。

③ 覃彩銮：《论壮族干栏文化的现代化》，《广西民族学院学报》2000年第1期。

七千年前的原始社会时期，他们的先民就已经普遍地采用了。如浙江余姚的河姆渡，吴兴的钱山漾和杭州的水田贩等新石器时代遗址中，都有其遗迹的发现。而在江西清江的营盘里遗址，则出土有它的陶屋模型；广东高要县的茅岗遗址，发现了比较完整的成片的'干栏'木结构建筑遗迹……"①

作为百越族系两个分支的西瓯和骆越，也是最早居住干栏建筑的族群之一。"从两广地区西汉早期墓葬出土的干栏建筑陶屋和铜仓等文物进行考察，估计在商周时期，活在岭南地区的西瓯和骆越民族就已经建造和使用干栏建筑了。"②

百越民族群体及其后裔之所以创造并选择了干栏式建筑作为自己的民居，是因为干栏式民居建筑有以下特点。

第一，由于干栏式建筑离开地面数米，所以室内凉爽通风，而且有利于防湿、防洪、防兽、防虫蛇。

第二，利用底层豢养牲畜，安置舂碓磨，堆放农具及杂物。

第三，建筑材料以竹木为主，就地取材，经济实用。

当然，干栏式建筑是适应特定自然生态环境的产物，所以古代盛行干栏式建筑的民族不一定都是越族，生活在相同或相类似的自然生态环境中的人们都可能会采用这类实用民居，但可以肯定越民族群体及其后裔一般都使用干栏式建筑。③

应该说，从西瓯、骆越时期的干栏建筑，发展到今天已发生很大变化，但是壮族干栏文化俨然已经成为壮族传统文化体系中重要的一个部分，是最富有民族特色的文化表征之一。覃彩銮认为"壮族的干栏建筑不仅是壮族传统文化的一个重要表征，而且凝聚着丰厚的文化底蕴和壮族人民勤奋进取的精神，体现着壮族别具一格的文化成就，寄托着壮族人民深厚的情感，是壮族一份珍贵的历史文化遗产。"④ 今天，这份宝贵的历

---

① 陈国强、蒋炳钊、吴绵古、辛土成：《百越民族史》，中国社会科学出版社1988年版，第43页。

② 巫惠民：《壮族干栏建筑源流谈》，《广西民族研究》1989年第1期。

③ 王文光、李晓斌：《百越民族发展演变史——从越、僚到壮侗语族各民族》，民族出版社2007年版，第75—76页。

④ 覃彩銮：《关于壮族干栏文化研究的几个问题》，《广西民族研究》1998年第2期。

史文化遗产，也是壮族族群认同的一个不可或缺的部分。可以说，早在西瓯骆越时期，壮族的先民就为极具民族文化象征的壮族干栏文化作出了巨大贡献。

（二）铜鼓文化

铜鼓是壮族人民心中的神物。铜鼓文化，流传时间之长、范围之广、影响之深，世所罕见。铜鼓是权力和地位的象征。铜鼓一般在祭祀和庆祝丰收的场合使用。广西是铜鼓数量最多，分布量最广的地方。最初铜鼓是作饮器之用，后才演变为敲击乐器。作为祭祀、赏赐、进贡的重器，它也是权力和财富的标志。明清以来，随着社会的变化，成为一般的娱乐敲击乐器。人们常在喜庆的节日里敲奏它伴以歌舞，在宗教的活动中祭祀祖先，祈求神灵，人安粮丰。

近代著名民族学家罗香林先生在20世纪50年代就指出："古代越族文化之最令人注意者，为铜鼓之制作与使用。而越制铜鼓，又以骆越为盛，故又称骆越铜鼓。"骆越民族是最早制造并使用铜鼓的古代民族之一。壮学先驱者徐松石，别出心裁地将"歌与诗的民族"壮族，比喻为"鼓族"，即"铜鼓民族"。他说："无论如何，我们可以断定铜鼓是僮族和骆越僚族的创制品。……所以我们在中国所发现这些铜鼓，必系骆越和两广僮人之所首先使用的。"[①]

《后汉书·马援列传》说，马援征交趾时，"得骆越铜鼓"。广西博物馆原馆长、研究员蒋廷瑜先生的《壮族铜鼓研究》[②] 一书是对壮族铜鼓的专门研究和有关问题阐述的尝试，力求从文献记载、考古资料、民间收藏、民俗活动、民间信仰和民族文化等诸多侧面，理出壮族铜鼓文化发展的历史脉络，阐明壮族及其先民在历史上铸造和使用铜鼓的主要民族，对创造铜鼓文化做出了巨大贡献。同样，覃晓航也认为，骆越是"铜鼓越人"，充分体现了骆越善于铸造和使用铜鼓的特点。所以，越人是善于制造铜鼓的人。

（三）蛙图腾与鸟图腾

壮族的图腾很多，但是依然流传至今，人们耳熟能详并成为壮族文化

---

① 徐松石：《徐松石民族学文集》（上卷），广西师范大学出版社2005年版，第163页。

② 蒋廷瑜：《壮族铜鼓研究》，广西人民出版社2005年版。

表征的莫过于蛙图腾和鸟图腾了。

有的学者甚至认为，蛙图腾已经取得了支配的地位。如欧阳若修、周作秋等人编著的《壮族文学史》中指出："壮族先民最初的图腾很多，不同的氏族有不同的图腾。从所搜集到的资料来看，如鸟、鸡、蛇、青蛙等等，都曾经被某些支系当作图腾来崇拜过。后来，大概是因为崇拜青蛙这一支系强盛起来并取得了支配地位，青蛙（包括蟾蜍在内）便发展成为大家所承认的全民族的标志……正因为如此，作为壮民族图腾的青蛙，才被推崇到无比神圣的地位，人们不仅把它的形象浮雕式的铸在象征着权力的铜鼓上面，而且因为它而立下许多禁忌，为它编歌传唱，每年还为它举办盛大的祭典。"①

梁庭望进一步认为蛙图腾和鸟图腾分别是西瓯和骆越的图腾，他说"西瓯以青蛙为图腾，反映在他们的铜鼓上，以及东兰的蛙婆节、花山崖壁画的蛙形象；骆越人以鸟为图腾。骆越铜鼓与西瓯人的三型鼓最大的不同点在于它从鼓面到鼓身几乎成了鸟的天下，以西林型（仿石寨山型制）为例，鼓面没有蛙之雕，在光体周围，绕着一圈作搏击长空之势的鸟纹。鼓身上的船纹刻成鸟形，船上和鼓腰的羽人纹，头上都有一木把高挑的羽翎，衣裙亦拖成鸟尾状，整个是鸟形打扮。"②

丘振声的《壮族图腾考》一书，首次于1996年由广西教育出版社出版，其对壮族图腾文化特点的总结论述，至今仍然对深入研究壮族文化有很大参考价值，仍是该领域研究的最好成果。故而，《壮学丛书》编委会将其纳入《壮学丛书》于2006年广西人民出版社再版。梁庭望评价其是一本探讨壮族图腾研究领域的"广博而精深的专著，这在壮族图腾研究的进程里，不啻是一座里程碑。"③ 图腾是民族之魂——民族文化心理的重要标志。该书深入探讨了日、鸟、雷、蛙、鸡、凤、鳄、蛇、龙、牛、羊、狗、马、花、竹、树、石等众多图腾。作者在该书中说：

蛙，可能是西瓯部族的图腾，随着西瓯部族的强盛及与骆越族的

---

① 欧阳若修：《壮族文学史》（第一册），广西人民出版社1986年版，第15—16页。
② 梁庭望：《西瓯骆越关系考略》，《广西民族研究》1989年第4期。
③ 丘振声：《壮族图腾考》，广西教育出版社2006年版，第2页。

融合，又扩展成为部落联盟的总图腾。时至今日，无论是桂北、桂南，还是桂东、桂西等地区，乃至云南、贵州，都流传着《青蛙皇帝》等许多图腾神话，足以证明这一点。还有在灵山型、北流型、冷水冲型的铜鼓上都铸有青蛙塑像，左江流域崖壁画上蛙型人体造型等，也都说明在古代壮族先民中曾普遍崇拜蛙图腾。

与蛙图腾相类似的是鸟图腾。鸟图腾是古越人极为古老的图腾。迄今6000多年的河姆渡文化遗址中，出土的骨器上就刻有种种鸟的图腾形象。后来，骆越族群继承鸟图腾，"骆"，即壮语的"六"，是鸟的意思。骆人即鸟人，就是以鸟为图腾的人。直至南北朝时，骆越族群衍变为俚、僚时，鸟图腾仍有很大的影响。"僚"，是"骆"的音转，僚人，亦即鸟人，还以鸟为图腾。①

蛙图腾崇拜和鸟图腾崇拜仍然在今天的生活中得以展现，如我们知道在河池一带壮族地区每年举行盛大的蛙婆节。鸟图腾却在壮族妇女的服饰上得以体现。笔者在云南马关县调查期间，就看到壮族侬人妇女珍藏的传统服饰，上面穿一件短上衣，下面穿黑色的裙子，在裙子后面还扎一个结，极像鸟的形状。这恐怕就是鸟图腾崇拜的痕迹。可见，西瓯骆越时期的蛙图腾和鸟图腾崇拜早已沉淀下来，成为壮族的文化标志之一。

所有这些生活习性，如今都还保存在壮族的日常生活中，是壮族区别于其他民族的族群边界标识。所以我们说，有关瓯骆祖先的历史记忆，是我们今天定义壮族的重要依据。

三　骆越古国与骆越王祭祀大典

由中国社会科学院、中央民族大学、广西骆越文化研究会专家组共同完成的国家哲学和社会科学重点项目《古骆越方国考》认定，我国的骆越先民是南海的最早开发者和最早的海上丝绸之路的开拓者。而我国骆越民族的发祥地和水事文明的原点就是广西南宁市的环大明山地区。位于武鸣县马头镇的骆越文化展示馆是人们想象骆越古国的重地。

---

① 丘振声：《壮族图腾考》，广西教育出版社2006年版，第17页。

武鸣县骆越文化展示馆 2012 年初由马头镇政府承建，于 2012 年 11 月 27 日建成，并正式对外开放。展示馆目前投入改造经费 25 万元，建筑面积 132 平方米，配备有专业灯光音响、点歌系统、投影仪等设备，可作为文化教育、学习培训、文化娱乐等活动场所。展示馆共有图文展示和实物展示两种展示方式。图文展示由骆越文化概要、考古考证、民风民俗、民间传说、明山秀水和风流人物六个部分组成，编撰书籍一本，目前正联系收集县内外骆越文化书籍；实物展示主要是依靠广泛发动群众，以捐赠、购买、存放等方式从群众中收集文物，所收集文物都做好登记造册，文物以实物存放为主，因其他原因不能实物存放的，则通过登记造册和拍摄图片等方式收藏，截至目前，展示馆共收集有战国兵器、古代生产生活用具等 35 件文物。

武鸣县骆越文化展示馆收集了全县骆越文化的民风民俗、民间传说等历史资料和历史文物，展示了 3000 多年来全县灿烂的骆越文化，现已被确定为"骆越文化研究基地"，成为全县骆越文化对外宣传的主要窗口和对外文化交流的渠道之一。

此外，武鸣区每年农历三月初三隆重举办骆越王祭祀大典活动。虽然对何为骆越王，是否真正存在骆越国等问题还存有争议，但并不影响人们对骆越的记忆，人们正是以祭祀仪式来唤起对壮族先民骆越的记忆。2011 年 4 月 3 日，中国壮乡武鸣"三月三"歌圩暨骆越文化旅游节首次骆越始祖祭祀大典在武鸣县骆越古镇罗波镇隆重举行，上万当地群众和游客在罗波社区文化广场参加祭祀大典，共同以骆越民俗特有的方式祭拜骆越祖母王"佬蒲"。中央民族大学原副校长梁庭望教授在祭典上讲话，广西骆越文化研究会会长谢寿球念读祭文。仪式结束后，还举行场面盛大的百家宴、观看骆越点兵舞等民俗文艺演出活动。人们以骆越民俗独特方式公祭祖母王，向世人展示了壮乡"三月三"歌圩的风俗原貌和古骆越文化的内涵神韵。

有学者认为，骆越祖母王是骆越水事文化的开创者和重要代表。正是因为祖母王开拓水事文化的功绩，每年的农历三月初三壮族同胞都在大明山下的骆越祖庙罗波庙举行隆重的祭祀大典，后来这一祭祀活动形成了著名的罗波庙会民俗和壮族三月三歌圩民俗。骆越祖庙也因此成为我国水事文化的圣地。骆越祭祖大典中公祭骆越祖母王是活动的重头戏。来自全国各地的各界代表参加了骆越祖母王的公祭仪式。

这一切都是骆越文化在现代社会的真实反映,也是壮族人们族群认同的真实反映。西瓯、骆越先民共同的生活习俗,如善于舟楫、水事众而陆事寡,以及文身断发等共同的文化习俗都对族群意识产生影响。还有铜鼓的考古出土,作为壮族的标志物已经在遥远的历史时期打下了基础,沉淀为壮族文化的底蕴。可以说虽无法考证当时的族群认同,亦没有僮(壮)的族称,但其实际上已为后来的僮族奠定了族群文化的基础,已具备壮族文化的核心特征。

第二节 乌浒俚僚与壮族的"僚人家园"想象

在西瓯骆越之后,壮族先民进入到乌浒俚僚的时代,西瓯、骆越的族称被"乌浒""俚""僚"所取代。早在两汉时期,西瓯、骆越在史书中相继消失而代之以"乌浒"。"乌浒"是对尚未汉化的西瓯、骆越的泛称。隋唐时又出现"俚""僚",宋元之后代之以"俍""僮"。学者们普遍认为他们当是源自秦汉时期的西瓯、骆越。其中,"僚"被视为"骆"的变音,更表明了两者的传承关系。

总的来看,唐至五代,壮族先民有俚、僚、西原蛮(黄洞蛮)、乌浒等诸名。其分布于今广西、广东西部、湖南南部、黔桂交界、滇桂交界,以及中越交界等地,较诸前期,呈向西北扩张之势。①

一 乌浒:壮族尚黑习俗之源

"乌浒"是东汉时对越人的另一族称,一直到两晋时期,这一名称仍被普遍使用着。乌浒是指一个较广泛地区的越人言,百越后裔之一的壮族在这个历史时期也同样被称为"乌浒"。

对于乌浒地名的来历,有多种说法:一说它是"骆越"的音转,一说是因合浦而得名,一说"乌浒"就是"无余",无余是越国建国之前一位部落酋长之名。历代史籍对"乌浒"一称,有过不同的记载。三国时

---

① 张声震:《壮族通史》(中),民族出版社1997年版,第456页。

万震在所著《南方异物志》中记载说："乌浒，地名，在广州之南，交州之北。恒出道间伺候行旅，辄出击之，利得人食之，不贪其货财"。因此，作者认为乌浒当是因地名以作族名，凡居住广州之南交州之北的越人，都可称为乌浒。① 在《壮族别称乌浒人之探讨》一文中，黄现璠认为，广西壮族别称的乌浒人是由古代壮族别称的巴族迁入五溪为土家，由楚国方言"于菟"而得名。②

覃晓航对乌浒进行了语言学上的考证，他指出：

"乌浒"之"乌"，与壮族历史上的尚黑习俗有关。清顾炎武《天下郡国利病书》载，壮族妇女"衣黑布衣……出入林麓，望之宛如猿猱"。清周诚之《龙胜厅志》："壮俗，男女服色尚青。""青"，古人用来表示黑色。《书·禹贡》记："厥土青黎"。孔颖达疏引王肃曰："青，黑色"。徐松石著《粤江流域人民史》引《岭南杂记》记："壮种……服俱黑色，广西最多"。刘锡蕃《岭表纪蛮》说壮族男女服饰"多着兰黑色""老尚黑色"。黄旭初修《崇善县志》说壮族女子"染黑齿，穿短衣"。

所以，尚黑习俗是古今壮族的典型文化特征。

"乌蛮"又名"乌浒蛮"，"乌浒蛮"其称是"乌蛮"之名的扩展，扩展的特点是在"乌"字之后增添了"浒"字。"浒"的词义为"水边"，而"水边"正体现乌浒人的居住特点。据史料记载，乌浒人的居住特点是傍水而居。

因此，"乌浒"之名与"乌蛮"之名有渊源关系。"乌蛮"源于壮族的尚黑习俗，"乌浒"则因"乌蛮"人傍水而居的特点而得名，它先是地名，后是族名。所以"乌浒"之名经历了从族名到地名，又从地名到族名的演变过程。③

---

① 江英梁：《百越族属研究（节录）》，载谢启晃等编《岭外壮族汇考》，广西民族出版社1989年版，第26页。
② 黄现璠：《壮族别称乌浒人之探讨》，载谢启晃等编《岭外壮族汇考》，广西民族出版社1989年版，第123页。
③ 覃晓航：《"乌浒"新探》，《中央民族学院学报》1992年第5期。

以此解释乌浒蛮，让我们看到乌浒的族称反映了壮族尚黑的习俗，这充分体现在服饰上面。壮族人以黑为美，如今名声大振的黑衣壮即是典型代表。南宁国际民歌艺术节上，大家领略了黑衣壮的魅力，加上开发旅游，黑衣壮的尚黑习俗已深入人心。其实，除了黑衣壮，其他壮族族群，也多数表现出尚黑的习俗。

我们在靖西县开展田野调查时，当问到壮族有什么文化特征时，当地壮族群纷纷告诉我们黑衣壮是壮族的典型代表，说黑衣壮最出名，应该去调查黑衣壮。此外，海力波的博士论文就以黑衣壮为研究对象，给我们呈现黑衣壮族群的人观、文化表征和族群认同等诸多文化现象。卢露在她的博士论文中注意到黑衣壮作为一种文化符号对族群认同的意义，她指出，黑衣壮，在20世纪90年代广西南宁的首届国际民歌艺术节上，以其原生态的山歌演绎方式和以黑为美的服饰特色开始登上了国际艺术舞台，他们的族群形象和风俗文化开始在各大传媒中（南宁民歌节、央视10套等）频频亮相，被认为是壮族文化中保留最完整、最原始的"活化石"，也成为继刘三姐之后，壮族文化形象最有影响力的代表。①

我们看到，古老的壮族先民乌浒人的尚黑习俗，穿越历史的长河，到20世纪末期，仿佛一夜之间成为"美"的象征，作为壮族的一种文化符号，被搬到舞台上，黑衣壮向世人展现壮族的独特的服饰文化，同时也展现了壮族越来越强大的文化自信。也许人们不曾想历史上曾被污名化的"乌浒蛮"在新的历史时期来一个文化大转身。"乌浒蛮"留下的文化遗产，对今天壮族的认同发挥突出的作用。

二 俚与僚：骆越的后裔

（一）作为族称的俚僚

俚，最早见于《后汉书·南蛮西南夷列传》："建武十二年（36年），九真徼外蛮里张游，率种人慕化内属，封为归汉里君。明年，南越徼外蛮夷献白雉、白兔。至十六年，交趾女子征侧及其妹征贰反，攻郡。……于

---

① 卢露：《从桂省到壮乡：现代国家构建中的壮族研究》，博士学位论文，北京大学2013年版，第164—165页。

是九真、日南、合浦蛮里皆应之。"注曰:"里,蛮之别号,今呼为俚人。"①

关于僚人,始见于张华《博物志》,以后《华阳国志》《魏书》《晋书》等书均有记载。"僚人与骆越是同族"。《隋书·南蛮传》曾载:"南蛮杂类,与华人错居,曰蜓、曰狼、曰俚、曰獠、曰狚,俱无君长,随山洞而居,古先所谓百越是也。"② 从三国两晋至南北朝及隋朝的这一漫长的历史时期里,广西境内的壮族先民又被称为"俚",亦称"俚人"。在唐代,岭南地区冠以地区名称的僚人非常之多,僚人遍布于岭南的广大地区。也就是史籍在记载唐代以前的历史时,大多把岭南僚人并称为俚僚。裴渊《广州记》载:"俚僚铸造铜为鼓,唯以高大为贵"。《宋书·蛮夷传》载:"广州诸山,并俚僚"。《隋书·地理志》载:"俚僚贵铜鼓,岭南二十五郡,处处有之"。东晋南朝以来,随着经济的发展,汉族人民的不断迁入,民族分布状况发生变化,"俚僚"慢慢由并称变为单称。③ 所以"俚僚"只是一种泛称。既有单独称为"俚人"或"僚人",又有合起来称"俚僚"的现象。

> 僚族的形成是战国和秦汉以来百越集团分化发展的结果。自战国以来,汉人大批南来,与越人杂处,部分越人逐渐汉化。百越集团中的九真、交趾等,受中原影响有限,后来纷纷立国。在这种背景条件下,地处西南地区的百越诸部,便自称"僚"。战国至汉,以僚族为主体,在今贵州西部及北部,并包括云南东北、四川南部及广西北部部分地区建立了夜郎国。从民族形成的意义上来说,西南地区的百越部落也就发展、演变成了一个新的民族共同体——僚族。④

近现代许多学者也持"僚"为"越"说,即认为僚是由越发展而来的。可以说,俚和僚都是以骆越为主体发展而来的。王文光在著作中,对

---

① 《后汉书·南蛮西南夷列传》,中华书局1965年版,第2836页。
② 《隋书·南蛮传》,中华书局1973年版,第1831页。
③ 张雄:《唐代西原部族属源流考》,载谢启晃等编《岭外壮族汇考》,广西民族出版社1989年版,第135—136页。
④ 徐杰舜:《从骆到壮——壮族起源和形成试谈》,《学术论坛》1990年第5期。

俚和僚分别进行了考证，注意到两个族群的分布地域上的不一致。在他看来，僚族主要分布在五岭以西，而俚族是汉族史家对以分布在五岭以南的郁林郡、苍梧郡为中心的骆越后裔的称呼。当然，从文献的记载来看，这也不绝对，《后汉书·南蛮西南夷列传》中也经常提到有僚分布的日南、九真、交趾、合浦诸郡同样有俚族分布。因为如此，史籍中常常俚僚（或僚俚）并称，他们都是现代汉藏语系壮侗语族民族的先民。①

僚的根据地为骆越分布区，但在三国时期，僚人开始北上巴蜀，因此僚人的分布区发生了变化，可分为两大片，即所谓"北獠"（北上入巴蜀者）分布区和岭南至交、广的僚族分布区。"北獠"入巴蜀后，在浓厚的汉文化氛围中，渐次华夏化；而岭南之僚则在隋唐以后向着不同的民族方向发展。②"因为僚（老）与骆音比较接近，僚应是骆的音转。也是'山麓'的意思。"③

汉朝以后西瓯、骆越的名称逐渐不用，而代之以乌浒，稍后又称之为俚、僚。僚原先指四川一带的少数民族，后来俚、僚的称谓常常混用或连用，多指两广、海南岛等地的壮、黎诸族。元、明之后，俍（狼）、僮、犵、侬、沙、土、土佬等名称又逐渐取代俚、僚的称谓。"俍"之名出现较早，始于三国时代，晋人左思的《三都赋》中就有"乌浒俍"之句。但当时史籍对"俍"的记载甚少，直到元明以后，关于俍人和俍兵的记载才逐渐增加。据《粤西丛载》明世宗嘉靖二十五年（1546年）巡按广西御史冯彬奏曰："广西一省，俍人居其半"。而文献记载表明，俍兵多出自桂西的土官统治地区，瓦氏夫人所率的抗倭军队就是俍兵，但"俍"之名后来也渐废弃不用。现在各地壮族的自称中都没有叫"俍"的。"僮"之名始见于南宋的一些史籍中，李曾伯《可斋杂稿》卷十七《帅广条陈五事奏》云："在宜州则有土丁、民丁、保丁、义丁、义效、撞丁共九千余人"。当时所谓的"撞丁"仅指广西宜山一带众多兵丁中的一种，后来逐渐指称广西宜山、柳江一带的少数民族，称之为"撞人"或"僮

---

① 王文光、李晓斌：《百越民族发展演变史——从越、僚到壮侗语族各民族》，民族出版社2007年版，第179页。
② 同上书，第171页。
③ 黄现璠、黄增庆、张一民：《壮族通史》，广西民族出版社1988年版，第41页。

人"，与广西目前自称"布壮"的地区大致相同。①

尤中认为，僚族是百越的后裔，唐、宋时期，近代壮、侗、水、布依、仡佬等族的先民仍然被一概称为"僚"，其分布区域，与魏晋南北朝时期基本相同，即除今广西仍为僚族的主要聚居区之外，西南的云、贵、川三省，也都有数量不等的僚族人口，只是分布面在某些地区较广，某些地区较窄而已。②

（二）俚僚文化特征与"僚人家园"想象

粟冠昌曾通过"将僚、僮的住宅的格式、服饰、语言、铜器文化、妇女在生产领域中所居的地位以及两者所分布的地域作一比较，以征僚、僮间的族源、族属关系"③来反驳白耀天否认僚作为一个族群的观点。

《南齐书·州郡志》："广州滨际海隅，委输交部；虽民户不多，而俚僚猥杂，皆楼居山险，不肯宾服。"《北史僚传》："……依树积木以居其上，名曰干栏。干栏大小，随其家口之数。"《旧唐书·南平僚传》："南平僚者，……人并楼居，登梯而上，号为干栏。"《太平寰宇记·渝州风俗条》："边蛮界乡村有僚户，……俗构屋高树，稠之阁阑。"《楚庭稗珠录》："僚俗略同僮，……积木以居，名曰干栏。"

因此，在粟冠昌看来，"僚、僮的住宅的建筑格式可说是完全相同的。而且对房屋的称谓，两者相比较亦可说大体是相同，有些地区如武鸣和邕宁北部虽然已经改变了楼居的习惯，但对房屋仍保持着'栏'或'恩栏'（'恩'在僮话中是房屋、桌子、板凳……等物的数量单位）由此可证今僮人的楼房建筑格式、楼居的习惯及对房屋的称谓是继承了过去僚人的文化习俗的。"④

此外，在衣饰上，旧唐书南平僚传："男子左衽、露发、徒跣；妇女横布两幅，穿中而贯其首，名为通裙，其人美发髻鬟垂于后，以竹筒如笔三、四寸斜贯其耳，贵者亦有珠珰。"僚妇和僮妇的衣饰是有许多共同之处。

---

① 梁敏：《论西瓯骆越的地理位置及壮族的形成》，《民族研究》1996年第3期。
② 尤中：《唐宋时期的僚族（节录）》，载谢启晃等编《岭外壮族汇考》，广西民族出版社1989年版，第125页。
③ 粟冠昌：《关于僮族族源问题的商榷》，《民族研究》1959年第9期。
④ 同上。

在语言上，作者列出部分僚语的词汇和壮语相比较，比如，僚人称楼房（高脚屋）为干栏、阁栏；僮人对高脚屋、平房称为麻栏子、栏或恩栏。还有僚、僮社会最底层的人民均被称为"提陀"。由此可见僚、僮语间的关系很密切。

在铜器文化上，"自南北朝以至于宋，僚人使用铜器、铜鼓真可说是史不绝书，由此可证：僚人使用铜器、铜鼓绝不是偶然的现象，僚族确是喜用、惯用铜器、铜鼓的一个族，僚族确是一个具有悠久铜器、铜鼓文化的族。"僚族的铜器、铜鼓文化亦为僮族所继承下来。

还有僚、僮妇女在生产劳动领域中都担负起了繁重的生产劳动任务，在家庭经济生活中起了很大的作用。在地理分布上，现在操侗傣语系各族（包括僮族在内）分布的地区和历史上僚人曾分布过的正相吻合。综上，粟冠昌说，"我认为僚是一个族，而且还认为僮族是源于僚族。"①

可见，无论是在住宅、服饰、语言以及铜器文化上，都表明了僚人是僮人的先民，是历史上壮族先民重要的一个族群。这种基于僚人的族群文化认同一直延伸到今天的壮族生活当中。比如壮族最著名的"壮族在线"网站，专门开辟了"僚人家园"这一壮族、布依族、岱依族共同的论坛。内设僚人家园管理区、语言文字（包括僚文平台、僚语论丛）以及文化学术（包括越僚史地、僚学动态等）、僚区建设、文旅休闲、社会经纬、站务专区等不同板块，网友发的相关帖子内容涵盖面广，在这个平台上可以看到僚人传统艺术、风土人情、民间习俗以及历史地理、有关歌谣、铜鼓、干栏、稻作等僚学相关研究动态，无疑是一个重要的僚人文化宣传平台，更是凝聚僚人认同的一个重要的网络空间。对于何为僚人，壮族在线网站首页做了如下解释："分布于中国西南地区及越南北方的壮族、布依族和岱—依族，从历史渊源、语言文化、风俗习惯以及分布状况来看，是共性大于个性的同一人群，本站遵循其普遍自称"布僚"Bouxraeuz（我们的人），将之统称为——僚人"。虽然没有指明其族称与历史上的俚僚族称的关联，但是"僚人"的认同在某种程度上仍然是曾经在历史上留下浓重色彩的"僚"这一族群的深刻记忆和族称认同，是"僚"这一族称在现代网络社会留下的痕迹。

---

① 粟冠昌：《关于僮族族源问题的商榷》，《民族研究》1959年第9期。

第三节 撞（僮）人：族称的出现与族群意识的产生

一 作为族称的"撞"和"僮"

汉代以后，"百越"这一名称消失，代之而起的是"獠""俚"等名称。南宋时，他们当中的一部分从俚僚中分化出来，开始被记录为"撞"。到元代又有了"獞"的写法。明朝时期，"撞"逐渐在文献中消失，而"獞"则沿用至近代，后为"僮"所代替。但对于"撞"作为族称何时出现，是学界争论的一大问题。目前主要有三种观点。但是，绝大多数学者认同第一种观点，即"撞"作为族称出现于南宋。

（一）"撞"字作为族称最早出现于南宋说

关于"僮"作为族称的考证已很多，大多数学者认为，"撞"，是南宋时书载对广西某一人类群团的称谓，元末明初仍一以贯之，随着它由某一人群之称扩而化成一个民族的载体。"撞"，作为壮族人的名称，最早见于南宋时期，① 如黄现璠等人也认为，"'僮'这个民族名称，是南宋时出现的。宋人李曾伯在上宋理宗的奏折中，曾提到宜山有'僮丁'。宋人朱辅在《溪蛮丛笑》中进一步指明南方'洞民''有五：曰苗、曰瑶、曰僚、曰僮、曰仡佬'。以后历代均多沿用'僮'名，到明代'僮'名引用逐渐增多，但往往与'瑶'并举。到清代对'僮'名的引用已遍于广西各地"②。

其实，"撞"在史籍的出现，与南宋名将岳飞以及南宋的两任广西军政长官有关。南宋高宗绍兴二年（1132年）闰四月，岳飞率官军至贺州，与杨再兴的反宋部队发生激战，最初失利，"飞怒，尽诛亲随兵，责其副将王某擒再兴以赎罪。会张宪与撞军统制王经皆至，再兴屡战，又杀飞之弟翻"。③ 宋人范成大在1175年撰写的《桂海虞衡志》中云："庆远、南丹溪洞之民呼为撞。"另一个南宋人，曾任广南西路经略安抚使的李曾伯，于南宋淳祐年间（1241—1252年），上理宗赵昀《帅广条陈五事

---

① 《中国少数民族》编写组：《中国少数民族》，人民出版社1981年版，第124页。
② 黄现璠、黄增庆、张一民：《壮族通史》，广西民族出版社1988年版，第4—5页。
③ 《续资治通鉴》卷一一〇。

奏》，其中言备边广右一条说。"……在宜州（今广西宣山县一带）则有土丁、民丁、保丁、义丁、义效、撞丁共九千余人，其狪撞一项可用；在融州（今广西融水、融安两县一带）则有土丁、峒丁、大款丁、傈丁共九千余人，其款丁一项可用。"① 所以，多数学者依据李曾伯上书宋理宗的这一奏折中所提到宜山有"僮丁"，从而认为这是壮族族称的来源。"'撞丁''撞人'最初是指聚居庆远、南丹一带溪峒的人，后来其使用范围逐渐扩大"。②

张声震主编的《壮族通史》（中册）也有详细的介绍：

> "僮"这个称谓最初写为"撞"，……广南西路经略安抚使李曾伯，于南宋淳祐年间（1241—1252年），在上理宗赵昀《帅广条陈五事奏》中说："如宜（今广西宜州市）、融（今广西融安县）两州，则淳祐五年（1245年）亦有团结旧籍：在宜州则有土丁、民丁、保丁、义丁、义效、撞丁共九千余人，其狪撞一项可用。"（李曾伯：《可斋杂稿》卷17）上述撞军、撞丁指的是武装组织及其所属士兵。到了元代，"撞"的含义发生了变化，已不是指特定的武装编伍组织和士兵，而是指特定的人共同体，称为"僮人"。
>
> 到了明代，"撞"演化写成"獞"有犬字旁，含有民族歧视的意思。明洪武二年（1369年），"广西行省言：靖江、平乐、南宁等府，象、宾、郁林等州，地接猺獞，并关隘冲要之处，宜设巡司以警奸盗。"（《明太祖实录》卷45）
>
> 到清代，"僮"的称谓进一步扩大使用范围，左江一带也使用此称谓。③

虽然承认"撞丁"的记载最早是在南宋，表示武装组织和士兵，直到元代，其含义才发生变化，指特定的人群。持此观点的还有范宏贵等人。他们认为，南宋时的"撞军""撞丁"，指的是有编伍组织的军队。

---

① 《可斋杂稿》卷一七。
② 广西民族研究所编：《广西左江流域崖壁画考察与研究》，广西民族出版社1987年版。
③ 张声震主编：《壮族通史》（中），民族出版社1997年版，第575—578页。

一直到过了四十多年以后，即到了元朝，"撞"的含义发生了变化，这时它才指一个特定的人们共同体，而且明确地称之为"撞人"了。①

即使对"撞丁"一词什么时候才具有人们共同体这一涵义的观点不一，但并不影响大家对"撞"出现于南宋的共同看法。所以多数学者认为，"壮族的'壮'是从南宋时期的'撞'演化而来。从'撞'到'壮'走过了800多年的历程。"在这历史过程中，壮族从南宋时期特指在桂西北一隅的少数民族，经过元、明、清三代的发展，涵盖范围逐步扩展到整个广西和毗邻地区。②

另外王文光也持"撞"始于南宋的观点，但他不同意上述所引用的史料依据。他说，或以为始出自宋人范成大的《桂海虞衡志》，其文曰："庆远、南丹溪洞之民呼为僮。"但今本亦不存在这一句，可疑；或以为始出自宋人朱辅的《溪蛮丛笑》，其文曰："南方之民有五，曰苗、曰瑶、曰獠、曰僮、曰仡佬。"对这一记载，现有的版本或有或无，亦可疑。

那么，既然这些说法都可疑，到底依据是什么呢？他引用《招捕总录》"广西两江"条载："至治二年（公元1322年），广西宣慰使燕牵言：'瑶族非一，……其杂处近民曰熟瑶，稍知生理，亦不出赋；又有僮瑶，则号为兵官守隘通道，于官有用。自宋象州（今广西象州，在柳州东南）王太守始募熟瑶，官供田牛以供此役，至今因之。为今之计，莫若置熟瑶与僮瑶并为僮户，分地遏贼为便'"。这段记载虽出自元代，但其中已明确指出有僮，这个名称是南宋时出现在象州，延至元代未改。③

南宋之后，"撞"不断发展壮大，演变成为今天的"壮族"。虽然今天的族称改为"壮"，但大家一致认为，"撞"是壮族曾经长期使用过的族称。

(二) "撞"晚于南宋，到明代才正式成为族称

这种观点以刘祥学为代表，他认为史料不一定就等于史学，原因在于人们眼见的史料难免存在错误。他通过对《续资治通鉴》《桂海虞衡志》及《溪蛮丛笑》中有关"獞"的史料进行详细的考证辨析，发现目前流

---

① 范宏贵、唐兆民：《壮族族称的源起和演变》，《民族研究》1980年第5期。
② 陈杰：《壮族的"僮"源新探》，《社科与经济信息》2002年第8期。
③ 王文光、李晓斌：《百越民族发展演变史——从越、僚到壮侗语族各民族》，民族出版社2007年版，第234—235页。

行的壮族族称源于宋代"㽵军"的说法，实际上所征引的史料系版本传抄过程中产生的谬误，应予以纠正。

在他看来，壮族族称来源最为可信的资料，仍是李曾伯《可斋杂稿》中提到的"㽵丁"一词。但南宋开始出现的"㽵丁"和"僮"这一称呼，原先只是指一小部分的人们共同体，所指范围仅局限于广西宜州一带的少数民族民兵队伍及民众。

宋朝统治者正是利用当地民风"犷戾"，才招募了"㽵丁"这样一支乡兵，为统治者服务。自从南宋末开始以"㽵"称呼宜州地区的少数民族之后，它的使用范围不断扩大，并由此有了新的含义，"㽵"人逐渐演变成一个族名。宋理宗诏书中所称"猺僮"，实际上已将"僮"视为一个族群。只是其时史料时而称"㽵"，时而"僮"，名称尚没有统一而已。这是个问题，元代一样存在，但"㽵""僮"的使用范围不断扩大。

元代有时也将"㽵人"写成"僮人"，如《元史》卷五十一《五行二》载"至正十一年（1351年），西庆远府有异禽双飞，见于述昆乡，飞鸟千百随之，盖凤凰云。其一飞去，其一留止者，为僮人射死"。又如史料记载，元时曾在桂郡"简义兵僮卒"。明代以后，"僮"作为壮族的他称，才逐渐完成统一，只是出于民族歧视，又将"僮"多称为"獞"而已。① 因此，在作者看来，即使在宋代就出现了"㽵丁"的称呼，但那时还不是族称，直到明代之后，"僮"才作为壮族统一的族称。

虽然对"㽵丁"是否是一个族群的称呼上仍然有商榷的地方，但笔者认为，"㽵"是后来长期被书写为"僮人"最初的名称，对于"僮人"族群意识的产生意义非同小可。

二 "僮人"：族称的出现与族群意识的产生

族称的确定对一个民族来说意义非同一般。"㽵"的称谓在南宋出现以后，在元朝继续沿用，使用时间为200多年。带有侮意的"獞"出现于元明之际，史籍《续文献通考》卷28中就有偶尔用"獞"代替"㽵"的记载。从明朝开始，一直到清代和民国初年，史籍上的"獞"几乎完

---

① 刘祥学：《史料与史实：作为壮族族称最早来源的"㽵军"考辨》，《广西师范大学学报》2012年第2期。

全替代了"獞"。"獞"的使用时间长达五百多年。有点人性的"獞"始见于《明太祖实录》卷25，在历史上极少使用。民国出现恢复人性的"僮"，一些开明人士开始用"僮"来取代"獞"。①

由此可知，最初的"撞"，随着历史的演进，后来出现了"獞"、"僮"和"獞"等称谓。几个字表面上似乎没有多大区别，其实却是是否带有歧视意味的差别。但"撞"的出现，已经意味着民族自我意识的产生。"从民族形成的意义上来说，壮族族称的出现和确立，既然标志着民族自我意识的觉醒，也就同时标志着壮族的正式形成。"②

梁启超在《中国历史上民族研究》中对民族意识作了界定，他说："何为民族意识？谓对他而自觉为我。"费孝通指出："同一个民族的人感觉到大家是属于一个人们共同体的自己人的这种心理。"③ 也常被认为是对民族自我意识的界定。熊锡元认为"民族意识"的涵义，主要包括以下两点：第一，它是人们对自己归属于某个民族共同体的意识；第二，在与不同民族交往的关系中，人们对民族生存、发展、权利、荣辱、得失、安危、利害等的认识、关切和维护。④

这些观点都强调了族群意识是在与其他民族进行交往的过程中产生的。也就是一个族群，必定有另一个与之交往的族群作为他者，他才有我族的意识，才有共属于一个人们共同体的心理。同样，前述"撞"族称的出现，后来曾一度被统治者和外族人用带有犬字旁的"獞"来取代，以此歧视僮人的非人性。

这种观点比比皆是，甚至在一些学者的笔下，也纷纷描述各种奇风异俗来把"獞"非人化和污名化。如石兆棠在《獞人调查》中说："老实说，实际上的獞人并不是你我意想中的那么一个民族了，不独在生活与思想上与我们汉人没有多大差异，即最显易区别种族界限的民族性与信仰，他们也许是现在把我同我们老祖宗到于今一脉相传的也没有十分两样得很，我们除开他们的言语同生活的地域内去实实的区别他们在汉族之外，

---

① 陈杰：《壮族的"僮"源新探》，《社科与经济信息》2002年第8期。
② 徐杰舜：《从骆到壮——壮族起源和形成试谈》，《学术论坛》1990年第5期。
③ 费孝通：《关于民族识别问题》，《中国社会科学》1980年第1期。
④ 熊锡元：《"民族意识"初析》，《中央民族学院学报》1989年第3期。

我们实不应该像猺人苗人一样的把他们排在一起。"① 说明那时候的人也不把壮族当做一个民族来看。钟敬文也认为,这里所说"獞民"两字,不过是一种沿用的称述,至于它的本身,是否为一个独立的民族,与狼,猺等有划然不可混淆之处,这不是我所敢武断的。② 甚至怀疑其是一个独立的民族。

因此,不能忘记的是,撞人曾经被封建统治者在史书中写为"獞",以强调和标识"撞"人的"非我族类"的"蛮夷"性质。也正是这一被视为"非我族类"的历史遭遇,在某种程度上反而强化了僮人自身的族群意识。20 世纪 30 年代,徐松石先生考察了岭南壮人,愤于历代治人者不把少数民族当人看待,在他所著的《粤江流域人民史》一书中,改"獞"为"僮"。据《玉篇》的音释,"僮",昌容切,音冲,行貌,与踵同"。"僮"与"撞"音近,复了原音。③ 这是僮人族群意识的突出表现。

民族意识是把一个民族的成员紧密地结合在一起的巨大精神凝聚力,它能够使民族成员产生亲切的归属感和向心力;民族意识还是一种具有相对独立性和长期稳定性的心理因素,甚至在它赖以形成的经济与社会文化基础完全改变以后,它仍能作为维系民族共同体长期稳定和发展、抵御民族自然同化的精神屏障。④ 所以苏联著名民族学家刘克甫(克留科夫)强调认为,民族意识是所有民族特征中"最值得注意的本质特征"。⑤

僮人族群意识的产生,对自我形象的维护,进入到新的历史时期,这一现象得到了改善。周总理在一次座谈会上提议,僮族的"僮"字有两个读音,一个读"zhuang",一个读"tong",容易混淆。特别是都"tong"字的时候,如"书僮""家僮"等,这含有对壮族不够尊重,视壮族为未成年人的意思。为此,周总理建议将"僮族"的"僮"字改为

---

① 石兆棠:《獞人调查》,国立中山大学语言历史研究所周刊(3 卷第 35、36 期),1928 年 7 月。
② 钟敬文:《獞民考略》,国立中山大学语言历史研究所周刊(3 卷第 35、36 期),1928 年 7 月。
③ 白耀天:《"狼"考》,《广西民族研究》1988 年第 4 期。
④ 李秋洪:《广西民族交往心理的比较研究》,《民族研究》1997 年第 1 期。
⑤ 贺国安:《刘克甫先生谈汉民族研究与民族理论问题》,《民族研究》1987 年第 4 期。

"壮"字。这一提议得到了认可和执行,将"僮"改为"壮"字。这也宣告了一个历史时期的结束。下一章,我们将进一步分析研究从僮到壮的演变过程以及僮族认同的变迁。

第二章 从僮到壮：壮民族的形成与族群认同

"僮"的称谓，始于南宋，但指的只是部分僮族。自元、明以后，随着僮族社会经济的发展，民族内部联系的加强，"僮"才成为僮族社会统一的名称。从"僮"到"壮"的演变，又经过了漫长的历史演变，期间，还曾一度被称为"撞""獞""僮"等他称，带有歧视的民族偏见。直到1965年，经周恩来总理的提议，才正式更名为"壮"族，赋予壮族正面的、积极的涵义，一直沿用至今。梳理这一段历史，让我们进一步见证了壮族族群认同道路之崎岖和坎坷。

第一节 侬智高起义与"僮"族认同

侬智高起义对于壮族历史来说，是辉煌灿烂的一页。但凡研究壮族历史与文化，都不可避免要讨论侬智高起义的历史及其对壮族的形成以及凝聚壮族方面所起到的重要意义。

一 历史背景：侬智高起义

侬智高（1025—1055），是北宋广源州的壮族首领。广源州是北宋广南西路的邕管羁縻州。羁縻州是北宋王朝设立的边境各族地区行政单位。这里虽人烟稀少，但因地处边陲，具有重要的战略地位。

据史料记载，侬智高是宋代邕州属羁縻广源州首领，他的父亲侬全福是傥犹州（今广西靖西县地）首领。遭到交趾侵袭，当时"智高时年十四，与其母逃窜得免，收其余众，臣事交趾。既长，因朝于交趾，阴结李德政左右，欲夺其国。事觉，逃归，因求内附。朝廷恐失交趾之心，不纳。智高谓其徒曰：'吾今既得罪于交趾，中国又不我纳，无所自容，止有反耳。'乃自左江转掠诸峒，徙居右江文村，阴查官军形势，与邕州奸人相勾结，使为内应。在文村五年，遂袭邕州，陷之。"① "皇祐四年，侬智高世为广源州酋长，役属交趾，称广源州节度使。有金坑，交趾赋敛无厌，州人苦之。智高桀黠难制，交趾恶之，以兵掩获其父，留交趾以为质，智高不得已，岁输金货甚多。久之，父死，智高怨交趾，且恐终为所灭，乃叛交趾，过江，徙居安德州，遣使诣邕州求朝命为刺史。朝廷以智高叛交趾而来，恐疆场生事，却而不受。智高由是怨，数入为盗。"②

宋皇祐二年（1050年），侬智高在安德州（今靖西县安德乡一带）建立"南天国"政权，年号"景瑞"。交趾李朝趁宋朝集中精力对付北方的辽、西夏等政权的侵犯，无暇顾及南方之时，多次侵扰南方的广源州等地。侬智高数次向宋朝皇帝表示内附以求援助抗击交趾，但是都被宋朝皇帝拒绝。侬智高在外受交趾侵掠，内为宋王朝所拒绝的无奈情势下，为了保卫祖国边疆，为了谋求民族的生存和发展，于皇祐四年（1052年）四月，率众五千余人起义，开始了反抗宋王朝的斗争。③ "皇祐四年四月……初，侬智高贡方物，求内属，朝廷拒之。后复贡金函书以请，知邕州陈珙上闻，亦不报。智高既不得请，又与交趾为仇，且擅广源山泽之利，遂招纳亡命，数出敝衣易谷食，绐言峒中饥，部落离散，邕州信其微弱，不设备也。乃与广州进士黄玮、黄师宓及其党侬建侯、侬志中等日夜谋入寇。"④ 于是，在宋皇祐四年（1052年）侬智高举兵反宋，随后相继攻陷了南宁、横县、桂平、平南、封川、梧州、广东高要，直捣广州城下，后又回师转战贺县、平乐、宾阳等地，规模很大。波及广西、广东以及后来侬智高退兵抵达的云南地区。攻占邕州后，建立"大南国"，称"仁惠皇帝"。后被宋朝派来的狄青部队所镇压，起义以失败结束。

侬智高起义虽以失败告终，但是它的影响却是深远的。在壮族的历史上也被不断地大书特书，只是在历代王朝的官方文献中，我们看到侬智高因发动反宋起义而被当成是叛贼、贼寇而被载入史册。但是在民间的记忆

---

① （宋）司马光：《涑水纪闻》，邓广铭、张希青点校，中华书局1989年版，第270页。
② 同上书，第256页。
③ 张声震主编：《壮族史》，广东人民出版社2002年版，第346页。
④ （宋）李焘：《续资治通鉴长编》第13册卷172，中华书局1985年，第4142页。

中，以及壮族精英的笔下，侬智高起义得到高度的评价。

1980年的《壮族简史》说："侬智高领导的反宋战争是壮族历史上较大规模的民族起义，是北宋王朝残酷的阶级压迫和民族压迫造成的。……民族起义的战争都是正义的战争，它对本民族的影响是深刻的，所以，后来壮族人民有的唱山歌赞颂侬智高，有的编故事宣扬他，还有的立庙堂祭祀他，刻石像纪念他。同时有许多汉族同胞，受北宋王朝的封建压迫，有着共同的遭遇，在这次民族起义的战争中，很多汉族人民参加，写下了各族人民团结战斗的光辉一页。"①

1996年张声震主编的《壮族通史》（中册）说：

"侬智高领导的反对北宋的起义，是一次反对北宋王朝的民族压迫和阶级压迫，反对北宋王朝对交趾统治者的侵掠推行屈从忍让和纵容政策的战争，是壮族历史上一次大规模的正义战争。它虽然被北宋王朝镇压下去了，但其历史意义是巨大的。第一，表现出壮民族团结反抗外来侵犯的精神，侬智高领导的得到壮汉人民广泛支持的这场战争，是反对交趾统治者侵略和奴役的斗争的继续，旨在反对北宋王朝实行的御蛮政策。第二，沉重地打击了宋王朝在岭南的统治势力，迫使北宋王朝调整对岭南人民的某些政策，推动壮族社会向前发展。第三，侬智高从'求一官以统诸部'，到建立大历国、南天国、大南国，是反映壮民族的形成、要求有自己统一的民族地方政权的意志，侬智高企求建立的地方民族统一政权，可能和大理政权一样有利于壮民族社会、经济、文化的进步与发展，使壮民族能步调一致地抗击交趾的蚕食鲸吞，保卫国家边疆。在侬智高失败后，宋王朝积极号召广西沿边羁縻州峒首领'出宋''归明'，并集训羁縻州峒丁壮抗击交趾，巩固边防，出师勤王等，无一不是侬智高'求一官以统诸部'所要达到的目的。"②

可以说，侬智高起义对壮族社会的发展影响非常深远。虽然起义以失

---

① 《壮族简史》编写组：《壮族简史》，民族出版社2008年版。
② 张声震主编：《壮族通史》，民族出版社1997年版，第684—686页。

败告终，但是却被壮族人视为正义的战争，侬智高作为祖先和民族英雄的象征而受到壮族群众的顶礼膜拜。

二　祖先记忆：作为侬智高及侬军后裔的部分壮族

侬智高起义虽以失败告终，但却以祖先身份和民族英雄等身份在壮族民间得以流传和祭祀崇拜。首先，作为祖先身份得到崇拜的侬智高是如何体现在壮族民众的生活当中的？我们知道，壮族文化里有浓厚的祖先崇拜信仰。有以布洛陀、姆六甲等为始祖的始祖崇拜，还有将本地历史传说中立有功劳或享有盛大声誉的人当成远祖，加以崇拜。如侬智高、瓦氏夫人等即是代表。还有更进一层的对本家族可以追溯的家族祖先进行祭祀崇拜。所以这种的祖先崇拜分为始祖崇拜、远祖崇拜和家族祖先崇拜三个部分，侬智高崇拜被视为远祖崇拜的代表。

云南省广南县侬土司被认为是侬智高后裔，广南县侬氏后人皆自称为侬智高后裔。广西横县、那坡县、德保县、靖西县等地的侬氏族谱都记载了他们的祖先为侬智高。如横县校椅镇绵埔村侬智高支系的《族谱》说："我祖侬智高兵雄将勇，士气莫敌，更下决心，不打昏君，誓不为人。"①广西靖西县大甲乡侬氏家族族谱中记载："我侬氏家族，世居边徼。太祖侬佈团，生于清朝顺治元年。他据祖传，以口头方式遗嘱后人：'我们是侬智高后代，因侬智高反宋失败，为避灭族之灾，改侬姓为农氏。据此，后人切记……为缅怀先人，不忘祖德，重新启用侬姓，故称侬氏佈团家族。'"②侬智高反宋失败后，大部分侬氏被迫改为农姓或赵姓，少部分保留侬姓。侬智高后裔散居桂西、滇南、越北、老挝、泰国、缅甸等地。

侬智高、侬军和逃难者在云南的后裔目前已弄清楚的有："一是文山壮族苗族自治州的广南县侬氏土司。二是被称为'世外桃源'的广南县坝美村有侬智高及侬军后裔。三是元江那氏土司是侬智高后代，逃难到红

---

① 侬贤生搜集：《广西横县、那坡县等地的〈侬氏族谱〉摘录》，载范宏贵《侬智高研究资料集》，广西民族出版社2005年版，第129页。

② 侬芸青整理：《广西靖西县大甲乡侬氏家族族谱》，载范宏贵《侬智高研究资料集》，广西民族出版社2005年版，第135页。

河县的后裔有七百余户。"① 这些都是声称和侬智高有血缘关系的侬智高后裔。英雄祖先的记忆在侬智高出生地以及侬智高活动过的壮族地区广为流传,也正因此,侬智高得以凭祖先身份受到壮族人民的顶礼膜拜。

梁庭望主编的《壮族原生型民间宗教》,认为祖先崇拜具有"整合功能",原因是"壮族长期与侗、瑶、汉民族杂处,要在各民族共同体的包围圈中繁衍生息、取有利的自然与社会资源,其有效的方法就是借助一个共有的祖先来整合所有的族群成员。由此所衍生的仪礼通过具有象征意义的祭祀行为实现人与神的一体化体验,在精神上强化民族内部的认同与民族凝聚力,从而促进内部的团结一致"。②

作为祖先象征的侬智高,其影响已远远超出壮族范围,走出了国门。"侬智高这个历史人物,经过不断地演化,成为中国的壮族,越南的岱族、侬族,泰国的泰族,缅甸的掸族崇敬的神,有的还说成是始祖;并论述了侬智高在中、越、泰、缅等国的相关族群形成的影响,譬如认为侬智高起兵虽然失败了,但对壮族族群影响却很深远。"关于侬智高的影响,范宏贵认为表现在几个方面:"首先,侬智高的建国尝试加强了中国南部壮族族群的凝聚力和团结,南部壮族在族群认同趋于统一;其次,中央集权加强了对南部壮族地区的重视和管理,对于南方壮族族群有了进一步的认识;再次,造成了侬智高余部的西迁,由于宋王朝对侬智高余部进行的穷追不舍,使得当时的许多起兵的壮族人逃到了宋王朝势力所不及的越南,老挝,泰国等地,并在那里生存繁衍下来,至今演变成了不同国家的不同的族群。"③

那么,具体到壮族社会,侬智高是如何以祖先的身份出现在壮族的日常生活当中的?在此,我们以靖西侬(农)氏壮族对于姓氏来源在不同时期的不同表现为例,阐明了侬智高是如何被供奉为侬(农)氏祖先的。

---

① 侬鼎升:《侬智高出桂入滇采访纪要》,载范宏贵《侬智高研究资料集》,广西民族出版社2005年版,第162—166页。
② 梁庭望:《壮族原生型民间宗教调查研究》,宗教文化出版社2009年版,第148页。
③ 参见范宏贵《侬智高研究资料集》,广西人民出版社2005年版,第550页。

三 侬与农：靖西侬智高后裔的祖先记忆①

作为号称是侬智高出生地的靖西县，也被认为有一大批侬智高后裔仍然生活在这块土地上。笔者在此以靖西县侬（农）姓族人的改姓历程为例，阐释侬智高后裔的族群认同在这一过程中发生的变化。

据当地人说，作为土农的靖西侬智高后裔经过了两次改姓历程，首先，当地农姓壮族称他们本姓侬，但是为避免北宋王朝杀灭侬族，故而其先祖伪造族谱成农姓，得以生存繁衍至今。农姓壮族经历了一个从侬姓改为农姓的历史过程，这在历史文献中也有记载。《宋会要辑稿》卷一七三册《峒丁》条说："石鉴以昭州军事推官，挈轻兵入三十六峒，杀僚延（僚延皆为壮族先称）颇众。"这是侬智高歧义失败后，宋朝杀灭侬族的历史记录。因为当时北宋社会上已经有北方来的神农炎帝后裔的"客农"群体和侬智高侬氏的土著侬姓群体同时存在，侬姓族人为了逃避宋军杀灭，就以神农炎帝后裔的"农"姓为"避难所"，把"侬"字企（单——笔者）人旁弃掉改为"农"并伪造族谱成北方来的神农炎帝后裔，挂"雁门堂"，才顺利地骗过了宋军的杀灭而幸存。②

在今天侬姓后人的笔下，关于侬姓改为农姓的所谓"史实"增加了很多具体的生动的细节，农姓的族源愈加清晰，如：

> 北宋时，社会上已经散居着北方来的神农炎帝后裔农姓族群，客观上成了侬姓族人天然避难所。正当侬姓族人被宋官兵如狼似虎地围追堵截剿杀，在喊天不应、入地无门的生死关头，纷纷躲进农姓家中，农姓家人出于同情心，把避难的侬姓族人当作自家亲人给予掩护，当宋官兵逐家逐户逐人地搜查盘问到时，农姓家人对宋官兵说，这是我的第几个儿子，或这是我的第几个兄、弟、姐、妹、叔、伯……等。避难的侬姓族人也当场认农姓家人的父母为自己的父母，认农姓家人的兄、弟、姐、妹、叔、伯为自己的兄弟姐妹叔伯，认农

---

① 该部分内容曾以题为"侬与农：从姓氏变化看靖西壮族的族群认同"发表在《广西民族研究》2013 年第 4 期。此处已做删减。

② 侬芸青：《侬智高侬氏是原住左右江地区的土著民族》，《靖西壮学研究》2009 年第 30 期。

氏的祖宗为自己的祖宗，说自己祖宗是从北方来，如此这般地伪造族谱成神农炎帝后裔，才骗过了宋官兵而幸存。因为北宋时没有户口登记，壮族的户口登记始于元明。北宋时，谁家有多少人？有什么人？官府不知道，避难的"侬"姓族人混杂在"农"姓人群中，看不出谁"农"谁"侬"，只能逐人盘问，这个空子就这么钻过来了，幸存的"侬"姓族人顺利地改"侬"为"农"而成为神农炎帝"农"姓家中的一员，"异源同流兄弟"这个特殊的家庭就应运而生了。"侬"姓和"农"姓杂居的村屯，也同样得到"农"姓族群的掩护才使"侬"姓家族顺利地伪造族谱把"侬"改为"农"而成为该村屯异源同流的特殊族群兄弟。①

在侬姓后人看来，如果当时没有"农"姓人的掩护，他们土著侬姓是过不了关的。因此，他们认为神农炎帝"农"姓族群对土著"侬"姓有再生之德。今天的靖西侬姓人对农姓人仍怀有感激之情。

侬智高兵败之后，宋代朝廷追杀侬姓后人，为了避免灭顶之灾，为了这个族群的生存繁衍，当时选择农姓，改编族谱确实是出于一种功利性的考虑，也可以说是根据具体的场景而发生的变化。

然而侬姓改为农姓之后，侬姓的族源追溯并没有到此结束，万事大吉。进入新的历史时期，农姓族人试图从同是农姓的人中寻找出自身独特之处，这时候侬智高再次登上历史舞台。同为农姓，却有土农与客农之争，这一现象引起我们的关注。

在范宏贵主编的《侬智高研究资料集》里专门收录了几份侬氏谱牒，以展示侬、农两姓的不同族源观点，并在这些侬氏谱牒前加上了"编者按"，进行了一番解释。编者按的具体内容如下：桂西、滇东南侬、农两姓本是同源。侬智高反宋失败后，大部分侬氏被迫改为农姓或赵姓，少部分保留侬姓。物换星移，随着历史的发展，后人对侬、农两姓的族源有两种不同说法：一为土著论，一为外来论。在此刊载的几篇侬、农两姓族谱，两种看法均有，并同时选登几篇与侬智高反宋有关的异姓族谱摘录。

---

① 侬芸青：《土农客农是异源同流兄弟》，载侬芸青：《靖西壮学研究选编》，靖西县壮学会、广西民族大学壮学研究中心靖西县工作站，2009年，第97页。

桂西许多姓氏都说来自山东白马街,因随狄"平蛮"而落籍广西。据此,将覃芝馨先生的《白马移民》调查资料放在一起,可供参考。①

这种土著论和外来论的区别,就是所谓"土农"和"客农"的纷争。尤其是在农姓后人当中,他们非常强调自己的"土农"身份以区别于"客农"。因此,同样姓农,却出现了两种不同的族谱版本。

> 当今"农"姓群体,包含着侬智高土著侬姓后裔的"土农"和北方来的神农炎帝后裔的"客农",虽然土客融为一体,成为异源同流亲密无间的兄弟,但因属于异源同流,自然也就有两种族谱了,即一是当今"农"姓群体所有的旧族谱本子,都是神农炎帝"农"姓的族谱;二是土著"侬"姓后裔的一句话——"我们是侬智高子孙"祖传口碑。这就是含笔者侬氏布团家族在内的靖西、德保、那坡、大新、天等甚至横县、邕宁等县地的"农"姓,家家挂"雁门堂",个个说是侬智高子孙。如果一定要问:谁是土农?谁是客农?答案只有一个,那就是:谁有"我们是侬智高子孙"祖传口碑谁就是"土农",因为北方来的"客农"是不会有"我们是侬智高子孙"祖传口碑的。②

两者的不同就是土农是侬智高子孙,客农是神农氏后裔。两者更进一步的区分体现在,"土农"无迁徙史,侬氏是土生土长的土著民族,根本没有"从何处来",更没有"流向何方"的问题。而客农有迁徙的历史,或是从山东或从湖南或杭州或广东等地迁徙而来,这都是神农炎帝后裔"农"姓的迁徙史。

作为土农后裔的地方精英,对于土农的正统说持鲜明、肯定的态度。如侬兵认为"侬农两姓本不相属,只因侬智高之败才造成混同,导致认识的分歧。但形同而神异,土著侬姓的实质不变。弄清土著侬的嬗变是研究侬智高的内容之一。试想,如果侬智高反宋成功,仁惠皇帝篡了宋仁宗

---

① 范宏贵:《侬智高研究资料集》,广西民族出版社2005年版,第125页。
② 侬芸青:《土农客农是异源同流兄弟》,载侬芸青《靖西壮学研究选编》,靖西县壮学会、广西民族大学壮学研究中心靖西县工作站,2009年,第97—98页。

的宝座，启历年号代替了皇祐年号，大南国取代了大宋帝国，侬姓会改为农姓或赵姓么？土著侬姓改为农姓之后会以雁门为郡望么？再说，如果说桂西、滇南、越北的壮族先人都是南下的中原人，那么，田阳敢壮山的遗迹是谁留下的呢？靖西宾山石器时期文化是哪个民族创造的呢？宁明花山壁画出自谁之手呢？由侬变农，形变而神不变，始终保持土著的本色。"①

最后，当前有一部分土农的农姓人试图改为原来的"侬"姓。这在当地不少农姓族谱当中就有体现。如广西靖西县大甲乡侬氏族谱即是代表，该族谱称："我侬氏家族，世居边徼。太祖侬布团，生于清朝顺治元年。他据祖传，以口头方式遗嘱后人：我们是侬智高后代，因侬智高反宋失败，为避灭族之灾，改侬姓为农氏。据此，后人切记。自太祖布团迄今，世系脉络分明，字派有据可循，形成一个支系。为缅怀先人，不忘祖德，重新启用侬姓，故称侬氏布团家族。"如今，这个家族已经把农姓改为"侬"。

土农自认为最初姓侬，而不是农。其特征在于他们都是侬智高后代子孙，是为了逃避朝廷追杀，才把侬字改为农，一直沿用农姓至今。但是到了目前，这一支土农中，不少人又改为原来的"侬"。关于这个问题，作为土农后裔的地方精英侬芸青先生撰文称：

> 笔者侬氏布团家族于20世纪90年代全族各支系代表讨论，我们要不要恢复"侬姓"？大家认为："农"姓对"侬"姓有再生之德，神农炎帝是"农"姓祖宗，也等于是我们"侬"姓后裔的祖宗了。我们祖先代代相传"我们是侬智高子孙"，说明我们"侬"氏后裔永远不会忘记自己的祖宗。俗话说："酒肉穿肠过，祖宗心中留"，我们对"农"姓祖宗和"侬"姓祖宗一起纪念，共建和谐，皆大欢喜，何乐而不为？近千年来，我们异源同流兄弟已经融为一体，为岭南人类文明的建设，为中华民族的伟大复兴，做出了举世瞩目的贡献。我们应该发扬优良传统、争取更大光荣。至于要不要复用"侬"姓，应该由各支系、各家、各人自己决定，一般来说，用"侬"姓，用

---

① 侬兵：《由侬变农的壮族姓氏是土著民族之我见》，载侬芸青《靖西壮学研究选编》，靖西县壮学会、广西民族大学壮学研究中心靖西县工作站，2009年，第73—74页。

"农"姓,都是可以的。①

所以,要不要改为"农"姓并非强迫,而是各家各支系自己决定,于是,靖西目前出现了"土客同流,侬农同用"的现象。和前人由侬改为农不同的是,如今从农改回侬,是在新的历史场景下的自觉的行为。中华人民共和国成立后,特别是自从实行民族识别后,壮族被承认为一个民族,迎来了中国共产党的马列主义民族平等政策,成为祖国民族大家庭中平等的一员。从旧中国被压迫、被歧视、到新中国被确认,获得平等的地位,各少数民族的民族认同感意识从自然演变成自觉。

通过对靖西壮族侬姓族群对其姓氏的操弄过程的考察,我们了解到侬(农)姓的复杂来历和内涵的丰富性,更了解到侬(农)姓是怎样在不同的历史背景下主动或被动地选择自己的族群认同的。西方的族群认同理论在社会认同的研究领域独树一帜,在相关的研究方面取得可喜的进展。

这些族群理论并非学术界所认为的那样是对立和排斥的关系,它们相互依存,又各具特点,可以分别用来解释同一群体在不同的历史时期为何表现出不同的认同诉求。一方面,我们进行族群认同或者民族认同的研究不能以静态的眼光来把其纳入原生论或建构论的解释框架中,而应该从历史的角度,以动态的视角来审视这个族群在历史长河中经历了哪些共同的遭遇。其族群认同在不同的历史阶段也会表现出不同的认同对象。如靖西县侬姓壮族的认同,就是由于他们共同经历了侬智高反宋失败,其后裔被追杀,为躲避灾难,侬姓后人改为"农"姓得以生存,以及后来壮族地位得到认可和提升,以侬智高这个壮族英雄作为本族群的祖先的共同记忆得以浮出水面,故土农极力强调自身的侬智高后裔身份,从而改为侬姓这一过程;另一方面,我们不能用单一的族群认同理论来解释同一个族群在不同的历史阶段何以有不同的认同这个现象。侬姓后裔表现出来的不同时期的认同现象,可以分别用场景论、边界论、根基论来加以解释。

四 记忆、实践与族群认同

根据法国著名社会学家莫里斯·哈布瓦赫的集体记忆(历史记忆)理

---

① 侬芸青:《土农客农是异源同流兄弟》,载侬芸青《靖西壮学研究选编》,靖西县壮学会、广西民族大学壮学研究中心靖西县工作站,2009年,第97—98页。

论,"集体记忆不是一个既定的概念,而是一个社会建构的概念";其"具有双重性质——既是一种物质客体、物质现实,比如一尊塑像、一座纪念碑、空间中的一个地点,又是一种象征符号,或某种具有精神涵义的东西、某种附着于并被强加在这种物质现实之上的为群体共享的东西"。① 王明珂进一步研究了历史记忆与族群认同之间的联系,认为"记忆是一种集体社会行为,人们从社会中得到记忆,也在社会中拾回、重组这些记忆""每一个社会群体皆有其对应的集体记忆,藉此,该群体得以凝聚及延续"。② 因此,历史记忆被认为是凝聚族群认同这一根本情感的纽带。同样,记忆也需要相关仪式实践来强化。宋代侬智高起义对于壮族族群认同的积极意义则在于族人代代相传有关侬智高的集体记忆,以及对于侬智高事件的纪念实践活动当中。有关侬智高的历史记忆、纪念实践共同促进了壮族的族群认同感和归属感。

(一)侬智高起义:壮族形成的重要标志事件

学者们历来非常重视侬智高起义对于壮族形成的作用。"北宋时期,侬智高起兵反宋,抗拒交趾的斗争,其实质也是要建立一个地方民族政权,左右江南北和云南文山一带群起响应,显示了他们的民族意识。这是一个极为重要的标志。"③

在侬智高起义期间,其攻占南疆军政重地邕州,建立民族政权"大南国""自称仁惠皇帝,改年号启历,赦境内,师宓以下皆称中国官名。"以及加上侬智高曾先后在傥犹州建立过"大历国",在广源州建立过"南天国",这地方民族政权的建立,都是将民族统一和民族独立的历史要求发挥到极致。这一切正是壮族族群自我意象最终完成的象征。

徐杰舜详细考察和探究了壮族起源和形成的历史过程,认为"宋代是壮族形成的重要时期。唐朝在西原蛮聚居地区设置羁縻州县,以当地首领担任地方都督、刺史,进行间接统治,使西原蛮的血缘关系基本上完成了向地缘关系的转化。与此同时,西原蛮中出现了主户、提陀、家奴三个等级。这种新的经济基础和地缘关系,促使壮族的形成加快了步伐。到了

---

① [法]莫里斯·哈布瓦赫:《论集体记忆》,毕然、郭金华译,上海人民出版社2000年版。
② 王明珂:《华夏边缘——历史记忆与族群认同》,社会科学文献出版社2006年版。
③ 张声震主编:《壮族通史》,民族出版社1997年版,第589页。

宋代，壮族才完成了其形成为民族的历史过程。"因为"国家的建立，反映一个民族共同诸要素的集中。11世纪中叶，侬智高起义的爆发，而唐代的羁縻州县地区，经过北宋王朝的健全和发展，所形成的羁縻制度，就意味着壮族地区血缘关系向地缘关系转化的完成。而这个转化的最后完成，又是在侬智高起义的促进下完成的，所以，从民族形成的意义上来说，侬智高起义，可以看作是壮族正式形成的一个标志。"①

也就是说，侬智高起义的爆发，唐代出现的羁縻州制经由宋代的健全和发展，得以形成完备的羁縻制度，反映了壮族血缘关系向地缘关系转化的完成。所以侬智高起义所建立的政权以及壮族族称的确定则是壮族正式形成的标志。

正因此，学者们普遍认为，作为一个民族，现代意义上的壮族正是在宋代大体形成的。"壮族在宋代发生了重大变化。从宋代开始，壮族被视为一个具有凝聚力和鲜明文化特色的少数民族。宋代也是壮族在自己的政权统治下保持民族独立的最后一个历史时期。从宋代起，壮族不仅成为一个持续至今仍可识别的民族，而且成为一直处于中国民族结构中的一个少数民族。"②

上述研究主要是从宏观上和文献上来理解侬智高起义作为壮族形成的标志之缘由，学者们较少从微观层面，也就是经过具体的实地调查来探讨侬智高起义对于壮族作为一个民族及族群认同的影响。通过历史文献的梳理，以及对当下壮族社会的调查发现，壮族人民通过祖先记忆的表述和各种相关纪念侬智高的仪式实践来表达自身的壮族身份，对于增强壮族的认同感和凝聚力同样重要。

(二) 族群认同：记忆与实践的互构

共同的历史记忆和遭遇，以及建立在此基础上的相关纪念仪式，是族群认同的重要因素。壮族群众对侬智高的记忆主要反映在祖源记忆上，即把侬智高及其士兵分别当成是侬姓后人和侬人族群的祖先。在史书上他们也常被认为是"侬智高遗种"。

---

① 徐杰舜：《从骆到壮——壮族起源和形成试谈》，《学术论坛》1990年第5期。
② [美]杰弗里·巴洛：《壮族：他们的历史文化与民族性》，金丽等译，广西人民出版社2011年版，第80页。

侬人是马关县壮族重要的一个族群。相传侬人是侬智高后裔，所以侬人族群有强烈的族群认同感，甚至不少侬人"常常自称是侬族，而非壮族"，这一切皆源于"侬智高遗种"的历史文献依据以及人们口耳相传的侬智高的英雄事迹。在文献记载中，我们常常看到"侬人其土酋侬姓，相传为侬智高之裔"等类似的表述。《元江府志》把侬人当成人种之一记载其特点："侬人……其种在元江，与广南同俗，是侬智高之党窜于此者。居无椅凳，席地而坐，脱履梯下而后登。甘犬嗜鼠，妇人衣短衣长裙，男子首裹青花，衣粗布如鲥（丝旁），长枝在铳，盖得之交趾者。刀盾枪甲寝处不离，日事战斗，方、杨、普、李四处，好称善战，不改入境窥伺，诸彝中之最强者。"①《开化府志》也称"侬人……侬智高遗种，散居八里十之五六……"②

"整个宋代时期，壮族最重要的变化不在文化上，而在政治上。尽管壮族文化有其坚韧性和适应性，但壮族的政治形势面临更大的压力。……宋时侬智高起义的失败是壮族人民历史发展过程中一个重要转折点。起义失败后，朝廷加强了对广西壮族地区的控制。"③ 虽然如此，但并不妨碍壮族人民对侬智高的一贯看法，在壮族人民心中，侬智高是一个了不起的重要的历史人物。所以对侬智高的历史记忆和纪念仪式的相关实践活动，相互强化，共同为提高壮族的凝聚力，增强壮族人的族群认同意识而起到关键作用。

第二节 "汉人认同"：土司制度时期的"僮"与"狼"

侬智高起义失败之后，朝廷加强了对广西壮族地区的管理和控制，土司制度作为一种边疆治理的针对少数民族地区的制度而出现，统治长达一千多年。

---

① （清）章履成纂修：康熙《元江府志》，清康熙五十一年（1712年）刻本，大事记，第6页。
② （清）汤大宾修，赵震纂：乾隆《开化府志》，乾隆二十四年（1759年）刻本，卷9，风俗。
③ [美] 杰弗里·巴洛：《壮族：他们的历史文化与民族性》，金丽等译，广西人民出版社2011年版，第126页。

一 "东流西土":广西土司制度概观

"土司制度"一名,是人们对元、明、清封建王朝册封少数民族首领担任各级文武职土官(土司),由他们治理当地的少数民族社会,并对他们实行一整套的管理制度和政策的总称。清代沿袭明代的土司制度,对归附的土官均授予原职,同时着手进行改土归流。①

土司制度是历代封建王朝治理广西的基本政策,因而形成以土司制度为特点的西南边疆治理的广西土司模式。② 土司制度时期是广西壮族社会发展历史上一个重要的时期。学者们普遍认为,壮族地区土司制度开始于宋代镇压侬智高之后,确立于元代,发展于明代,消亡于清末民国初,历时千年,是壮族发展史上非常重要的阶段。③ 宋王朝平侬智高起义后,派狄青部下和加封土酋为土官,成立许多土州、县、洞。这些土州县洞,社会经济、政治组织、文化制度以及民情风俗等都与流官的州县不同,故称土司。④ 往前追溯,可知广西的土司制度是承袭唐代的羁縻制度,形成于宋代,繁荣于明代,崩溃于清代,结束于本世纪初(即20世纪),长达一千多年。⑤ 一直到民国十八年(1929年),伴随万承土州"改土归流"的完成,在桂西这片土地上曾显赫一时的土司制度,走到衰落的尽头而寿终正寝了。

还有一种观点认为广西的土司制度形成于元代。蓝武说:"广西的土司制度是中原封建王朝对广西少数民族所施行的一种特殊的政治制度和民族政策。从历史发展的进程来看,广西土司制度的产生,其源头大体可以追溯到秦汉王朝的羁縻之治时代,唐宋羁縻统治时期是广西土司制度形成的基础,而其最终确立则是在元代,到明代时进入全盛时期,至清代随着改土归流的大规模进行而趋于衰落,民国时期则归于消亡。"⑥

---

① 谈琪:《壮族土司制度》,广西人民出版社1995年版,第33页。
② 罗彩娟、徐杰舜、罗树杰:《中国西南边疆治理模式研究》,黑龙江人民出版社2014年版,第188页。
③ 张声震:《壮族通史》(中),民族出版社1997年版,第593页。
④ 黄现璠、黄增庆、张一民:《壮族通史》,广西民族出版社1988年版,第313页。
⑤ 同上书,第372页。
⑥ 蓝武:《元明时期广西土司制度研究》,博士学位论文,暨南大学,2005年版,第13—14页。

我国学者较一致的观点认为：我国西南民族地区的土司制度形成于元明清时期（主要是在元代）。学术界已基本有定论，即认为宋代沿袭的是唐代羁縻府州制度，这一点在宋代文献中多已明确标明"羁縻"二字；元代才正式形成土司制度；明代进入繁荣时期，后来逐渐衰落；到清中后期以后逐渐式微；民国年间最终废除。具体可参见白耀天的《土司制度确立于元代说》等论著。

虽然对土司制度形成的时间有争议，但是如果以土司制度实行的地域范围来看，并不影响大家对"东流西土"这一广西土司制度特征的共识。

"东流西土"是明清时期广西社会的制度特点。从土司制度所实施的地理范围来看，其实主要是在广西的西部地区，也就是桂西地区。那么，纵观明清广西地方社会，可将之粗略地划分成两个不同的板块，东部是流官的统治区，而西部则主要为土司所控制。两者之间的界线大致在今河池、忻城、上林、南宁一线。此线以东，是桂林、平乐、梧州、浔州、柳州、南宁等流官府，所辖州县全为流官州县。庆远府横跨此线，东部是六个流县，西部是三个土州，此线以西，除太平府为流官府外，其他都是土府、州、县。形成所谓东流西土的局面。①

那么在这一地域范围内，当时又有哪些民族（或者说族群）活跃于此，并在这片土地上生息繁衍的呢？接下来，我们将目光投向桂西土司时代的广西族群结构上。

二 桂西土司时代的广西族群结构

蒋俊将这段历史称为"帝国边陲的土司时代"，他所指的帝国边陲，既有地理意义上的相对于帝国中心的中原地区的桂西这一"边陲的边陲"区域，还有文化意义上的，也就是相对于华夏"中心"的桂西的"蛮夷"边陲。② 那么，处于帝国边陲的桂西土司时代，桂西的族群结构是怎么样的呢？这是我们讨论当时僮族认同需要面对的问题。

对于土司时代的广西族群结构，唐晓涛在其著作《俍徭何在》中做

---

① 苏建灵：《明清时期壮族历史研究》，广西民族出版社1993年版，第120页。
② 蒋俊：《帝国边陲：桂西土司社会的历史人类学研究》，博士学位论文，厦门大学2008年版。

了介绍,她说:"在桂西,土司控制区外仍存在一定数量没有被土司有效控制的人口,在文献记载中这些人属于需要招抚的或被征缴的'猺獞'。这些土司体制外的'猺獞'与体制内的土司部民在族源上并无差别,但却被人为地划分为两类:土司控制的人群被称为'土民',而游离于体制之外者则成了'猺獞',区分的标准在于是否进入土司体制,是否'入籍'。"① 如其所言,无论是当时的"猺獞"还是"土民",他们的族源是一样的,并无差别。

雍正朝《广西通志》进行了一番细致的总结工作,对于粤西之"蛮夷"有十分详尽的归类与描述,是较全面、具有代表性的著作,部分内容引述如下。

> 岭表接壤荆楚,溪洞聚落悉为南蛮,其种非一,曰猺、曰獞、曰獠、曰狼、曰狑、曰犽、曰峒、曰狇、曰狸、曰蜑,皆性习犷野,罔知礼教。……
>
> 猺　猺人八蛮之种也,椎髻跣足,衣斑斓布褐,采竹木为屋。
>
> 獞　獞与猺杂处,元至元间来自湖北,或曰非也,荆蛮故无猺獞名。猺,傜(双人)也,粤右土著。
>
> 狼　狼男女俱挽髻,前锐后广,覆以白布绩麻为衣,无刺绣,经年垢积,不一涤除。善伏弩,猎山而食。儿能骑犬,引弓射雉兔,掘鼠;少长习甲骑,应募为狼兵。善鸡卜,其法取生鸡蛋雄者折一翼,东向去,翼肤肉视其骨,骨有纹路明则吉,暗则凶,以定向。往往饕餮血食,猩秽狼藉,居室中卧惟席草,是名狼也。亦有熟狼,居瓦屋种稻田,常出市山货,与民无异。
>
> 獽　獽自称曰獽,而不好田作,贩薪,家无宿舂。男子年三十以往乃婚,或野合终身不配,为人佣保。
>
> 狸　狸本出广州,而苍梧、郁林诸郡间亦有之,盖粤东黎人之种,讹而为狸也。俗愚悍不爱骨肉,贪财,货牛犊得牛,不尽耕作,常屠食之,求人贷牛以妻为质,或易其子。

---

① 唐晓涛:《俍傜何在——明清时期广西浔州府的族群变迁》,民族出版社2011年版,第15页。

从这些描述中，我们看到作者眼中广西少数民族的粗野、蛮夷的形象，这也代表了他族眼中的这些"化外之民"的想象。这种污名化的描述成为相当长一个时期中央王朝对壮、瑶等先民的书写范本。

（一）狼兵与狼人

俍人、俍兵、俍民最活跃的年代是从明朝嘉靖中至清初的大约两百多年间。这时期，他们约占广西总人口的一半以上，左右江及红水河流域是他们主要的聚居区。"狼"，"壮族"之支派也。"据《省志》所载'其人最初亦居黔边及东兰、南丹、庆远一带，与僮人同一区域'""散居深山篁谷间"。① 可见，"狼"人一开始亦分布于广西北部。据考证，"狼"的名称始于15世纪中期，② 明以后日趋普遍，以致"广西境内'大率一省狼人半之，瑶僮三之，居民二之'"。③ 从分布区域来看，"狼"人分布区正好与"撞"人分布区重合，显然，前者和后者是一脉相承的，所以，"撞"的名称和"狼"的名称亦有同源关系。

侗台语族的处所词又称为"浪或阆"的，徐松石《粤江人民流域史》："壮人本呼野市为浪或阆"。"浪"字又写作"埌"。左思《三都赋》有"乌浒俍"。元、明以后，关于俍人和俍兵的记载逐渐增加，《明实录》记载当时广西"大率一省俍半之，瑶族三之，居民二之"。可见，壮族在明代就是广西的主要居民。"俍"又作"狼""郎"。史传广西瓦氏夫人带郎兵抗倭，郎兵就是俍兵。壮人有自称"布俍"，即"俍人"、住在"俍"中的人。④

唐晓涛在《俍傜何在》中以浔州府为例，给我们呈现了"狼"的称呼是怎么出现，以及其如何由桂西土著山民，变成军事组织类目，再转为一个族群类别，以至于最后"消失"（变为壮族或汉族）的动态过程。⑤

明代，大藤峡瑶民起义如火如荼，历久不衰。明王朝为镇压这场起

---

① 刘锡蕃：《岭表纪蛮》，商务印书馆1934年，第20—21页。
② 白耀天：《"狼"考》，《广西民族研究》1988年第4期。
③ 《明世宗嘉靖实录》卷三一二。
④ 龙国治、潘悟云：《壮族族称考》，《广西民族大学学报》2014年第6期。
⑤ 唐晓涛：《俍傜何在——明清时期广西浔州府的族群变迁》，民族出版社2011年版，第26—85页。

义，采取"以夷制夷"的恶毒手段借助强大的"桂西土兵"来对付叛乱的"猺獞"。这批被征调到桂平、平南、武宣一带的"桂西土兵"就被称为"狼兵"。所以，"狼兵"或"狼人"的出现，实际上是明代中期广西地方动乱、土司势力和王朝户籍赋役制度三者错综复杂关系的缩影。①

在明朝嘉靖和万历年间，"狼"还没有被列为广西的一个族群类别。也就是说万历以前，广西通志一类的方志中没有将"狼"作为族群类别的表述。到了明末清初，却出现了很多相关表述，将那些当年征战戍守的士兵及家属定义为粤西的一种族群类别——"狼"。雍正年间，桂林知府钱元昌编撰的《粤西诸蛮图记》言："粤西山谷奥险绝，蕨类尤繁，派别支分则曰猺、曰獞、曰狼、曰伶、曰犽、曰侬（犬旁）、曰狪、曰杨（犬旁）、曰水（犬旁）……合其类而十分之，则獞居四，猺居三，狼居二，余仅得一焉"，已明确将"狼"列为粤西的一个族群，并认为这个族群占据了广西人口的五分之一。②

清代之后，狼兵制度出现根本性的变化。随着改土归流，以及猺乱平息之后，狼兵作为镇压贼乱的军事力量的意义已经不复存在，这时的"狼"人就随之慢慢消失。所谓消失，其实是狼人以另一种身份出现在历史的舞台，即大部分狼兵被识别为汉族，还有一部分狼兵被识别为壮族。其实，狼和獞本来就是同源的民族。

(二) 猺与獞

我们注意到，作为桂西土兵的代表"狼兵"前往桂东地区镇压的是被称为"猺獞"的叛贼。那么猺和獞在土司制度时期又被视为什么样的人群呢？据称，是否被视为"贼"，就在于他们是否在土官或流官的控制之下。

"猺獞"主要居于流官统治的东部力所不及，无法控制的山区，"广西惟桂林与平乐、浔州、梧州未设土官，而无地无猺、獞。桂林之古田，平乐之府江，浔州之藤峡，梧州之岑溪，皆烦大征而后克，……设防置戍，世世为患"。他们可谓"贼""匪"的代名词。

---

① 唐晓涛：《俍傜何在——明清时期广西浔州府的族群变迁》，民族出版社2011年版，第26页。

② 同上书，第67—68页。

桂西的狼兵处于土司控制之下，不至于成为"贼"，而桂东流官却不能严格控制猺獞，故猺獞成为"贼寇"。其实，无论是"狼"，还是"猺""獞"，他们的身份是可以流动的，比如在大藤峡地区，当"狼"与"民"脱离了官府的控制或者与官府作对，他们就被地方官员和士大夫标签为"猺（贼）"或"獞贼"，而一旦接受了国家的招抚，编入户籍，"猺獞"就可以变为"狼"或"民"。①

因此，"猺""獞"和"狼"的身份都不是固定不变的，而会因是否脱离官府的控制而改变。那么"狼"与"猺""獞"三者之间在族群归属上有什么关系呢？其实三者基本被视为同类，都是僮人之一种。

徐松石在《粤江流域人民史》中竭力论证"僮族"为岭南土著，他通过追溯"僮"在史籍上的各种别名，进一步指出"狼兵"乃广西西部僮人的一种，其言曰："明代广西西部良僮应募为兵，称为狼兵，于是狼人又再次散布于两广，因其文化较低，且曾变乱，所以称之为狼。"② 这就是时人眼中猺獞与狼的区别。

民国年间的《桂平县志》也认为"狼獞"系同类。

> 夫狼獞异称，而《职贡图》以灵山之獞即广西之狼，则两者本非异族已可证明，况其所载性质、衣服、饮食、婚姻与顾氏利病书、邝氏赤雅所载獞俗相同。返观邑中狼獞旧俗，得于故老传闻者，彼此无甚差异，聆其语言亦相去不远，非若猺人之随地而变易其声音也，故曰獞与狼同类。③

> "狼兵亦猺獞也，猺獞所在为贼，而狼兵死不敢为贼者，非狼兵之顺而猺獞之逆，其所措置之势则然也。狼兵地隶之土官，而猺獞地隶之流官，土官法严足以制狼兵，流官势轻不能制猺獞。"④

---

① 唐晓涛：《俍傜何在——明清时期广西浔州府的族群变迁》，民族出版社2011年版，第63页。
② 徐松石：《粤江流域人民史》，中华书局1941年版，第97页。
③ 民国《桂平县志》卷三一《纪政·风俗》，第1130页。
④ 唐顺之：《都督沈紫江生墓碑记》，见《荆川集》卷一〇《墓志铭》，《四库全书·集部别集类》第1276册，422页，转自唐晓涛《俍傜何在——明清时期广西浔州府的族群变迁》，民族出版社2011年版，第34—35页。

只不过，相对于猺獞而言，"狼"是另一种人们记忆深刻的族类，但登上历史舞台则稍晚一些。他们是作为镇压猺獞的军事力量而出现的，是朝廷"以夷制夷"的结果。"狼"又是来自土司地区的族群，这也成为其与处于流官统治地区的桂东的猺獞之边界。可以说是内部边界。其实狼、猺、獞属于同样的族属，但却因王朝征用土司地区的狼兵来对抗猺獞叛乱才区分开来。"狼"是一种身份的建构，是汉人对桂西土司社会总体想象的一部分。

综上所述，狼与猺獞的身份在明清土司制度时期是流动性的，狼曾因为征服猺之所需，曾盛极一时，后来又因镇压叛乱结束而消失，其实也就是演化成为了猺獞。

三 "汉人认同"：土司制度时期僮族的族群认同

在明清时期的壮族土司制度时代，当时的社会环境对僮人来说存在诸多的不利，汉族处于中心地位，壮族无论在个人生存、发展还是民族的整体命运都受到影响。因此，壮族文人和壮族土司这两个壮族精英阶层中普遍存在假托汉人后裔的现象。其实，土司制度时期僮族的族群认同体现的最大特征就是对汉人的认同，无论是土官还是老百姓，大多数僮族向慕汉文化，攀附汉族，笔者把这种现象称为"汉人认同"。

谈琪也认为，明清时期，广西各土官修撰族谱成风。杜撰族史，编造世系，攀附华夏大族和官家军武，忘祖求荣，是广西土官族谱的一大特点。他把这种现象称为"弃蛮趋夏"，并找出原因在于：一是企图改变被歧视的地位；二是为了子孙承袭不绝，维系万世一宗；三是为了官族子弟科举应试，跻入官场。①

因此，明清时期桂西土司家族族谱中出现大量的"攀附"汉人现象。比如，岑氏土司家族的汉裔说法很多，一说是广西岑氏始祖来自浙江，北宋时期随狄青南下镇压侬智高。通常的说法是，广西岑氏始祖是汉代名臣岑彭。但这一说法屡次遭到与岑氏直接打过交道的汉官的质疑。②

---

① 谈琪：《壮族土司制度》，广西人民出版社1995年版，第67—70页。
② [美]杰弗里·巴洛：《壮族：他们的历史文化与民族性》，金丽等译，广西人民出版社2011年版，第178页。

在当时的历史情境下，很多土司家族仰慕汉文化，作为连接帝国中央和土民的中间者，为能赋予自己正统的血缘，攀附汉族，不惜编纂族谱，把祖先追溯到汉族姓氏，很多土司家族都写自己的祖先是"宋代时，随狄青征蛮，因有功而授予官职世守其地，以致繁衍生息。""过去壮族社会的成功者是土司。但是清朝以来，情况有了很大变化。壮族土司不惜编撰族谱，自称汉人后代。他们还以求汉族上流家庭联姻，尽快融进汉人社会。到清中叶，75%以上的土司家族自称他们的祖先是汉人。"①

　　多数学者认为广西土官自称汉裔的说法是虚构的，绝大多数广西土官是壮族土著，岑氏也不例外。但是土官们还是乐此不疲地编纂族谱，追溯自己的汉人后裔历史。不仅土司如此，这种意识还流播于民间，渗入大众的意识。

　　史料显示，壮族社会中其他大姓诸如黄、赵、韦、覃、莫、李等，都普遍否认自己是岭南土著居民的壮人，自称是外来的汉人后裔。如覃姓说自己是汉姓"谭"去掉"言"字旁成为覃姓，祖籍山东；韦姓说他们从汉姓"韩"改去一半而成"韦"姓，是韩信的后裔；黄、莫、赵、李等姓都以类似的方法，否定其壮家出身，自称为南下征蛮汉人将领的后代。

　　据称，土官的族谱之所以要攀附中原汉族大姓，说自己的始祖是外来汉人，多是为了炫耀自己的出身高于当地壮民，以求获得自己作为"中原汉人"的地位，对外，可以享受与汉族同等的待遇；对内，可以独立于普通壮族民众之外，凸显自己的高贵身份。"清代壮土司清楚地看到声称汉族后裔是有利可图的。四分之三以上的人已经这样做了。汉裔的说法有其共同规律，山东是很受欢迎的族源地。我们不能确定是否狄青军队大多真的来自山东，但是广西不少人显然认为事实如此，这使他们的汉裔之说顺理成章。原籍山东的说法颇为流行，贵州苗族中也有发现。有关说法在广西更普遍，直至于今，仍有许多自称汉人的壮人声称他们的祖先来自山东。"② 自改土归流以来，汉族各方面势力向壮族地区全面渗透，即使曾经独霸一方的土司也受到汉商及高利贷者的剥削。

---

　　① ［美］杰弗里·巴洛：《壮族：他们的历史文化与民族性》，金丽等译，广西人民出版社2011年版，第182页。
　　② 同上书，第179页。

对于壮族民间普通老百姓之家，同样存在攀附"汉姓"的现象，原因在于当时的社会环境不利于他们的生存。民族歧视现象严重，民族镇压也时有发生。用"獞""狼""猺"等带有犬字旁的名称来称呼少数民族，就是一种民族歧视的现象，把僮人先民视为蛮夷和非人类。在这种环境之下，不少姓氏纷纷改姓，不惜编撰族谱，改称汉族祖先。在调查中，笔者发现最普遍的说法是，宋朝侬智高起义失败之后，其侬姓后裔在新的王朝仍然遭到朝廷镇压，靖西侬（农）姓为了逃避朝廷追杀，不得不改为汉姓的"农"姓，以求生存。一些壮族改写族谱，甚至声称是前来镇压侬智高的狄青部队的后裔。

蒋俊在研究中指出，"将狄青、王阳明等所谓征蛮名臣神明化，进而奉祀的举措，则充分显示了土司的能动性与创造性。在桂西多数土司历史谱系的追溯中，狄青是一个联系过去与现在、国家与地方的纽带，是永远不可能绕过去的原点；也是其获取国家权力，取得边陲'代理人'资格的起点。同时，狄青作为汉人进入'蛮夷'世界的代表，本身就拥有着无可比拟的先天优势与'文明'的力量。基于这样的考虑，土司'感激涕零'般将其塑造为一个神明、一种信仰的动机与逻辑也就清楚了。"①

因此，有关狄青、王阳明等人的地方话语，最终成为壮族人民共同的历史记忆，这些共同的历史记忆通过族谱的书写和口头流传，甚至已然成为人们心目中的历史事实。

其实，早在魏晋时期，社会上就有所谓"上品无寒门，下品无士族"的说法。当时社会风气就以攀附士族大姓为荣。到了南北朝，由于北方多系少数民族当权，这种风气也渲染了朝纲，许多少数民族当权者也都改为汉姓，并谓自己祖辈系前朝汉族某个大官流落域外而沦为夷狄，以改汉姓为荣。隋唐以后，这种风气亦流衍南方。所以当时先民——俚僚的首领，也多附会自己是流落岭南的汉人后裔。② 可见，攀附汉人，认同汉族，不是一朝一夕的事情。僮族的汉人认同现象，对于壮族文化来说，是一个巨大的损失，美国学者巴洛把壮族精英的汉化情况视同当今第三世界的人才

---

① 蒋俊：《帝国边陲：桂西土司社会的历史人类学研究》，博士学位论文，厦门大学2008年版，第148页。

② 张声震：《壮族通史》，民族出版社1997年版，第1169—1170页。

流失。①造成这种现象的原因，一是遭受到汉人的歧视，二是政策上的不平等，为了谋生不得不改姓或攀附汉族。

明清时期土司制度时期的这种普遍的攀附汉姓，向慕汉文化的现象体现了当时僮族人极具代表性的"汉人认同"心理。"明以降，在汉文化为主导的'文明化'的大势中，土司地区面临文化一体化的挑战。此种一体化来势汹汹，对地方族群产生了巨大的影响，意味着有关他们自身祖先的历史记忆和族群认同的重构。简言之，这一过程在桂西地区形成一个具有相当程度同质性的'汉人认同'的显著特点。"②

综上所述，明清土司时代，被称为"獞""狼"等带有歧视性的族称的僮族，其心理是复杂和矛盾的，身为僮族人，却因为特定的历史环境，为了生存，而伪造族谱，冒充汉人后裔，这种现象从土司家族开始，进而波及到广泛的普通人家，转而认同汉族。这种被称为汉人后裔的认同现象，是当时僮族认同的一大特点。这些认同现象可以用族群认同的情境论来解释。

第三节 "讲僮话的汉人"：民国时期壮族的族群认同

历史的车轮进入到民国时期，这时的壮族又是以什么样的姿态存在的呢？他们又是如何界定自己和他人的？对于壮族的认同又有了怎样的意识？

在民国政府民族同化政策的大背景之下，这类"汉人认同"的意识更是被无限地放大，直至现在仍影响不息。……"狼人"的出现与消失，并未改变这种现状。当时最大的变化是，到了民国时期，桂西诸县的族类格局有了显著变化，清以后大量记载的"狼人"消失，其他"猺獞"的人口也极少，而汉族占绝对的优势。民国二十九年（1940年），时任广西省主席的黄旭初在《广西特种教育》的序文中写道：

---

① ［美］杰弗里·巴洛：《壮族：他们的历史文化与民族性》，金丽等译，广西人民出版社2011年版，第182页。

② 蒋俊：《帝国边陲：桂西土司社会的历史人类学研究》，博士学位论文，厦门大学2008年版，第56页。

> 广西民族，素称复杂，汉族而外，曰僮，曰傜，曰苗，曰罗，曰杂系，统名特种部族，大别之凡五，细分之可殊数十，人口有四十余万，分置省内六十一县，二千年来以其语言、服饰、风俗、信仰之异，几视同化外；该族得不到文化之熏陶，政治之保育，亦只凭山川之深阻，声息于蛮烟蜓雨之中，而与他族绝缘。

其时广西总人口数已达2600百多万，① 汉族与少数民族比例悬殊。明中期尚是"狼人半之，瑶獞三之，居民二之"的族群格局，似乎早已不复存在了。

造成这一现象的原因是什么呢？此前大量的狼人和瑶獞都到哪里了？为什么曾经占人口比例绝对多数的狼人、獞人和瑶人一下子减少了呢？这很大一部分是跟这些族群的"汉人认同"有关。这种认同也被学者们称为"汉裔情结"或者"汉裔认同"。

费孝通先生在1952年发表的《关于广西僮族历史的初步推考》中，描述了民族识别前广西壮族族体认同意识的情况，他称当时广西有一些自称为土人的人，有清楚的"说壮话的汉人"的族群意识。他说：

> 广西有一些自称为土人，或本地人，分布很广，除了东南角靠近广东的十多县外，没有一个县没有土人。从桂林到南宁的铁路线以西，土人在乡村中占主要地位，百色专区境内，土人人口占人口总数百分之八十左右。以广西全省说约有六百万土人，占全省人口三分之一。他们说土话。土话是广西通行的语言之一，在西部是民间的主要语言。会说土话的并不只土人，许多被称为客人的外来汉人也学会了这种话。土话又称壮话，依语言学的分类，和汉语同属汉藏语系，但并不属于同一语系。壮语是黔台语族台语支中的一个分支。这是说壮语并不是汉语的一个方言，在文法结构及发音上都有相当重要的区别。说土话的土人中有部分承认是壮人，如桂北地区，特别是边地，如龙胜、三江一带和苗、瑶、侗杂居同被视作少数民族的地区。在土

---

① 广西壮族自治区统计局：《晚清和民国时期广西统计史料摘编》，中国统计出版社1988年版，第235页。

人占多数，社会地位较高，又有苗瑶等人杂居地区，土人不承认自己和苗、瑶同属少数民族，而认为是"说壮话的汉人"。广西的土人用他们的土话自称"布越伊"（puyuei）或"布伊"（pu-yi）。"布"在壮语中是"人"的意思，布越伊即越伊人。他们又有若干支系……这些自称"布越伊"的人虽则有一部分自称是汉人，但是和外面去的汉人是承认有区别的；外面去的汉人称作客人或客家。因之，事实上我们可以认为布越伊是一个民族集团，至于最好用什么名称，还是问题。因为他们所说的话，一般常称作壮话，所以我们在此姑称为壮族。①

从费孝通的描述可以看到，部分壮族认同"壮族"，部分壮族虽不认同"壮族"，但也将自己与苗、瑶区分开，甚至自称"说壮语的汉人"，承认和从外面来的汉人有区别。

在当时民族歧视、民族同化的政策下，少数民族在政治上无权，在经济上受压榨，在教育上受排斥。壮人或为了保存自己的性命，或为了在权利上能与汉族平等，不少人便隐瞒了本来的民族成分，谎报自己是汉族，是说土话的汉人。国民党统治时期官方只承认僮族（壮）分布于义宁（今桂林市临桂区）、龙胜、钟山、忻城、宜山、罗城县，人口共18858人，且"大半已与汉族同化"。②

也就是说这些讲土语的人，其实被认为是汉人。在我国的史书上，往往以"土人"代称壮族，"土人"即土著居民的意思。"土人"这一称呼是汉族或其他外来民族对壮族的称呼，而右江、邕江、郁江、浔江以南的壮族也自称为"土人"。史书记载，在云南省文山壮族苗族自治州有"土人"。今云南省文山州有一部分被称为"土佬"或"土族"。所以过去也常常把壮话称为"土话"，也才有"讲壮话（或土话）的汉人"这一说法。其实，无论是"讲壮话的汉人"，还是"讲土话的汉人"，其实都是自称或被称为汉族，只是他们在语言上还保留有自己的民族语言，在日常生活中还使用壮话，但是身份上却是汉族。

---

① 费孝通：《关于广西僮族历史的初步推考》，《新建设》1952年1月号。
② 《广西年鉴》第3回，1934年，第195—196页。

其实，造成这种模糊的身份意识，与民国时期的"特种部族论"的民族观以及"新生活运动"的民族风俗改良政策有密切的关系。

僮与瑶、苗等少数民族被列为"特种民族"，"本省民族，有汉、僮、傜、苗、侗、伶、倮俪诸族。"1935年《广西年鉴》（第二回）公布，省内有僮、瑶、苗、侗、伶、倮俪等族约6万人；1946年省政府的统计年报公布，全省人口1466万，其中"特种民族"63.9万，占全省总人口的4.36%，僮人口23.5万人，占"特种民族"人口的36.8%。在广西，"汉族而外，以僮族为最多，分布于左右江流域，柳江、邕江、抚河之一部分及西北、西南等县，其中一半已与汉人同化。"① 可见，当时的僮族不仅人数少，而且基本被认为一半已汉化了。新生活运动推行的民族同化政策，对僮族的影响非常严重。所谓"新生活运动"，是用现代化的理念和教育，来改造传统文化中落后、愚昧的一面，包括发式、风俗习惯等等方面内容。在20世纪30年代，为了响应当时国民政府的"新生活运动"，广西省政府曾颁布和改订了三个在农村地区"改良风俗"的文件，分别是：1931年颁布的《广西各省市取缔婚丧生寿及陋俗规则》，1933年改订了《广西省改良风俗规则》，1936年又颁布《广西乡村禁约》。

据1947年出版的《广西统计年报》，僮族有235447人，其中分布在柳城83071人，雒容26375人，宜山86684人，罗城8502人，三江5891人，灵川210人，龙胜16961人。……可是，按1948年出版的《广西年鉴》（第三回）记载，僮族有3494户，8427人，分布在义宁、龙胜、忻城、宜山、罗城、钟山6县，壮族人口数锐减，分布范围大大缩小，反映了当时壮族认同的不清晰与不稳定，也与民国时期实行"汉化"的民族政策密切相关。②

民国时期，广西壮族地区主要处在桂系军阀集团的统治之下。桂系集团有旧桂系集团与新桂系集团之别。"旧桂系集团的民族观念是模糊而无明确界限的，所以它的民族政策也是朦胧不清的。"而"新桂系民族政策的实质，总的来说，仍是历代民族强迫同化政策的

---

① 广西统计局：《广西统计年鉴（第二回）》，1936年。
② 李富强：《壮族是创造的吗？——与西方学者K. Palmer Kaup等对话》，《桂海论丛》2010年第2期。

延续。"①

旧桂系和新桂系作为治理广西地方的实力派,曾经提出"桂人治桂"和"建设广西、复兴中国"的口号。他们当中,"以陆荣廷为首的旧桂系产生于广西左、右江流域,在该地区的乡镇、河谷和平原是僮人的主要聚居区,占人口总数的百分之九十左右,旧桂系的首领以及官兵,如陆荣廷、谭浩明、韦荣昌、黄培桂等人大多是当地人,他们与当时的一半老百姓一样,只知道有'布壮''土人'和'客人''广人'之分,而不知有民族之别。陆荣廷、谭浩明在外讲'白话'(粤语),在家讲'土话'。他们认为自己是'布壮','布壮'就是'土人',而'土人'也是汉族"。②

新桂系时期壮族被认为不是一个单一的民族,而是汉族的"宗族"。这种环境之下,很多家族不惜篡改族谱,谎称祖先是从外地迁来的汉族。在靖西县的一次访谈中,我们就遇到他们这样叙说自己的家族历史以及他们给出的解释:

> 黄:像我们黄家,他也说是从南海县来,我看了一下那个族谱,但是呢,我家的族谱有一句说"梅江江夏王",这是对联的那个头啊,如果从这一句族诗来看呢,这句话的意思是说,在梅江一带,我看了地图,梅江是在梅州那里,有一条梅江,南海靠近广州,没有一个梅江,所以我跟人家讲过啊,大家说从南海来,但是从那句族诗来看呢,好像不是南海,我就跟他们这样讲过。
>
> 王:那您知道是什么原因让他们从广东迁到这边?
>
> 黄:来的原因可能是当时的经济条件啊,社会条件啊,可能不太允许少数民族在那里居住啊。
>
> 梁:我回答这个问题,三个原因。刚才问为什么迁到这里来,我回答三个原因:一是因为当年以汉族为主的汉族奉行大汉民族主义,所以要把少数民族赶到边远山区去,所以你看在所有的边远山区,全都是少数民族,因为奉行汉族民族主义,少数民族没有办法在内地

---

① 张声震:《壮族通史》,民族出版社1997年版,第939页。
② 同上书,第937页。

过;第二,内迁,就是秦始皇来广西修灵渠的时候,当时不是迁了好多人嘛,宋朝的时候也来了好多人,狄青,这个平南,也就是侬智高起义的时候要派兵来,来到那个南天国,他带来的兵马全部都驻扎在这里,与当地的居民通婚,然后他们就变成了壮族;第三,由于战乱,我们不是从历史开始到现在,唐宋元明清,每一次朝代都是战乱,一旦战乱,内地的人就跑到边疆来避难,躲避战乱,原来的汉族跟土著民族在一起了后呢就变成了壮族,这些土著民族姓房也有,姓张也有,姓韦也有,姓农,重点是农和韦,广西就是农和韦,其他地方就没有,除了广西有姓农和韦,其他地方就没有,土著民族主要是农和韦,完了。①

民国时期制定的《广西省改良风俗规则》等一系列针对少数民族的相关政策对壮族是一种伤害。从少数民族的视角看,国民党时代在广西造成的后果是复杂的。个人具有更多空间去争取成功,地方团体具有更多安全感。但从长远看,一个严重的后果是破坏了少数民族的身份。民国间广西采用的同化模式一个关键因素是,以牺牲民族特性为代价来换取社会进步。所以,"民国的禁令如果无限制地保留,终将会毁灭壮族作为一个族群的存在。"②但是,在那样的社会语境下,"为了获取他们所重视的物质和社会资料以及分享社会机遇,人们不得不放弃或掩盖被挪威人看作是拉普人身份标志的那些社会特征。"③ 僮人的"汉人认同"其实也多是由于此种原因。

第四节　从"僮族"到"壮族":民族区域自治与
　　　　　壮族认同的提升

民族区域自治是中国共产党解决我国民族问题的基本政策,是我国实

---

① 访谈对象:梁福昌,靖西县壮学会会长黄绍壮。访谈时间:2013年7月30日上午10:10。访谈地点:靖西县政协文史委办公室。
② [美]杰弗里·巴洛:《壮族:他们的历史文化与民族性》,金丽等译,广西人民出版社2011年版,第237页。
③ 哈拉尔德·埃德黑姆:《当族群身份称为社会污名》,载[挪威]弗雷德里克·巴斯主编《族群与边界——文化差异下的社会组织》,商务印书馆2014年版,第35页。

行的一项重要的政治制度。1949年9月29日中国人民政治协商会议第一届全体会议通过的《中国人民政治协商会议共同纲领》(以下简称《共同纲领》)第51条规定:"各少数民族聚居的地区,应实行民族的区域自治,按照民族聚居的人口多少和区域大小,分别建立各种民族自治机关。"1952年8月8日中央人民政府委员会第18次会议又批准施行《中华人民共和国民族区域自治实施纲要》。

1951年8月,广西省第一个县级民族区域自治地方——龙胜各族联合自治区成立。9月成立区一级的全县(今全州县)东山瑶族自治区。1952年,先后建立了大瑶山瑶族自治区及大苗山苗族自治区、三江侗族自治区、十万大山偏族(壮族)瑶族自治区、镇边县六十蓬各族联合自治区等。1952年9月,广西省委统战部召开民族工作会议,筹备建立相当于行署一级的桂西僮族自治区,12月桂西僮族自治区成立(1956年3月改为自治州,1958年1月31日撤销),管辖宜山、邕宁2个专区及34个县。①

> 直至中华人民共和国成立初期,很多壮族人还自称是汉族或土人,会讲土语的汉人。由于贯彻执行了党和政府的民族平等、民族团结政策,他们才勇于恢复原来的民族成分。因此,20世纪50年代,壮族人口急剧增长,1952年桂西壮族自治区成立,1953年6月30日第一次人口普查,仅广西就有壮族6496885人,1957年为7088048人,4年增加591163人,与国民党统治时期的情况形成天壤之别的对照。②

人口的激增充分说明了民族区域自治制度的实施对壮族认同的影响之大,这些增加的人口不只是新出生的人口,还包括那些原来认同其他民族的人,这时转而认同壮族,改变民族身份。

1956年10月,中央政府提议建立省一级的广西壮族自治区,1957年7月15日,全国人民代表大会第四次会议通过了相关议案,决定成立广

---

① 覃世进:《广西壮族自治区成立前的民族区域自治工作》,《当代广西》2008年第10期。
② 张声震:《壮族通史》,民族出版社1997年版,第93页。

西壮族自治区。1957年12月20日，国务院全体会议第66次会议上通过了《国务院关于撤销广西省桂西壮族自治州的决定》，决定设邕宁专署、百色专署和宜山专署。广西省人民委员会于1958年1月31日发出《广西省人民委员会关于撤销桂西壮族自治州的建制的通知》。桂西壮族自治州人民委员会于1月31日停止办公。

1957年7月4日，国务院总理向第一届全国人民代表大会第四次会议提交了关于成立广西壮族自治区的议案。7月5日国务院副总理乌兰夫就关于建立广西壮族自治区和宁夏回族自治区的相关情况在首届全国人民代表大会第四次会议上做了相关报告。同年7月15日，第一届全国人民代表大会第四次会议通过："第一届全国人民代表大会第四次会议批准国务院周恩来总理提出的议案，撤销广西省建制，成立广西壮族自治区，以原广西省的行政区域为广西壮族自治区的行政区域。"[①]

在筹划撤销桂西壮族自治州，成立广西壮族自治区的过程中，出现了"分"与"合"两种不同方案的争议。

关于分与合的争议，乌兰夫1957年7月5日在第一届全国人民代表大会第四次会议上做了"关于建立广西僮族自治区和宁夏回族自治区的报告"。报告中阐述了合的好处，最后还是采取了合的方案。

> 广西僮族是我国人口最多的一个少数民族，约有六百五十多万人口。广西省在1952年12月以宜山、百色、邕宁三个专区共42个县的地区，成立了桂西僮族自治区；中华人民共和国宪法颁布以后，在1956年改制为自治州。
>
> 根据中共中央的倡议，自从去年5月以来，广西省和甘肃省的中共党委和人民委员会以及协商机关先后反复地讨论了建立僮族自治区和回族自治区问题；中国人民政治协商会议全国委员会也召开专门的会议进行了充分的协商。
>
> 在讨论协商中，大家集中研究了僮族和回族建立自治区的各种方案。建立僮族自治区的方案主要的有二个：一个方案是把广西全省改

[①] 中国人大网·第一届全国人民代表大会第四次会议关于成立广西壮族自治区的决议：http://www.npc.gov.cn/wxzl/gongbao/2000-12/09/content_5000355.htm.

建为僮族自治区，大家把这个方案称为"合的方案"；另一个方案是把广西划分为两个部分，即保留广西省的建制，管辖现在广西省的东部地区，另把现在广西省西部僮人为主的少数民族聚居地区划出来建立僮族自治区，大家把这后一个方案称为"分的方案"。两个方案相比较，合的方案是更适宜于广西汉、僮民族的现实和历史情况的。首先从广西汉、僮民族及其他民族共同向前发展的长远利益来看，广西省的汉人比僮人多，汉人占总人口的58.4%，僮人占36.9%，其他少数民族占4.7%；但居住的面积僮人比汉人的大，僮人聚居地区约占全省面积的60%，汉人聚居地区约占30%，其他少数民族聚居地区约占10%。汉人聚居地区对于农业的发展说来，是条件较好的地区，但是从工业发展前途说，僮族地区的条件又比较优越。这就表明，广西汉、僮两民族和其他民族的地区是宜合不宜分的。合起来互相帮助，各施所长，就有利于广西各民族长远的、共同的进步和发展。再从广西的历史上看，广西汉、僮民族和其他各民族也是宜合不宜分的。长期以来，汉、僮两民族和境内的其他民族披荆斩棘，艰苦劳动，共同创造了广西的历史；特别是近百年来的革命斗争中，广西汉、僮两族人民和其他民族人民一直是不分彼此、共同奋斗的。太平天国运动是汉、僮两族人民发动的，在以后的民主革命时期和社会主义革命时期，广西汉、僮两族人民和其他民族人民都在一起坚持革命斗争。广西汉、僮两民族和其他民族间这种长期"共同劳动创造、共同革命斗争"的历史传统，也正说明合的方案是符合于历史发展情况的。两个方案经过大家反复、深入地讨论后，最后，选择了合的方案，也就是现在提交大会议案中的方案。

经过各方面的讨论和协商后，国务院根据广西和甘肃省人民委员会的报告，在今年6月7日第51次全体会议上作出了关于成立广西僮族自治区和宁夏回族自治区的决定。

1958年3月5日，广西壮族自治区第一届人民代表大会第一次会议在南宁召开，宣告广西壮族自治区正式成立。紧随着壮族自治区的成立，僮族的名称也随之改变。周恩来在经过调查、了解之后认为原称壮族的"僮"为多音字，可念"同"也可念"壮"，而且含义不大清楚，容易引起误会。因此，1965年，周恩来建议把"僮族"的"僮"字改为"壮"。因为"壮"为健壮、茁壮的意思，意义好，又不会使人误解。这一符合壮族人民心愿的建议得到了壮族人民的拥护。同年10月12日，国务院作出了《关于更改僮族及僮族自治地区地方名称问题给广西僮族自治区人民委员会、云南省人民委员会、广东省人民委员会的批复》，正式将原"僮族"的"僮"字改为"壮"，"广西僮族自治区"改为"广西壮族自治区"。①

壮民族作为一个单一民族得到承认，极大地激发了壮族人民的自我意识，广大壮族人民不再是朦胧地意识到自己同汉族、瑶族有所不同，不再笼统地自称为"布侬""布土""布僮""布雏""布越"，而是自己清醒明白地意识到自己所属的是个独立的民族，都是壮族的一个成员。紧随其后，1958年4月，建立云南文山壮族苗族自治州，1962年9月，建立广东连山壮族瑶族自治县。民族区域自治制度的实行，使壮族民众得到了政治平等和自治的权利。

民族区域自治是中国共产党运用马克思列宁主义基本原理解决我国民族问题的基本政策，是国家的一项基本政治制度。胡锦涛指出："民族区域自治，作为党解决我国民族问题的一条基本经验不容质疑，作为我国的一项基本政治制度不容动摇，作为我国社会主义的一大政治优势不容削弱。"实践证明，我国实行的民族区域自治制度，是一个能够成功解决国内民族问题的政治制度。

广西壮族自治区成立前后，先后在少数民族聚居区建立了8个自治县。党的十一届三中全会以后，经过思想政治路线上的拨乱反正，民族自治地方的组建工作重新受到重视，先后建立了富川瑶族自治县等5个自治县。此外，于1991年和1995年分别给瑶、苗族人口较多，但又不具备成立自治县条件的西林、凌云和资源县享受自治县待遇；同时决定，因建立地级防城港市而撤销了自治县建制的该市防城区和东兴开发区原享受的自治县经济政策待遇不变。至此，广西建立民族区域自治地方的任务基本完成。全自治区共建立了12个民族自治县，另有3个县享受民族自治县待遇，民族乡63个，有8个少数民族在县及县以上的行政区域行使自治权，

---

① 《周恩来为壮族改名》，《当代广西》2008年第24期。

实行区域自治的少数民族人口 1685.91 万，占全区少数民族人口的93.35％。建立民族自治机关 26 个，少数民族干部队伍不断成长壮大，到1999 年底，全广西少数民族干部 39.2 万多人，少数民族参政议政的权利得到充分保障。广西实施民族区域自治的实践证明，中国共产党的选择是正确的，民族区域自治有利于维护国家的统一，也有利于各民族的团结和共同繁荣，是一条光明之路。[①]

落实党的民族政策，不断巩固完善民族区域自治制度是广西民族团结进步的一个重要经验。广西民族团结得到中央政府的高度肯定，是民族团结的模范和三个离不开的模范代表。

中央民族访问团于 1951 年访问广西，经过深入的调查和专家论证，参照国外特·德·拉古伯里、本尼迪克特和国内钟敬文的《僮民考略》（1928 年）、丁文江的《广西僮族研究》（1929 年）、刘锡蕃的《岭表纪蛮》（1933 年）、李方桂的《龙州土语》（1940 年）、徐松石的《泰族僮族粤族考》（1946 年）、李方桂的《武鸣土语音系》（1947 年）等研究成果，否定了广西新桂系时期认为壮族不是一个单一的民族，而是汉族的"宗族"这一说法，认为是祖国大家庭中一个人口众多的少数民族。由于壮族各支系自称多达 20 多种，经壮族各界代表协商，因"布僮"分布较广，故统称"僮族"（僮后改为壮），而后被中央人民政府正式确认为祖国民族大家庭中的一个民族，壮族历史上这是第一次得到中央政府的承认。[②] 这对壮族来说，具有划时代的意义。

《中华人民共和国民族区域自治法》等法律法规对民族平等进行了具体而明确的规定：一是各民族不论人口多少，历史长短，居住地域大小，经济发展程度如何，语言文字、宗教信仰和风俗习惯是否相同，政治地位一律平等；二是各民族不仅在政治、法律上平等，而且在经济、文化、社会生活以及所有方面都一律平等；三是各民族公民在法律面前一律平等，享有相同的权利，承担相同的义务。根据《中华人民共和国民族区域自治法》的原则，1958 年成立了广西壮族自治区．其后在少数民族聚居地

---

① 刘绍卫：《广西当代民族团结进步的历史考察与现代意义》，《广西民族研究》2009 年第 4 期。

② 梁庭望：《二十世纪壮族的回顾》，《广西民族研究》1999 年第 2 期。

先后成立了龙胜、隆林、三江、融水、金秀、都安、巴马、恭城、富川、罗城、环江、大化12个民族自治县，另外资源、西林、凌云三县享受自治县待遇；还成立了58个民族乡。依照《宪法》《民族区域自治法》和其他法律的规定行使自治权，民族区域自治地方可以依法自主管理本民族、本地区的内部事务；享有制定自治条例和单行条例的权力；使用和发展本民族语言文字；自主安排、管理、发展经济建设事业；自主发展教育、科技、文化等社会事业。①

"族群性不在于成为单一的普遍适用术语，而在于成为广泛族际关系的代表，其中最显著的影响因素是基于出身、语言和社会化之上的被规定的族群地位。"② 政治因素也是影响族群文化的另一个重要因素。我国实行开放包容的民族政策以及对少数民族的优惠政策，大力发展少数民族文化产业，为壮族在适应当前经济环境的同时，保留和繁荣自身文化，提高壮族人民对本民族认同感和对国家认同感提供了绝佳的环境与平台。

现实生活中，我们亦可发现实施民族区域自治制度后，壮族人民的民族认同感进一步强化。如壮族在线网站作为宣传壮族文化的主要媒介之一，也是壮族人民抒发民族感情和抨击损害民族自尊心的不利事件的虚拟空间。从中我们看到当前壮族的民族文化正受到来自外界知识分子的歪曲和丑化，对于这些问题，壮族知识分子也同样表示不满和气愤，他们纷纷为了捍卫壮族的民族文化地位而奔走呼告。最引人注目的是2007年陈修龄著述的《布洛陀》小说对布洛陀的丑化事件。布洛陀在壮族的历史文化中有崇高的不容侵犯的地位，布洛陀被当成壮族的"人文始祖"而受到壮族群众的膜拜，壮族人民每年正月都在广西田阳县举行祭祀布洛陀活动。这对壮族同胞来说是个神圣的祭祀仪式。然而在陈修龄笔下的布洛陀则是另一个形象，为了吸引普通读者的低级趣味或是为了达到其他目的，作者陈修龄把布洛陀描述成一个淫乱的暴君形象，还鼓吹壮族的低劣来反衬汉族的先进，具有"种族主义"之嫌。对于这件事情，壮族同胞忍无

---

① 覃彩銮：《广西民族团结的基本经验及其原因——广西民族"四个模范"研究之四》，《广西民族研究》2011年第4期。

② 卡尔·埃里克·克努森：《分化与融合——埃塞俄比亚南部的族群关系面面观》，载[挪威]弗雷德里克·巴斯主编：《族群与边界——文化差异下的社会组织》，商务印书馆2014年版，第86页。

可忍，壮族精英在南宁、北京均召开了壮族在线网友学术研讨会以强烈抗议这起损害壮族祖先形象的事件。作为壮族的一员，笔者参加了2007年11月4日在北京召开的壮族在线网友关于声讨陈修龄小说等系列损害壮族情感的事件的学术讨论会。除了来自各行各业的在京壮族同胞外，还有两位颇有名气的壮族学者参加，他们分别是中央民族大学的李锦芳教授和民族出版社的副总编黄凤显教授，更加凸显了这次会议的权威性和严肃性。两位学者慷慨激昂地声讨陈修龄事件的言辞引起所有在场的壮族人的共鸣，参会者纷纷表达了对此类事件的愤慨，并商议壮族同胞在具体操作上应该怎样理智地对此事进行批驳，以提高壮族的整体地位和维护壮族祖先的正面形象。

因此，当一个民族的英雄或祖先受到外界歪曲的时候，这个民族的"民族意识"会空前上升。这不仅在壮族的知识分子之中发生，在壮族普通民众之中更是如此。维护一个民族的尊严是责无旁贷的事情，从发生在两个地方的类似事情，我们看到各地壮族群众其实都具有强烈的壮族民族意识，其内部有惊人的相似之处。当然，我们应该冷静地思考这样的问题，更要从学术上进行理性地分析。但它却反映了民族区域自治制度对于强化壮族认同的意义所在。

第三章 壮族，从这里走向世界：壮族族群认同的"中心"表达

在前两章里，我们回顾了壮族族群意识从起源到进一步强化的历史进程，这是从纵向的角度梳理壮族的族群认同问题。但是从横向的视角来审视，壮族的族群认同却呈现出丰富的画面，即虽同为壮族，但各地壮族同胞对壮族的族群认同却有不同的表达。本章将以广西的武鸣、靖西、田阳三个被认为是壮族核心地带，作为壮族文化特征最突出的代表为例，展现壮族群体对于壮族认同的中心表达。

在此需要特别说明的是，这里所说的族群认同的"中心"表达及下一章的"边缘"表达，其"中心"与"边缘"的含义并非我们平常依据壮族人口多寡或地理位置所处的中心或边缘地带作为依据，而是以当地壮族群众对壮族这一民族（或族群）的认同感强弱作为依据。经过调查，笔者发现武鸣、靖西和田阳三县市对壮族有高度的认同感，在族群文化表达方面也有非常突出的表现，他们皆极力宣称自己为"壮族"文化的"中心"或者是壮族文化的典型代表。故而，以这三个地方作为壮族族群认同"中心表达"的典型代表来加以阐述其族群认同的模式与特征。相比之下，云南省文山壮族苗族自治州马关县和广西大化瑶族自治县是壮族族群认同感"边缘"表达的代表。

第一节 龙母传说与文化表达：武鸣壮族的族群认同[①]

自从族群概念引进以来，学者们对何为族群的观点众说纷纭，但是

[①] 本节主要内容曾以题为"文化表达与族群认同：以武鸣壮族龙母文化为例"的中期成果发表在《广西民族研究》2015年第3期。

"我们基本上着眼于这么一个事实：族群是其成员们自我归属和认同的范畴。"①

其实，任何族群都不能离开文化而存在，族群认同一般通过诸多的文化要素表现出来，而共同的文化渊源是族群的基础，又是维持族群边界的重要要素，此外共同的历史记忆和遭遇、语言、宗教、地域、习俗等文化特征都是族群认同的几大要素。② 周大鸣教授关于族群认同的上述观点和论述得到了学术界的高度认可，不少学者在研究中都注意到文化要素对于族群认同的重要性和意义所在。

比如，在对盘瓠传说与族群认同的研究上，万建中指出盘瓠传说实际上是这些族群重要的口述史，维持着这些族群的自我认同，也成为区别其他族群的显要文化表征。③ 明跃玲以五溪苗族盘瓠信仰为个案，认为当地通过在宗教仪式及生活习俗中展演盘瓠神话这个群体成员共享的文化符号，从而有效地把个体与群体联系起来，达到维护族群边界，巩固族群认同的目的。④

在有关白马人白鸡传说与族群认同的研究方面，权新宇指出，作为其服装的典型代表——"沙嘎帽"的内在意象为来自于白马民间底层的社会记忆——白鸡传说。外在表征与内在意象的契合构成了白马族群认同的基本元素之一。白鸡传说是白马人发展史上的重要历史事件，成为白马人的集体记忆。⑤ 强调了文化表达对于族群认同的意义。

这些研究成果分别从不同角度阐述了族群认同是如何透过神话传说及其衍生出来的文化要素表达之间的关系。同样，对于壮族认同来说，我们不得不注意到流传于大明山地区武鸣区的龙母传说如何经由日常生活中的习俗展演和传播，以及这些文化事象的表达而加强族群认同。

---

① 王希恩：《民族认同与民族意识》，《民族研究》1995 年第 6 期。
② 周大鸣：《论族群与族群关系》，《广西民族学院学报》2001 年第 2 期。
③ 万建中：《传说记忆与族群认同——以盘瓠传说为考察对象》，《广西民族学院学报》2004 年第 1 期。
④ 明跃玲：《神话传说与族群认同——以五溪地区苗族盘瓠信仰为例》，《广西民族学院学报》2005 年第 3 期。
⑤ 权新宇：《白马人的族群认同——基于地域、"沙嘎帽"与白鸡传说的思考》，《河北北方学院学报》2011 年第 3 期。

一 田野点概况

大明山位于广西中部，呈西北—东南走向，主峰龙头山海拔1760米，系桂中地区最高峰。大明山的壮语名字叫"岜是"，最早记载大明山的汉族古籍《太平寰宇记》把它音译为"博邪山"。"岜"在壮语中是石山的意思，"是"也写作"社"，是社神或祖宗神的意思，"岜是"直译就是社神山或祖宗神山。① 居住在大明山周围的壮族群众自古以来就把大明山当做宇宙山或祖宗神山看待，当地壮族认为人死后灵魂都要归于大明山，要请师公和道公前来念经举行葬礼，把死者的灵魂送归祖宗神山大明山，这就是所谓"魂归岜社（大明山）"。② 环绕大明山分布着四个县：武鸣县、上林县、宾阳县和马山县。这四个县的居民以壮族居多。调查发现，在环大明山地区的壮族当中盛传龙母的传说故事，多地有龙母庙及其他相关遗址，有的地方还以龙母作为村名、屯名。

笔者于2015年1月前往武鸣县的罗波镇、马头镇和两江镇三个地方开展了有关龙母文化的田野调查。武鸣县位于广西壮族自治区中南部，县东部与东南部与上林、宾阳、邕宁三个县毗连；南部、西南部和西部依次与南宁市、隆安县、平果县相毗邻；北部与马山县接壤。武鸣县有21个民族成分，以壮族为主，汉族居第二位，瑶族第三位。壮族人口分布全县13个镇。2011年武鸣县总人口为688097人，其中壮族人口占86.50%。土著民族与外来民族长期交往融合，形成以壮族为主、多民族杂居的状况。

在田野调查中尤其关注当地壮族群众在日常生活中由龙母传说衍生出来的习俗传统与节日展演等方面内容，梳理龙母传说及其对于壮族重要的文化要素，诸如，饮食习俗、岩洞葬、蛇图腾崇拜以及"三月三"等习俗表达之意义，探讨龙母文化表达与壮族族群认同之间的关联等问题。

---

① 苏华清：《"掘尾龙拜山"源远流长的原生态龙母文化》，《南宁日报》2008年7月28日第012版。
② 黄世杰、廖振姣：《武鸣罗波庙历史人类学解读》，《广西民族大学学报》2017年第1期。

二 龙母传说：原型与再造

（一）来自民间的龙母传说

龙母传说广泛流传于大明山周边武鸣、上林、马山等各县，尤其是武鸣县的两江镇、罗波镇和马头镇的众多壮族村寨。这一传说故事虽然存在不同版本，但都被称为"掘尾龙拜山"故事。

传说很久以前，在大明山下的一个村子，有一位贫穷的寡妇，在一个十分寒冷的冬天，她在挖野菜回来的路上看见一条蜷缩在路边濒临死亡的小蛇，顿时心生怜悯，于是把小蛇带回家精心养护。小蛇一天天长大，寡妇的茅棚已经容不下它，为了继续养活它，寡妇只好砍去小蛇的一截尾巴，并按照壮族人的习俗给小蛇起名为"特掘"。按照壮族习惯，养育小蛇的寡妇被叫作"乜掘"（"乜掘"在壮语中是母亲的意思）。后来，特掘的身体一天天长大，快挤破了茅房，寡妇只好把"特掘"送到河里谋生。再后来，"乜掘"年老体弱去世了，邻里正要来为他办丧事，忽然看到电闪雷鸣，风雨交加，一条闪闪发光的巨龙抬起头摆着尾巴凌空而下，把"乜掘"抬到大明山上安葬。从此，人们把这座山叫"莫乜掘"（壮语"莫"是坟墓的意思）。寡妇"乜掘"安葬以后，"特掘"每年农历三月初三前后都到大明山上为"乜掘"扫墓。"特掘"扫墓的日子，大明山地区就会狂风暴雨，电闪雷鸣。晚上，风雨过后的大明山上奔流的轰鸣声，是"特掘"在祭奠养母而举行的闹龙殿仪式。①

2015年1月8日，笔者访谈了马头镇敬三村的韦乃川老人，他说：

> 从这里到山里，有一个老婆婆去开荒种地，见到一个蛋就拿回来给鸡孵，孵出来就养大，越来越长，她就砍他的尾巴。然后养他，家里没什么人，到了哪里就买东西给他吃，还带猪肉回来给他吃。后来这个小龙长大了，他在刮风下雨的一天里走了，到了大明山那里。后来这个老婆婆死了，他就把她埋葬了，不管刮风下雨，都要把她的棺

---

① 苏华清：《"掘尾龙拜山"源远流长的原生态龙母文化》，载武鸣县政协《武鸣文化遗产荟萃》（下卷），广西民族出版社2013年版，第595页。

材抬到大明山上埋葬。

他用简短的语言给我们讲述了龙母传说故事,情节大体一致。龙母传说故事在武鸣的民歌里也有反映,流传于武鸣的壮族民歌《㖿特吉扫"莫"》中唱道:"从前我山村,有个寡妇人;脚跛像歪缺,谁看都可怜。""逢圩必赶场,拼命卖山笋;簸箩担在肩,苦水往肚吞。""散圩归家晚,小虾蛇现河边;摇尾跟着走,慢捡放篮间。""回家放缸内,当贵子心诚;喂虫餐又餐,蛇母别有情。""养我好几年,小蛇变大蟒;缸小放不下,细尾常外放。""我尾忽断后,安我特吉名;一餐吃几桶,母亲心更沉。""妈说我肚大,家穷养不成;把我放大河,生别泪沾巾。"后来寡妇弃世,特掘来送丧,这时蛇的身份发生了质变,变成了龙:"思来又想去,变龙好殓亲;满天黑云滚,龙卷风阵阵。乌云层压层,雨大雷声隆;忽响大霹雳,背妈上苍空。大葬明山顶,猛雨即泪泠;长雷做锣鼓,河水是孝巾。"①

在各种版本的龙母传说中,主要内容基本都是讲一条蛇因为得到寡妇的精心照顾而心怀感恩之情,在寡妇"乜掘"年老去世的时候,短尾蛇"特掘"化身为龙,在狂风暴雨中背着母亲"乜掘"到大明山安葬。从此以后,每年三月初三前后狂风骤雨,特掘赶到山上为母扫墓。这一传说故事,在环大明山壮族地区代代相传。

(二) 龙母文化发源地:发现大明山

在广西大明山原生态龙母文化被发现之前,学术界普遍认为龙母信仰表现最为突出的地区是珠江流域和上游西江流域。特别是在广东德庆悦城河与西江交汇口,屹立着一座雄伟壮丽、闻名海内外的"悦城龙母祖庙",相传为生于周秦时代的温姓龙母及其所养育五龙子而建,当地还流传龙母龙子兴云布雨,救活禾稼,战胜南海龙王,退消洪水等故事。这位龙母因此被尊为西江水神而受到供奉。② 所以,以往对龙母文化的研究主

---

① 梁庭望:《骆越国都和京畿当在大明山西南麓陆斡一带:其方位不出陆斡两江马头一线》,载武鸣县政协《武鸣文化遗产荟萃(下卷)》,广西民族出版社2013年版,第532—533页。

② 黄桂秋:《壮族社会民间信仰研究》,中国社会科学出版社2010年版,第433页。

要集中于西江流域以及广东悦城等地的研究①,相比之下,对环大明山的龙母传说的研究很少。直到 2005 年,经由学者、官方对环大明山龙母文化的考察发现,学术界掀起了一股环大明山龙母文化研究的热潮。自 2005 年始,南宁大明山旅游开发管理局组织了不少专家学者在环大明山区域开展调查,收集整理有关龙母的传说故事和歌谣,考察龙母文化的各种古迹,为龙母文化的发展和研究奠定了基础。

2006 年罗世敏、谢寿球主编的《大明山龙母揭秘》一书提出大明山是龙母文化发祥地的观点,引起学界轰动。该书从考古遗址、民间传说、词汇分析等不同角度全面地介绍了环大明山龙母文化,认为广西环大明山龙母文化具有明显的原生态特征。②

学者们对原生态龙母文化的说法是否科学,仍然众说不一。然而,经由商家和专家学者的宣传与研究,如今环大明山地区壮族同胞普遍认同龙母文化。在发现大明山、把大明山视为龙母文化发祥地这一论证过程中,有关龙母传说及其衍生出来的习俗禁忌等文化要素得以表达,环大明山地区壮族的族群认同感也日益加强。

三 龙母遗址:龙母文化的传承空间

调查发现,在武鸣区罗波镇、马头镇和两江镇都有和龙母有关的遗址。首先,罗波镇因其有一座香火旺盛的罗波庙及庙前美丽如画的罗波潭而声名鹊起,学界也认为罗波镇是龙母藏身的圣地。据当地介绍,罗波庙是一座古老的庙宇,最后一次重修的时间是清代,原有三进,现还剩两进,原庙的祖神是龙母,清代重修后龙母改作侧位,主位供奉明代思恩府土知府岑瑛,其余的神像还有观音、神农、关羽、岳飞、土地等。目前,多数学者认为罗波庙是龙母庙。但黄世杰教授通过实地调查和文献分析,指出罗波庙供奉的主祀神是龙神"特掘",或者说是"特掘"的化身——"土臣之英杰者"岑瑛,而所谓"佬浦",也就是"特掘"的母亲——龙

---

① 如中山大学叶春生发表的《从龙母传说看中华民族的两大发源地》《龙母信仰与西江民间文化》《岭南的掘尾龙和东北秃尾巴老李》等系列研究西江流域龙母传说信仰的论文;蒋明智关于悦城龙母的传说与信仰的系列论文,以及 2002 年他的博士论文《悦城龙母的传说与信仰》。这是我国第一部以龙母为研究对象的学位论文,具有开拓性的意义。

② 参见罗世敏、谢寿球《大明山龙母揭秘》,广西民族出版社 2006 年版。

母神只是罗波庙的陪祭神,所以,罗波庙不是龙母庙,而是一座岑瑛庙。①

图一　武鸣区罗波庙前的龙母神像（罗彩娟摄,2015年1月）

笔者在考察中发现,确如黄教授所说的那样,龙神"特掘"的神像摆放在正殿正中央的位置,龙神掌管雨水,天旱多日,人们就到这里来向龙神求雨;龙母神像在后殿正中的位置,龙母为一个手持花朵的老太婆塑像,前面还有一裸体小孩骑在龙脊上,当地人认为龙母掌管生育大事,所以常常有不孕不育的夫妇前来祭拜龙母以求子。庙祝说这个庙很灵验,几乎是有求必应,求子得子,求雨就下雨,所以香火一直很旺盛。

2011年4月3日,中国壮乡武鸣"三月三"歌圩暨骆越文化旅游节首次骆越始祖祭祀大典在武鸣县骆越古镇罗波镇隆重举行,上万当地群众和游客在罗波社区文化广场参加祭祀大典,共同祭拜骆越祖母王"佬蒲"。从此以后,罗波镇每年农历三月初三举办骆越始祖王祭祀大典。在他们看来,龙神"特掘"就是骆越始祖王,龙母则是骆越始祖王的母亲,在祭祀始祖王的同时也祭祀龙母。

其次,马头镇境内有元龙坡西周古墓群和安等秧战国古墓群两处文物古迹遗址,马头镇党委政府充分利用这一历史文化资源,加强对骆越文化

---

①　黄世杰、廖振姣:《武鸣罗波庙历史人类学解读》,《广西民族大学学报》2017年第1期。

图二 武鸣区罗波庙（罗彩娟摄，2015年1月）

资源的挖掘和开发，建成武鸣县骆越文化展示馆、骆越文化广场，连续几年成功举办马头镇"四月四"骆越文化旅游节。武鸣县骆越文化展示馆于2012年11月27日建成，该馆收集了全县骆越文化的民风民俗、民间传说等历史资料和历史文物，展示了3000多年来全县灿烂的骆越文化，现已被定为"骆越文化研究基地"。龙母文化的相关传说故事和风俗习惯也作为骆越文化的重要组成部分而得以展示。

马头镇敬三村韦硕屯被马头壮族群众视为龙母的故乡，周边村屯都流传"百硕（即今天的韦硕）养龙，板冯养虎"的民谣，韦硕屯村民说古时候龙母"乜掘"就生活在他们村。敬三村原来有龙母庙，但后来遭到了破坏，没有重修。

两江镇也被认为是龙母文化的发源地。两江镇龙英村龙母屯也有壮族龙母"掘"生活在他们村的传说故事。龙母庙原来位于龙母屯中五保老人麦兆现在的住宅，长14.7米，宽8.7米，庙里龙母的形象是一个手把蛇抚摸的老太太形象。在龙母庙对面不远的文昌阁里也供有龙母的神像。原来的龙母庙只残留了一些石柱础和龙柱。① 笔者去考察看到的是重建以后的龙母庙，坐落于马路边龙母屯村口公路边空旷的地方。庙里没有龙母神像，只有"龙母祖社之神位"的灵牌。称为龙母社祠，旁边的石碑介绍龙母社祠始建于清嘉庆十二年（1807年），1967年"文化大革命"动乱被毁，2005年10月重建。在龙母社祠前还修建了"龙母文化娱乐亭"。据村民介绍，过去也供有龙母神像的文昌阁也被毁掉了，其遗址就是后来修建的"龙母文化广场"舞台所在地。

图三　两江镇龙母屯龙母庙前的龙母文化娱乐亭（罗彩娟摄，2015年1月）

龙母屯直接以龙母作为屯名，加上龙母屯重新翻修的龙母庙以及龙母文化广场，还有不少流传下来的旧龙母庙的石柱等遗物。这一切都使得当地人有足够的理由说这个地方是龙母文化的源头。在公路边村口立有刻写"龙母"的石碑，其右侧就刻有"珠江流域、环大明山地区龙母文化源头地"字样，两江镇号称是龙母文化发源地正是来源于此。

可见这三个镇都声称各自乡镇是龙母文化的发源地，是龙母文化的中心，或者是更广泛意义的骆越文化古都。这说明不论事实真相是什么，这些地方的龙母信仰在壮族民众心中已深深扎根，龙母信仰不仅存在于过

---

① 罗世敏、谢寿球：《大明山龙母揭秘》，广西民族出版社2006年版，第10页。

第三章 壮族,从这里走向世界:壮族族群认同的"中心"表达　　121

图四　两江镇龙母屯（罗彩娟摄,2015年1月）

去,它已融入到当下壮族文化当中,是壮族文化的重要部分。同样,龙母传说也不仅存在于人们的口头传承中,壮族人还通过日常生活实践来进行传承。

四　传说与习俗：日常生活中的龙母文化表达

武鸣壮族地区的龙母文化与龙母传说相关的食用鱼生习俗、岩洞葬、"三月三"节、蛇图腾与饮食禁忌等方面习俗来加以表达。

（一）吃鱼生：龙母传说喂"特掘"的饮食习俗表达

壮族饮食习俗中的传统肉食丰富多样,在这些肉食中较有特色的就是白斩鸡、烤猪和鱼生。鱼生是将三至五公斤重的鲤鱼或草鱼刮鳞洗净去其内脏、拔去鱼骨再用纱巾把鱼抹干切成薄片装入大盘子里,加入各种调料调匀后稍腌即吃,香甜可口。

据《礼记·王制》载："南方曰蛮,有不火食者矣"。指的是南蛮有生食食物的习俗。《本草纲目》曰生鱼片"味甘性温,开胃口,利大小肠，补腰脚，补阳道"。壮族地区俗称生鱼片为鱼生。鱼生是环大明山地区至今仍保留的传统食俗，多用于接待贵客。大明山脚下的武鸣壮族也嗜吃鱼生，可以说是"无鱼生不欢"。笔者在马头敬三村调查的第一个晚上，村干部韦书记就用鱼生及火锅来招待。

据说，当地鱼生最负盛名的要数武鸣县两江镇的"八宝鱼生"。笔者在调查过程中，除了亲自品尝和跟村民交流来了解鱼生之外，不经意间在两江镇镇政府办公楼前的"龙母文化，我们在传承"宣传栏中看到了"八宝鱼生"的相关文字介绍，讲述了八宝鱼生的来历。特摘录如下：

> 在两江有"没有鱼生再大的天也不圆"之说，据清代《武缘县图经》记载：食之精，明山两江八宝鱼生也。而这"八宝鱼生"的背后，还流传着这么一个传说——
>
> 传说"特掘"长大后，饭量大，家里穷实在没法给吃饱，无奈下"龙母"只好在少量的鱼里放些杂物，有水芋头杆、香椿叶、剧边香菜、木耳丝、卡篓叶、姜丝、黄豆粉、蒜蓉等八种杂料一起捞均了给"特掘"充饥，但又担心孩子吃了有鱼骨卡喉，所以每做菜时，都把鱼骨和鱼头割出来自己打汤喝，"特掘龙"自从吃了这菜以后很少生病，而且皮肤光滑油亮。隔壁邻舍感觉奇怪就问"龙母"，"龙母"说出了因为家里穷就用杂料拌鱼的事，邻居们纷纷效仿，就这样一代一代传下来成了今天有名的"八宝鱼生"，如今一些杂料如水芋头叶、卡篓叶比较少了，人们就用木瓜丝和紫苏叶来代替了。

如今环大明山地区壮族以鱼生为典型特色的饮食习俗，鱼生成为了壮族餐桌上的美味，也是壮族接待贵客的佳肴。鱼生食俗来源于龙母传说中龙母由于家里贫穷，用杂料拌鱼生喂龙子"特掘"的情节。今天人们继续传承这一饮食习俗，壮族龙母文化透过食用鱼生的习俗得以表达。

(二) 岩洞葬：龙母传说"特掘"葬母习俗表达

马头乡的灵坡、六户、敬三一带，有一种奇特的地方丧葬习俗，当地壮话称之为"亢尸"，即露棺葬。在六户村的色景屯，紧贴农舍的后山有个小岩洞，亦是藏棺之地，谓之曰"岩葬"。据说这与龙母故事有关。故事中的一个情节就是特倔卷走老人的尸体，葬在大明山顶上。后来，人们孝敬父母,效仿独龙高处葬母,沿袭"亢尸"习俗。①

在龙母的传说故事里,乜掘死后,"特掘"在大明山上拔来一棵大树,用鳞片锯下一截圆木,挖成棺材,装殓乜掘,然后停棺于岩洞。现此岩洞位于今两江镇龙母村附近,称特掘洞。大明山古时有岩棺葬,其棺木就是一根圆木挖成的。这岩棺葬与特掘葬母的做法是很相似的。②

其实,因特定的自然环境和生存方式,壮族与岩洞建立了千丝万缕的关系。壮族人出生于岩洞(据神话故事),居住于岩洞,人死后又安葬于岩洞。所以黄桂秋把壮族这种从诞生到死亡都离不开岩洞的文化现象,称之为"岩洞情结"。这与壮族自称"布壮"有关系,"布壮"就是"山洞人"的意思。

在广西红水河、左江和右江流域的壮族聚居地盛行岩洞葬。距今年代最早的岩洞葬,当是20世纪80年代发现的广西武鸣县陆斡镇覃内村岜马山岩洞葬、两江乡独山岩洞葬。③从考古发现来看,岭南地区乃至我国发现年代最早的岩洞葬,而武鸣是广西早期岩洞葬分布比较密集的地区,是目前广西发现早期岩洞葬最多的县份。④

据两江镇文化广播站站长说,在两江镇的独山屯有一个岩洞,即上文所称的独山岩洞葬遗址,县里的考古队曾到这里考古,在洞里挖到了死人的骨头和陪葬品,说明以前人们把死人葬在岩洞里是一大葬俗。武鸣县早在先秦时期就盛行岩洞葬,说明这种葬俗在武鸣县壮族地区流传历史久远。人们认为正是从龙母传说故事特掘葬母的做法这一故事情节,延伸出现实生活中壮族民众埋葬死人于岩洞的习俗。这就是短尾蛇"特掘"葬母于大明山给予人们的启发,也是传说故事与日常生活习俗的无缝对接,壮族的龙母文化反映出的岩洞葬习俗也得以表达。

(三)蛇图腾:龙母传说的图腾信仰表达

专家认为,"特掘"的原形是蛇而不是龙,南方的山野多蛇,人们常

---

① 武鸣县政协:《武鸣文化遗产荟萃》(上卷),广西民族出版社2013年版,第82—83页。
② 罗世敏、谢寿球:《大明山龙母揭秘》,广西民族出版社2006年版,第56页。
③ 黄桂秋:《壮族"岩洞情结"的人类学分析》,《河池学院学报》2007年第6期。
④ 苏华清、杜逢祖:《骆越古都发现及民间民俗文化传承探析——兼论骆越古都发现与研究的重大意义》,载武鸣县政协《武鸣文化遗产荟萃》(下卷),广西民族出版社2013年版,第652页。

蒙其利也多受其害，因而远在汉人来到之前，壮族先民早就产生了崇拜蛇的观念，进而把蛇当成图腾来崇拜。这种蛇图腾崇拜，产生于远古时代的原始社会，是原生态的图腾文化。"特掘""乜掘"的故事在本质上是母系社会中蛇图腾崇拜的产物。①

在人们的日常生活中，我们随处可见人们对蛇图腾的崇拜。首先，无论是哪个民族，一般都忌食本族图腾，同样，环大明山地区的壮族人们长期以来忌讳吃蛇和杀蛇，他们认为吃蛇会遭到报应，比如，在家煮蛇时，若是烟尘落下也会中毒。②龙英村龙母屯有个鱼塘叫藤嫩，关于藤嫩有个传说，传说也是和寡妇、龙有关。村里人挖土挖到一条蛇，误以为是龙，就分来吃，每人分得一份，只有一个寡妇家没有分到龙肉。后来寡妇一家得救，全村人都死了。③可见，跟龙母传说有异曲同工之处，都是讲蛇（龙）怎么报答寡妇（母）的故事。如果吃了蛇就会遭殃，没有吃蛇则会得救。

因此，环大明山地区的壮族平时不打蛇、不杀蛇、更不吃蛇肉。有的还养蛇，如蛇死了，要扔到水里，意思是让蛇回到龙宫水府。若偶然发现有吃蛇的，即给予警告，劝其不要在家煮，因为祖宗不允许。

其次，当地还有起源于秃尾龙"特掘"断尾的养禽畜剪尾巴习俗。在龙母传说故事中，据说小蛇被剪了尾巴才能养大成龙，因此，环大明山地区的农村饲养禽畜都喜欢先剪掉禽畜的尾巴，现在还保持这一习俗。他们认为这样才能更好喂养，快长快大。④

1月5日，在笔者对罗波庙庙祝的访谈中，他也提到了这一点，表明了这个习俗来源于龙母养特掘的传说，他说：

> 以前一个妇人收养了一头小蛇，是属于天降下来的，越养越大变

---

① 覃圣敏：《"特掘"、广西商周文化和骆越古都》，载武鸣县政协《武鸣文化遗产荟萃（下卷）》，广西民族出版社2013年版，第605页。
② 苏华清：《"掘尾龙拜山"源远流长的原生态龙母文化》，《南宁日报》2008年7月28日第012版。
③ 武鸣县政协：《武鸣文化遗产荟萃（上卷）》，广西民族出版社2013年版，第379页。
④ 苏华清：《"掘尾龙拜山"源远流长的原生态龙母文化》，载武鸣县政协《武鸣文化遗产荟萃》（下卷），广西民族出版社2013年版，第596页。

成人，必须把尾巴断掉才可以养，不然太大了，后来成了人以后来罗波塘这边了，变成了人，他的母亲没有生育也没有结婚，他母亲死了他就过来这边祭祀一下，来这边买了棺材，把他母亲放到大明山那里。现在大明山那刚建了一个龙母庙。骆越就是这个断尾蛇。现在买到公鸡都要断尾，母的不用。这是流传下来的一种传统。

所以，对蛇的崇拜和禁忌已经延伸到壮族人的禁忌和禽畜养育等方面，充分体现了壮族先民以蛇为图腾的文化特征。如同万建中指出的那样，传说记忆不止存在于大脑中，还体现在表演仪式中，或者说是重复的表演仪式加深强化了族群中人对传说的记忆。①

（四）"三月三"：龙母传说"特掘"扫墓的节日表达

众所周知，"三月三"对于壮族来说，是个最为隆重的民族节日——"三月三歌节"；同时，"三月三"又是壮族人扫墓祭祖的日子——"三月三，龙拜山"，这与汉族在清明节扫墓不同。专家学者们认为这与龙母文化有密切的渊源关系。

据说壮族"三月三"歌圩实为壮族先民崇拜水神蛇图腾的节日，与龙母文化有着密切的渊源关系。大明山下的歌圩是郁江流域最大的歌圩，歌台从大明山下庙口村龙母庙沿古廖江（壮语称汰夏，即祖母江）一直摆到罗波的龙潭边，绵延十多公里。每年三月初三，这里都要举行盛大的祭祀龙母活动和歌圩活动，歌圩开台必唱有关龙母故事的山歌。② 20 世纪 80 年代经政府批准，每年农历三月初三是壮族人民的法定节日。2014 年 1 月，广西壮族自治区政府作出决定："壮族三月三"是我区少数民族习惯节日。于是，从 2014 年开始，每年"壮族三月三"广西全体公民放假两天。因此，"壮族三月三"不仅是壮族的重要节日，同时也成为广西的法定假日。

壮族"三月三"当以武鸣区最为隆重。武鸣"三月三"歌节有悠久的历史传统，早在清朝年间就有相关过节记载。在清朝光绪年间，《武缘县图经》记载："答歌之习，武缘仙湖、廖江二处有之，每三月初一至十

---

① 周大鸣：《论族群与族群关系》，《广西民族学院学报》2001 年第 2 期。
② 黄桂秋：《壮族社会民间信仰研究》，中国社会科学出版社 2010 年版，第 442 页。

日,沿江上下,数里之内,士女如云。"所以每年的农历三月初三期间,都会以村屯为主,轮流过节,互相走访,尽情唱歌。家家户户还会做五色糯米饭,染彩色蛋,以迎三亲六友到家欢度节日。

进入新时期,当地政府着力打造壮族文化品牌,其中最突出的是从招商引资和展示壮族形象等方面重点推广武鸣壮族"三月三"歌圩节。从1985年起,武鸣县"三月三"歌节从民间自发过节上升为政府组织筹办大型节日活动。每年农历三月初三,武鸣县委、县政府都在县城兴武大道、城东大草坪、东鸣路、江滨路、文化广场、灵水风景区、县总工会球场、县体育场举办"三月三"歌圩活动。尤其是2003年后,武鸣县正式将"歌节"更名为"歌圩",在推出"山歌擂台赛""千人竹竿阵"等富有壮乡特色的活动项目的同时,将招商推介会、房地产展销会等经贸活动融入歌圩整体活动中,使歌圩呈现出"表演活动万人空巷,经贸活动盛况空前"的火爆场面。[1] 从而达到以壮族文化促进经济发展的目的。

此外,壮族以"三月三,龙拜山"的时间作为民族扫墓祭祖的节日,这是壮族特有的祖先崇拜方式。据说这一习俗来自于龙母文化中"特掘"扫墓的故事情节。大明山地区的壮族人以"特掘扫墓"的农历三月初三作为扫墓的节日。传说"特掘"是五色龙,所以大家在祭祖扫墓时都以五色糯米饭为主要的祭品,长此以往就形成了壮族喜吃五色糯米饭的习俗。[2] 所以,武鸣壮族喜欢吃五色糯米饭这一习俗,也起源于龙母文化。

周大鸣指出,不同的族群在都市中维持族群边界,主要就是通过庆祝本族群原有的节日这一方式实现,如在海外都市庆祝中国新年。[3] 同样,武鸣的壮族人,在"三月三"不仅赶歌圩,同时扫墓祭祀祖先。"三月三"节日活动成为壮族维持族群边界的一大文化要素,达到族群认同的目的。调查发现,大多数的村民喜欢这些民族传统节日,并认为有必要传承下去。武鸣依托南宁市这一大环境,通过每年举办"三月三"歌圩节,以歌会友、以歌传情、以歌促商,实现了经济互动、文化互动、族际通婚,在新时代背景下维持了族群边界,增强了族群认同和民族传统节日的

---

[1] 武鸣县政协:《武鸣文化遗产荟萃》(上卷),广西民族出版社2013年版,第40—42页。
[2] 苏华清:《"掘尾龙拜山"源远流长的原生态龙母文化》,载武鸣县政协《武鸣文化遗产荟萃》(下卷),广西民族出版社2013年版,第596页。
[3] 周大鸣:《论族群与族群关系》,《广西民族学院学报》2001年第2期。

经济、文化功能。

五 族群认同：传说与习俗的互构

通过对武鸣壮族地区龙母传说的传承变迁以及由龙母传说衍生出来的诸多壮族文化习俗、日常生活表达的考察分析，我们进一步认识到一个族群的神话传说和相关习俗表达对于族群认同有多么重要的意义。正如纳日碧力戈教授所言，"族群的核心是神话、记忆、价值和象征符号。时代可以变化，条件可以不同，一个族群的神话、记忆、价值和象征符号，即象征——符号丛，却可以保持稳定，可以附着、渗透在不同的原有或者外来的文化特征上。"① 壮族龙母神话传说亦是如此，随着时间的变迁，龙母传说一直保持稳定并传承至今，渗透到不同的文化特征上。

龙母传说不仅在武鸣壮族地区被动地一代代口耳相传，还在人们的日常生活中得到展现和传播。凯斯认为，文化认同本身并不是被动地一代一代传下来的，或者以某种看不见的神秘的方式传布的，事实上反而是主动地、故意地传播出去的，并以文化表达的方式不断加以确认。② 武鸣县龙母传说即是如此不断地由壮族人主动加以传播和表达。武鸣县数量众多的龙母庙，是人们祭祀和崇拜龙母神灵的重要依托空间；流传至今的岩洞葬习俗来源于龙母传说中短尾蛇"特掘"葬墓于大明山的方式；对蛇的饮食禁忌、家禽养殖方式以及建房安龙习俗等都源于龙母传说中的"特掘"短尾蛇原型模样；"三月三"歌节和扫墓祭祖习俗则源于龙母传说中的"特掘"在农历三月初三这一天葬母的情节。这一切都说明龙母文化已经深深地渗透到武鸣壮族人的日常生活当中，在这些文化事像中，龙母文化得到了充分表达。

其实，不论是吃鱼生、岩洞葬、蛇图腾崇拜，还是"三月三"歌节、"三月三"扫墓祭祖等，都是壮族重要的文化特征，是壮族区别于其他民族的主要认同边界要素。尤其是"三月三"歌节，已经成为所有壮族同胞共同欢度的节日盛会，是壮族最为典型的文化特征。武鸣"三月三"

---

① 纳日碧力戈：《现代背景下的族群建构》，云南教育出版社2000年版，第61页。
② 乔健：《族群关系与文化自信》，载周星、王铭铭《社会文化人类学讲演集》，人民出版社1997年版，第486页。

歌圩暨骆越文化旅游节成为广西最为典型的一个重要的民族风情文化节日。2008年，武鸣"三月三"歌圩入选第二批自治区级非物质文化遗产名录。2010年，武鸣被文化部确定为"中国壮乡文化研究保护基地"。我们认为，骆越文化是百越文化的核心，作为骆越文化中心的武鸣县则是壮族文化象征和表达最为突出的地方。

总的来说，传说和习俗的关系是个有机的统一体，它们相互印证，相互补充，从而为族群的自我认同提供了坚实的基础，诸如表达共同记忆的口头传说、传承共同的文化习俗和遵循共同的禁忌，等等。龙母传说与武鸣壮族民间习俗紧密相连，通过日常生活中的习俗传承与传说的表达实践，龙母文化得到充分表达，武鸣壮族的族群认同感和族群凝聚力也得到了加强和提升。

第二节 记忆、表征与认同：靖西壮族的族群认同[①]

在学界，族群认同的研究出现了"根基论"和"情境论"的二元预设。由于二者理论的异质性，使得任一理论都不能单独对族群认同的形成和发展变化做出合理的解释。因此，王明珂认为："将族群视作由家庭、家族发展而来的亲属体系的延伸，由此我们可以理解族群能凝聚人群的基本力量所在，这也是族群的根基性的由来。另外，以血缘或假血缘关系凝聚的基本人群，其维持、延续与发展都须借着集体记忆与结构性失忆来重组过去以适应变迁，由此我们可以解释族群的现实性或工具性。族群认同便在这两种力量间形成与变迁。"[②]

"国家认同"的概念，首次出现在20世纪70年代的行为科学革命时期的政治学领域。全球化加剧了国家认同问题的凸显。国家认同是一种重要的国民意识，是安邦定国的思想保障。本尼迪克特·安德森将民族想象为跟国家一样拥有主权，认为民族"是一种想象的政治共同体——并且，

[①] 本节主要内容曾以题为"记忆、表征与认同——靖西壮族族群认同与国家认同研究"的中期成果发表在《广西师范大学学报》2014年第3期。

[②] 王明珂：《华夏边缘：历史记忆与族群认同》，浙江人民出版社2013年版，第30页。

它是被想象为本质上有限的（limited），同时也享有主权的共同体"①。这一"想象的共同体"并不是虚构出来的，而是与历史文化变迁相关，并且深深扎根于人类深层意识的心理建构。基于上述理论观点，本文考察了我国南疆边陲靖西壮族族群内部的历史记忆以及维持族群边界的文化表征，并探讨疆域边界上的居民是如何表达对国家的认同。本文的绝大部分调查资料均来自2013年7—8月笔者在靖西的田野调查，调查地点涉及新靖镇、龙邦镇、湖润镇、同德乡等乡镇。靖西市位于广西西南部，东接天等、大新县，南与越南高平省毗邻，西连那坡县，北接百色市、云南富宁县，东北靠德保县，是祖国南疆边陲重地。靖西市总人口65万，壮族人口占99%以上，此外还有少量汉、苗、回、瑶、满等民族。

一 历史记忆：族群认同的基础要素

历史记忆具有历时性和延续性的特点，通过某种类型的记忆传播载体进行人与人、上一代与下一代之间的传递。当前学术界对于历史记忆的一个共同的研究重点是：一个社会群体如何选择、组织、重述"过去"，以创造一个群体的共同传统，来诠释该群体的本质及维系群体的凝聚。② 由是观之，靖西壮族族群的历史记忆如何强化当前的族群认同，在汉化程度较高的今天，人们如何看待过去的"历史"，值得我们深思。

（一）英雄祖先历史：壮族族群的集体记忆

1. 侬智高起兵反宋的历史记忆

根据史料记载，侬智高是宋代邕州属羁縻广源州首领，他的父亲侬全福是傥犹州（今广西靖西县地）首领。北宋时期，国势衰弱，北方连年战争，宋王朝早已无暇南顾。唐末强盛起来的交趾，趁机染指广源州（今靖西、大新一带）。……侬智高数次向宋朝皇帝表示内附以求援助抗击交趾，但是都被宋朝皇帝拒绝。侬智高在外受交趾侵掠，内为宋王朝所拒绝的无奈情势下，为了保卫祖国的边疆，为了谋求民族的生存和发展，于皇祐四年（1052年）四月，率众5000余人起义，开始了反抗宋王朝的

---

① ［美］本尼迪克特·安德森：《想象的共同体：民族主义的起源与散布》，吴叡人译，上海人民出版社2011年版，第6页。
② 罗彩娟：《历史记忆与英雄祖先崇拜——以云南马关县壮族"侬智高"崇拜为例》，《广西民族研究》2010年第4期。

斗争。①

在靖西，侬智高是个家喻户晓的壮族历史人物，安德乡的照阳关、南天国故地，湖润镇坡州的侬智高洞，无一不承载着对侬智高这一英雄祖先的历史记忆。在农氏族人心中，他们更为强烈地认同侬智高这一英雄人物，禄峒乡思侯村的一位农姓村干部在访谈中告诉笔者：

> 侬智高是为了解决农民有吃有穿，举行农民起义，但是反抗不了政府的力量，所以才有被追杀的下场。不过他的起义是正义的，像毛泽东一样，毛泽东本来就是为了老百姓啊。传说侬智高的妻子是在湖润镇过世的，每年清明节，我们村里都会有一部分人开车去湖润镇祭拜侬智高的妻子。

可见，侬智高是壮族英雄的代表，至今人们仍然对其顶礼膜拜，认为侬智高领导的农民起义极大地动摇了北宋王朝的统治，在壮族农民斗争史上写下了光辉的一页。侬智高起兵反宋，是靖西壮族族群重要的集体记忆，安德镇于2005年农历二月初一恢复举行传统的"纪念民族英雄侬智高活动节"，以共同的仪式来定期或不定期地加强此集体记忆；侬氏后人于1996年在湖润坡州建立了"壮族领袖、民族英雄侬智高出生地纪念碑"，安德镇人民政府于1998年建立英雄纪念碑，主体碑左侧面刻着"执法英雄刘永福威震中外"，右侧面刻着"壮族首领侬智高弘扬千秋"，以建立永久性的实质纪念物来维持此集体记忆。

2. 从姓氏变化看共同的遭遇

农姓是靖西县的大姓氏，在各个乡镇均有分布。此外，还有少部分用"侬"姓。《宋会要辑稿》卷一七三册"峒丁"条说：石鉴以"昭州军事推官，挈轻兵入三十六峒，杀僚延（僚延皆为壮族先称）颇众。"这是侬智高起义失败后，宋朝杀灭侬族的历史记录。于是侬姓族人把"侬"去掉单人旁，改为"农"姓，借用神农氏的"农"姓族谱作掩护，才能躲过宋朝官兵的杀灭而幸存。堂号也写"雁门堂""治本堂"等，唯独祖传

---

① 张声震主编：《壮族史》，广东人民出版社2002年版，第346页。

口碑"我们是侬智高子孙。"① 靖西侬姓族群基于共同的历史遭遇,对姓氏的源流基本赞同被迫说,借此唤起同姓族人对先祖的共同记忆,强化家族认同。

中华人民共和国成立后,尤其是1958年广西壮族自治区成立,壮族的地位空前提高。出于对侬智高的怀念和寻根问祖的观念,部分农姓族群把姓氏改为"侬"。如靖西县大甲乡侬氏族谱即是代表,该族谱称:"我侬氏家族,世居边徼。太祖侬布团,生于清朝顺治元年。他据祖传,以口头方式遗嘱后人:我们是侬智高后代,因侬智高反宋失败,为避灭族之灾,改侬姓为农氏。据此,后人切记。自太祖布团迄今,世系脉络分明,字派有据可循,形成一个支系。为缅怀先人,不忘祖德,重新启用侬姓,故称侬氏布团家族。"②

我们在田阳调查中,当地人就告诉我们姓氏变化的事实。

莹:那关于侬智高,本来是有单人旁的侬,后面为什么变成了农民的农?

黄:这个呢,据说是这样,我们也有好多人研究这个。就是原来都有单人旁,就是侬智高那个时候开始,由于那个侬族可能是犯了皇帝什么东西,就挨封建皇帝镇压了,镇压了就要灭族啊。整个姓侬的都要被杀,株连九族啊,很多人逃出来了,逃出来后呢就把单人旁去掉,就变成了农。

莹:也就是和侬智高不扯上关系是吧?

黄:是啊。所以现在有些人呢,懂得了这个根源以后,就把这个人字旁加上去了,但是好多人还是没有加上去。

莹:从这个姓氏的变化来看,反映了人们对侬智高怎样的态度呢?

黄:侬智高呢,现在大家公认他是民族的英雄,他反抗封建,但是我们当时的中国,包括历代都是这样,有不满,都是反抗,农民起

---

① 侬芸青:《侬智高侬氏是原住左右江地区的土著民族》,《靖西壮学研究》2009年第30期,第46页。

② 范宏贵:《侬智高研究资料集》,广西民族出版社2005年,第125页。

义，反抗封建统治。侬智高就是壮族一个主要人物，但是不算是领袖，只能说是民族英雄。①

从靖西县②侬姓壮族的姓氏变化中，反映出该族群共同的历史遭遇，他们借由"侬—农"来呈现自身的边缘弱势形象；在今天，又借由"农—侬"来塑造足以为傲的我族形象，使壮族族群认同经历了从自在走向自觉，从朦胧到逐渐清晰的发展过程。③

（二）本土根基历史：弟兄民族的故事

王明珂认为，对于族群所宣称的共同起源，我们不只是想知道历史事实（historical facts），更想由人们对"过去"的记忆（历史记忆）与表述，也就是由历史叙事（narrative）与文类（genre）中了解造成这些记忆与表述的社会与历史本相（social and historical reality）。④ 由于文字历史记忆同样有失忆与虚构，口述历史记忆便是历史心性下的主要社会记忆传递方式。不管这些记忆是真是假，是建构的还是发明的，作为过去的连续体来认知，它可以为一群人提供历史感，并由此产生集体的认同。因此，以"弟兄民族的故事"这一叙事形式来表现本土根基历史。而靖西壮族的"根基历史"是基于血缘、地缘及其二者在历史中的延续和变迁。

在靖西旧州古镇，听到的最多声音是："张天宗开辟了我们靖西。"相传，张天宗是南宋末年江西广信府广丰县人，元兵南下灭宋之时，张天宗聚集义军，追随文天祥抗击元兵。文天祥兵败被俘受害后，张天宗率义兵余部南走广西，逃命越南。由于桂西丛山林立，中途迷路来到归顺州境内，看到这里山清水秀，土地肥沃，决定在此立足。张天宗把中原汉族地区先进的文化和生产技术传授给当地的群众，与壮族群众共同开辟边疆，治理得井井有条，受到大家的拥护，推选他为顺安峒峒主。旧州古镇的一

---

① 访谈对象：梁福昌，靖西县壮学会会长黄绍壮。访谈时间：2013 年 7 月 30 日上午。访谈地点：靖西县政协文史委办公室。

② 2015 年 8 月 1 日，撤销靖西县，设立县级靖西市。2015 年 12 月 12 日，靖西市正式挂牌。

③ 罗彩娟：《侬与农：从姓氏变化看靖西壮族的族群认同》，《广西民族研究》2013 年第 2 期。

④ 王明珂：《羌在汉藏之间》，中华书局 2008 年版，第 176 页。

位罗姓老人在访谈中告诉笔者：

> 张天宗率领了309个人来到靖西县，然后壮汉通婚、壮汉结合开发靖西。旧州的土著姓氏是韦氏、农氏、赵氏，张天宗来了后，就开始有张氏了，张氏也是靖西的大姓氏。

靖西壮族的弟兄民族故事中，从血缘上看，弟兄关系表现为人与人之间、族群与族群之间的团结与合作，张天宗及其部下来到此地发展，他们便成为几个不同姓氏家族的祖先，并与当地土著居民融合，共同繁衍后代。从地缘上看，弟兄关系中的人是从外地迁来的，代表族群内部在空间上的起源认同；来到此地后，又分别居住在不同的空间，如张天宗把峒民编成"人十为家，家十为亭"，耕则通力合作，收则按亭均分，亭各有长，设有仓、社，辟五峒，每峒由一名官员统领，让有才干的人分管各峒。从社会变迁上看，弟兄关系形成之后，具有一定的社会意义，张天宗定山川、田陌、村峒名次，引水灌溉，带来的先进生产技术改变了当地土著居民刀耕火种的生产方式；除分配若干田给峒民耕种外，还划出余田五百亩，以其收入分别作祭祀、婚丧嫁娶、赡养老人及孤独残废者之用，改善人民生活，促进社会安定。

（三）土司制度：族群认同的政治构建

土司制度是宋、元、明、清封建王朝在我国南部和西南部少数民族地区普遍设置施行的一种社会制度。壮族地区的土司制度上承唐宋时期的羁縻制度，下启当代的民族区域自治制度，在壮族发展史上占有重要地位。罗树杰认为，"少数民族首领与少数民族民众存在天然的民族感情联系，朝廷通过土官能够更好地实现在少数民族地区的统治"[①]。张声震从认同的角度给予积极的评价，认为"土官与土民同一族类，有文化上的认同，故土官统治则民情易服"[②]。

明代是壮族地区土司制度的完善时期。明永乐七年（1409年），镇安府土官岑志纲派其次子岑永福移居顺安峒地。永乐九年（1411年），岑志

---

① 罗树杰：《论土司制度的灵魂》，《民族论坛》2011年第7期。
② 张声震主编：《壮族通史》（中），民族出版社1997年版，第631页。

纲奏请以次子岑永福为顺安峒官，隶镇安府。① 岑永福为一世土司，其子岑宗绍袭位，为第二世，又传位岑璋，为第三世。弘治十二年（1499年），岑璋奉调府江有功，升顺安峒为归顺州。② 归顺州土司共沿袭了十三世，共16位土官，历时320年。岑氏土司与当地壮民同属一个族群，有相同的血缘，长期生活在同一区域，有共同的语言和风俗、信仰，构成浓厚的民族感情。在漫长的历史发展过程中，土官与属民共同组织生产，开展祭祀活动，传承民族文化，向中央王朝获取更多的利益和资源，对外捍卫边疆稳定，使壮族地区实现社会发展与经济繁荣。在土司制度的政治构建下，生成相互间彼此关联、如同手足、平等独立的族群关系，形成壮族地区社会人群的认同和区分体系，强化了族群内部的认同。运用场景论加以解释，有一定的合理性。场景论认为人是有理性的，无时不在计算和优化自身的利益；族籍不过是人们为追逐集体利益而操弄的一种工具，只要能够增加利益，族群纽带就会有巨大的感召力。③

二 文化表征：维持族群边界的符号

族群是一群具有多种特征的人们共同体，也是一个符号组织，而族群文化是一种比较直观的社会符号。格尔茨从文化的角度对符号进一步阐释，认为"文化是从历史沿袭下来的体现于象征符号中的意义模式，是由象征符号体现表达的概念体现，人们以此进行沟通、延存和发展他们对生活的知识和态度"④。符号人类学的目的在于符号所承载的意义而非符号本身，因此，符号对维持族群边界具有重要意义，族群成员通过这些符号交流思想、参与社会、维系世代。符号通常以文化表征为载体，在生活诸方面界定"我群"与"他群"，个人或群体通过文化表征来表达对集体的认同。

靖西县的非物质文化遗产普查项目分布图，让我们对当地极具特色的壮族非物质文化元素一目了然。其中，2006年6月被列为国家级非物质

---

① 靖西县县志编纂委员会编：《靖西县志》，广西人民出版社2000年版，第12页。
② 同上书，第13页。
③ 庄孔韶：《人类学通论》，山西教育出版社2005年版，第349—350页。
④ ［美］克利德福·格尔茨：《文化的解释》，张海洋等译，上海人民出版社1999年版，第103页。

文化遗产的是当地"壮族织锦技艺",2007年被列为自治区级非物质文化遗产的是"靖西壮族端午药市"。

(一) 锦绣壮乡的"姐妹花"

"山水边城,锦绣壮乡"是靖西形象的宣传标语。"锦绣"意指靖西人民用自己的勤劳智慧建设美如锦绣之家乡,又喻指靖西特产壮锦和绣球。靖西县壮学会会长在访谈中告诉笔者:"壮锦和绣球是靖西的'姐妹花'。"

1. 壮锦:美好生活的隐喻

壮锦作为壮族重要的文化符号代表,有着深厚的历史积淀。早在1000多年前的宋代,南疆边陲的壮族先民就已经掌握了高超的纺织技术。到了明清时期,以棉线为经,以五色丝线作纬,交织而成的壮锦,属名贵纺织品,又是精美工艺品。清光绪《归顺直隶州志》记载:"土锦以丝杂锦织之,五彩斑斓,葳蕤陆离,真杜诗之海图波涛,天吴紫凤也。"

壮族民间传统观念认为,女孩子心灵手巧与否与其今后生活是否幸福美满密切相关,于是从小就学习织锦,为自己的嫁妆做准备。《归顺直隶州志》记载:"嫁奁,土锦被面决不可少,以本乡人人能织故也。土锦以绒线为丝,配成五色,厚而耐久,价值五两,未笄之女即学织。"可见,在壮族传统社会,壮锦作为婚俗中馈赠的礼物,蕴含传情结缘的意义,赋予美好生活的隐喻。

在现代化语境下,壮锦由过去作为被面、背带的实用功能向今天作为屏风、披挂的审美功能转变,逐渐被编织为靖西壮族文化的主要象征,壮锦不仅具有民族凝聚功能的力量,而且具有广泛的民间性,进而重构地方与民族文化的认同。

2. 绣球:从传情物到吉祥物

旧州街地处县城西南部,距县城9公里,辖4个自然屯,17个村民小组,共有530户2230人,党员53名。是百色市、靖西县社会主义新农村示范点。拥有耕地面积1450亩,林地面积1935亩,2012年人均纯收入达6618元。这里有文昌阁、观音楼、天皇殿、张天宗墓、土司墓群、东山石刻等风景和名胜古迹,有"如桂林山青水秀,似苏杭地灵人杰"的美誉。全年共接待游客10万多人次。每年产刺绣工艺品20多万件,年创收入270多万元,群众年人均刺绣纯收入2800元。

靖西旧州是绣球之乡，家家户户都制作绣球。绣球大多为12瓣，象征一年四季十二个月，每瓣皆绣上各式吉祥物，除中间四瓣选材不拘外，其余则要求"上四瓣必挑飞禽，下四瓣须为走兽"。相传，壮族先民在农历"三月三"歌圩的时候，成群结队的青年男女在村寨附近山间聚会以歌求偶，常用布囊包裹作物种子，通过抛接方式赠送给对方，这是壮族青年男女以绣球传情的方式。绣球是古代壮族青年男女爱情的信物。随着社会的变迁，绣球的文化功能也发生了相应的变化，被誉为"中华巧女"的黄肖琴告诉笔者：

绣球原来是拿来做定情物的，现在是纪念品，也是吉祥物，有的人拿来收藏，有的作为礼品送人啊，谁送谁都可以。以前不能乱送的，要谈情说爱才能送。

绣球承载着壮民族上千年的历史记忆、文化传统，集中体现了壮民族的聪明智慧和精神面貌。当前，绣球作为壮族文化的代表，出现在广西重要的政治、经济、文化、对外窗口等活动场所，成为壮族族群认同的文化标志之一，是壮族文化的重要表征之一。

（二）壮语：族群认同的介质

语言与族群紧密相连，一般来说，族群的首要区别性标志是语言，而语言本身又是一个经过人类长期实践活动发展、改造而成的文化要素。安德森认为"较古老的共同体对他们语言的独特的神圣性深具信心，而这种自信则塑造了他们关于认定共同体成员的一些看法"[①]。语言确立族群边界，维持并强化着族群意识，是族群认同的无可替代的重要介质。

靖西壮族的语言是壮语南壮方言的代表，主要交际用语是土话（俗称仰话），是靖西"普通话"。由于地理位置以及习惯，还有少数讲"宗""隆安""锐""省""左州""府""农"等方言，其语法与仰话相同，只是语言有的差别较大。在这样有传统语言的壮族族群里，其成员往往会对本族群的语言普遍有很深的感情，比如，访谈中有的人提到："如果去到外地，遇到跟自己一样讲壮话的人，就会感到很亲切。"语言是族群认同的最重要的文化因素之一，只要族群保持高频率的交往和维持族群界

---

① ［美］本尼迪克特·安德森：《想象的共同体：民族主义的起源与散布》，吴叡人译，上海人民出版社2011年版，第12页。

线，人们就喜欢用最熟悉最拿手的语言进行交流，因此许多受访者一致认为"和亲戚朋友沟通非常有必要说壮话"，并且认为自己的壮话讲得非常流利。族群成员之间，如果都会该族群语言的话，人们会很骄傲和很乐意使用该族群语言。"我们都是讲壮话的，整个靖西都是讲壮话。"这份肯定而骄傲的语气深刻地隐含着他们对壮族文化的认同和对语言传承的坚定信心。

（三）信仰与仪式：族群认同的"神力"

杨庆堃以敏锐的社会学视角，证明中国宗教存在的普遍性及合理性。他指出："在中国广袤的土地上，几乎每个角落都有寺院、祠堂、神坛和拜神的地方。寺院、神坛散落于各处，比比皆是，表明宗教在中国社会强大的、无所不在的影响力，它们是一个社会现实的象征。"[1] 因此，中国人现实的宗教生活是建立在对神明、灵魂信仰和源于这种信仰的仪式行为、组织的基础上。涂尔干认为宗教是由信仰（舆论状态）和仪式（行为方式）两个基本范畴组成，仪式是人类宗教现象的重要组成部分，用以表达和实践信仰的行动。[2] 民间信仰活动以祭祀仪式为核心，是一种沟通人神之间的"神圣仪式"。

笔者于2013年8月19—20日在靖西同德乡足表村观察"中元节"的祭祀仪式。在当地人看来，中元节的重要性仅次于春节。据光绪《归顺直隶州志·风俗志》记载："七月十四日，俗尚'烧包'，先于初十、十一两日预备冥衣金银，到于香火堂前，日夜炳烛，并献果品。十三日牲酒迎神。次日仍多备酒馔祭祖，礼毕烧包。十五夜另备冥衣施孤，撒水饭于门外，城乡皆然。"透过壮族地区这一重要的岁时习俗，管窥壮族民间信仰与仪式。靖西壮族的祭祀仪式构建在血缘与地缘的基础之上，由此衍生出以祖先为对象的家祭、以神明为对象的庙祭、以鬼魂为对象的路祭三种祭祀仪式。

农历七月十四日上午十时，王建欧老人在家里的神龛前摆上整只煮熟的鸭子、米酒、米粉、苹果等供品，在神龛中间的香炉上三炷香，两旁的

---

[1] 杨庆堃：《中国社会中的宗教：宗教的现代社会功能及其历史因素之研究》，范丽珠等译，上海人民出版社2006年版，第24页。

[2] ［法］爱弥尔·涂尔干：《宗教生活的基本形式》，渠东、汲喆译，商务印书馆2011年版。

香炉各上一支,点燃两根红蜡烛,按辈分大小进行祭祀仪式。然后将紫色、黄色、红色、黑色、墨绿色的纸张裁剪成一件件人形状的冥衣,每件冥衣上都按祖先名字贴着这样一张祭文:

> 中元佳节阳居<u>王建欧</u>、<u>王钟直</u>、<u>王钟慧</u>及合家人等虔备冥衣鞋袜各一对,套金银财帛之仪五万元供奉<u>王光宗</u>老大人正魂鉴格阴中受纳,南无地藏王菩萨证盟无名外鬼不得争夺。
> 太岁二〇一三年七月十四日吉时化上奉。

接着将冥衣放到火盆里燃烧,每位祖先烧两套衣服,剪纸时剩余出来的碎纸也要烧掉,象征先人在阴间要是衣服破了可以缝补。烧完冥衣烧冥币,最后将火盆里的纸灰用芭蕉叶子包好,在上面插上一炷香,拿到河边让其顺流而下。当地人认为,中元节这天阴阳界大门敞开,鸭子会凫水,可以把"烧包"送到阴间去,祖先的灵魂也可以借助其翅膀游回到阳间,收取后人馈赠的"礼物"。这就是之所以选用鸭子作为供品的原因。在这样祖先崇拜的家庭祭祀里,发挥着重要的团结和稳固血缘家族组织的功能,进而成为有效的社会关系纽带,实现生物联结转变为社会联结。

费孝通认为:"除了亲属关系的联结,另外一个基本的社会纽带就是地域性的纽带。居住在邻近的人们感到他们有共同利益并需要协同行动,因而组成各种地域性的群体。"[①] 在足表村坡郡屯,他们筹资共同修建自己的土地庙,这一地方性的神,契合了区域成员的信仰需求,成为社区的信仰中心。中午12时许,家家户户的妇女们冒着绵绵阴雨,双手捧着家祭时的供品纷纷来到土地庙祭祀,脸上流露着对神明虔诚的信仰。一位老年妇女解释道:"土地公保佑我们年年丰收,生活好。"在稻作文明历史悠久的壮族地区,对土地神的信仰便成了最古老的信仰之一,定期举行的社区祭祀活动也凝聚了以农业为本的地方社会民众的共同利益和信仰。土地庙除了土地公神像,还有三个大香炉,人们点燃一把把香,彬彬有礼地插到香炉上。王斯福认为:"通过烧香以及把烧香当做媒介,一种社会的单位获得认同,其自身同时也获得了认同。一旦得到认同,作为一个主

---

① 费孝通:《江村经济》,上海人民出版社2007年版,第79页。

体，它便能够通过类似的仪式中介，对与他所挑选出来的单位相关联的拟定的情境产生作用。"① 因此，构建在地缘基础上的以神明为对象的祭祀，将分散开来的个人组织在一起，借助烟雾缭绕的香之"神力"，获得族群内部的认同。

从土地庙祭祀回来，村民要把供品摆在家的正门口，正门中间点三炷香，两边各点一炷，停留几分钟后，把酒杯里的酒洒向路边，此则以鬼魂为对象的路祭。这样做是为了供奉那些没有人给其送"礼物"的孤魂野鬼，为了不让它们进家里来抢夺献给祖先享用的食物。

靖西壮族中元节的祭祀仪式，以家为单位的血缘共同体作为行为统一体发展为以社区为单位的地缘共同体，而地缘共同体又发展为精神共同体，进而形成集体的认同。

三　记忆、表征与认同

原生论者认为族群在本质上是家族结构的象征性扩展，它继承了家族象征体系的核心部分，以记忆或表征的方式在族群乃至民族国家的层面上演练原本属于家族范围的象征仪式。族群认同需要来自家族结构扩展的根基性情感，于是利用历史记忆来凝聚人群，并通过各种富有象征意义的文化表征加以巩固和维持族群的边界线。靖西壮族的族群认同表现出以侬智高英雄祖先记忆、弟兄民族故事以及土司制度的政治建构等历史记忆为族群认同的基本要素，并以壮锦、绣球、壮语、民间信仰等文化表征为族群边界维持的符号，从而有力地维系壮族族群的纽带，强化了族群的认同。

此外，通过对靖西的田野考察，我们还注意到，侬智高这个英雄人物是靖西县家喻户晓的历史名人，更是壮族英雄的代表。尤其是在侬智高的出生地在靖西已得到大多数人的认可。故靖西县侬、农姓族群不论是出于史实，或是编撰，把自身家族的命运与侬智高的命运紧密联系在一起就有了充分的理由。侬智高在不同的历史阶段，受到不同的待遇。自抗宋失败之后，在漫长的历史长河中，侬智高都被当做朝廷的叛贼而进入历代史书的记载中。相应的，若是在当时宣称自己是侬智高的后裔，会遭到灭顶之

---

① [英]王斯福：《帝国的隐喻：中国的民间宗教》，赵旭东译，江苏人民出版社2008年版，第151页。

灾，因此，老百姓也选择了"隐姓埋名"，改为"国姓""赵姓"或者是"农姓"求得生存。中华人民共和国成立后，尤其是经过了民族识别，以及广西壮族自治区的成立，壮族的身份得到了承认，壮族人民当家做主，壮族地位空前提高。在这样的社会背景之下，侬智高从过去被赋予"叛贼"身份得到了正名，变成了壮族的民族英雄，甚至是中华民族的英雄。这个时候的侬、农姓族人也不需要再隐姓埋名了，于是他们纷纷重写自己的族谱，强调本家族的侬智高后裔这一光辉的历史就成为新时期人们的愿望和凝聚族群的主导因素了。因此，这个时候的农姓要求改回与侬智高同姓的"侬"姓就显得不足为怪了。

足见靖西县侬（农）姓的复杂来历和丰富内涵对于当地壮族认同的重要意义。因此，一方面，我们进行族群认同或者民族认同的研究不能以静态的眼光来把其纳入原生论或建构论的解释框架中，而应该从历史的角度，以动态的视角来审视这个族群在历史长河中经历了哪些共同的遭遇。其族群认同在不同的历史阶段也会表现出不同的认同对象。如靖西县侬姓壮族的认同，就是由于他们共同经历了侬智高反宋失败，其后裔被追杀，为躲避灾难，侬姓后人改为"农"姓得以生存，以及后来壮族地位得到认可和提升，以侬智高这个壮族英雄作为本族群的祖先的共同记忆得以浮出水面，故土农极力强调自身的侬智高后裔身份，从而改为侬姓这一过程；另一方面，我们不能用单一的族群认同理论来解释同一个族群在不同的历史阶段何以有不同的认同这个现象。侬姓后裔表现出来的不同时期的认同现象，可以分别用场景论、边界论、根基论来加以解释。

靖西壮族侬姓的认同过程体现了历史与实践的共生与对立的统一。这也再次证明了，"壮族的民族认同，经过了一个从自在到自觉，从朦胧到逐渐清晰、从小到大、从局部到全局、从各支系到整个民族的发展过程"[①]。

第三节 "壮族，从这里走向世界"：田阳县壮族的族群认同

壮族的根在哪里？这是众多壮族同胞都在苦苦追问的问题。10多年

---

① 覃彩銮:《壮族的国家认同与边疆稳定——广西民族"四个模范"研究之二》，《广西民族研究》2010年第4期。

来，人们似乎对这一问题有了答案，那就是把田阳县敢壮山当作壮族的发源地。这种共识主要得益于人们对壮族始祖布洛陀的信仰。"共同心理是形成民族的又一重要特征。壮族民间古来共同信奉布洛陀为始祖，尤以壮族聚居区的红水河流域，右江流域直至其上游的云南文山一带以及左江流域的壮人信仰更为诚笃。布洛陀乃壮族原始宗教创世神。这种信仰是一种原始凝聚力。"[1] 因此，只有弄清楚布洛陀信仰的内涵和外延，才有可能更为清晰地理解田阳县壮族的族群认同问题。

学者们普遍认为布洛陀文化是壮族宝贵的文化资源，田阳县敢壮山是壮族始祖布洛陀的遗址，是壮民族的精神家园。对布洛陀文化进行研究的论著成果丰硕，主要集中在"对布洛陀文本资料的收集整理、对布洛陀文本的解读、对布洛陀信仰展开调查研究、对布洛陀文化进行保护与开发的研究"四个方面，然而对布洛陀的研究在深度和广度上还有拓展的空间。笔者认为，触及布洛陀文化的核心内涵和价值的研究还较少，更鲜有探讨布洛陀文化对于提升壮族认同的价值和意义。梁庭望提到"布洛陀文化是壮族原生文化的'三角洲'，所有漫长历史的奔涌江河和涓涓细流都在这里汇合，形成了壮族从氏族社会迈向文明社会时期社会文化的渊薮，而以布洛陀为其代码和符号"。[2] 基于此，我们无论从哪个角度挖掘布洛陀文化的价值都异常重要。

进入田阳县城一条主干道，一边路旁草地上的"壮族发源地——田阳欢迎您"几个大字映入眼帘，向世人昭示这是壮族的发源地。同样，在田州古城，笔者也注意到了写着"壮族，从这里走向世界"的巨幅广告牌。该县县志办的潘老先生说："我们这里所有的壮族文化都是布洛陀文化繁衍出来的。"田阳县无处不以壮族发源地的姿态面向世人。本节将通过田阳布洛陀信仰的历史和调查资料来阐述布洛陀文化对于壮族的族群认同甚至国家认同的强化所具有的核心凝聚力。

一 信仰圣地：田阳敢壮山

田阳县地处右江中游，东与田东县接壤，南与德保县相连，西与右江

---

[1] 张声震主编：《壮族通史》，民族出版社1997年版，第590页。
[2] 梁庭望：《布洛陀文化——壮族价值观的摇篮》，《宗教与民族》2006年第4期。

区相邻，北与巴马县接界，总面积2394平方公里，分南部石山区、北部土山区和河谷平原三类地形地质。全县辖9个镇1个乡，设有152个行政村、4个社区，总人口35万人。居住着壮、汉、瑶等12个民族，其中壮族人口占89.7%。田阳是壮族始祖布洛陀的故乡，是西南出海大通道的重要交通枢纽。

据称，2002年8月，田阳大地刮起了一股关于"布洛陀"的文化旋风，电视、因特网、报刊等媒体围绕田阳县的"布洛陀文化"展开了地毯式的报道。几乎是一夜之间，田阳敢壮山扬名海内外。敢壮山是壮族民众心目中的圣山，敢壮山上的天然岩洞是传说中壮族人文始祖布洛陀的圣府。以田阳敢壮山为中心的整个右江河谷，是布洛陀文化蕴藏最深厚的区域。①

那么敢壮山到底是一座什么样的山，何以被称为"圣山"？我们将从名称、传说故事及其作为祭祀布洛陀的空间等方面来一一阐释。

图五　田阳县敢壮山入口（罗彩娟摄，2015年7月）

（一）名称之争："春晓岩"或"敢壮山"

敢壮山曾经又被称为"春晓岩"。《壮族百科辞典》关于"春晓岩"词条的解释如下：春晓岩位于广西田阳县城东7公里左右的百育乡六联村

---

① 黄桂秋：《朝圣纪略：敢壮山祭祀布洛陀的历史成因及其活动内容》，载覃乃昌主编《布洛陀寻踪：广西田阳敢壮山布洛陀文化考察与研究》，广西民族出版社2004年版，第45页。

那贯屯山顶上。因这里终年翠绿，故又名"春晓岩"。相传，古时有一对壮族青年男女相爱，但土官不让他们成婚。他们便到这里以死殉情，死后化为两只鸟在树上栖息繁衍。每年农历三月初七至初九，方圆几十里的青年男女都来这里对唱山歌，纪念这对情人。"春晓岩歌圩"至今犹盛。①

1999年出版的《田阳县志》关于"春晓岩歌圩"的介绍也与上述相类似：

"春晓岩位于那县百育镇六联村那贯屯后背山上，离县城约6公里。据说明朝时，附近村屯有一对青年男女酷爱山歌，经常对唱山歌到大半夜，久而久之，彼此情投意合，订下百年之好。双方父母认为对歌订终身伤风败俗，极力反对这门亲事。那对男女于农历三月初八夜晚登上春晓岩。对了一阵山歌后携手跳崖。为了纪念这对男女青年，每年农历三月初七、初八、初九，附近男女青年成群结队上春晓岩对唱山歌，春晓岩歌圩由此形成。"②

故而，春晓岩被当成是纪念殉情的情人的地方。

另一种说法是，相传明朝时期，江西有个地理先生名叫郭子儒，一生研究阴阳八卦，爱探风水宝地，在他晚年的时候带着几个弟子从江西顺着"龙脉"到云南探风水，后又从云南顺着"龙脉"进入广西。当郭子儒和他的弟子登上敢壮山时，经过反复察看，最后认定他所要找的"龙头"就在敢壮山。找到"龙头"，郭子儒兴奋不已，他拿出笔墨，在敢壮山的岩壁上书写"春晓岩"三个大字，还题了一副对联：春日初升风景朗开催燕语，晓风微动露花轻舞伴莺啼。③

然而，时至今日，田阳人普遍认为应该叫"敢壮山"，而不是"春晓岩"。在他们看来，"敢壮山"就是壮族人居住的山洞的意思。田阳县布洛陀研究会黄明标会长跟我们谈到了敢壮山和春晓岩同指一地的不同地名的来历。

---

① 潘其旭、覃乃昌：《壮族百科辞典》，广西人民出版社1993年版，第623页。
② 覃绍宽、陈国家：《田阳县志》，广西人民出版社1999年版，第846—865页。
③ 潘敏文：《壮族始祖布洛陀》，载《田阳文史》（第七辑），2006年版，第98—99页。

黄：敢壮山，就是壮人居住的岩洞山。春晓岩是后来的，所以很多人跟我反驳，怀疑我啊。其中我们县一个老领导，是百育那一带的人，他说本来叫春晓岩吗，怎么就来一个敢壮山。我说你用壮话把春晓岩三个字念出来。念不出，我说你输了。这个小孩都懂得"春眠不觉晓，处处闻啼鸟"。我们要考证一个地名，是不是原始地名，是不是本民族的地名，你首先考虑它，能不能用本民族语言念出来。像刚才讲洛，就是山谷。我们山沟就叫洛。你像田阳两个字，壮话就讲不出来了。这就是后来的地名。

罗：以前也不叫田阳，是吧？

黄：叫不出来了。这就不是原始地名，而是官方命名的地名了。敢壮山，后来怎么有一个春晓岩的名称，是后来传说明朝的时候，有一个地理先生到这里来，顺着这个龙脉，早上来到了这里，后来他上山的时候，正好是早上，太阳刚刚升起来，山下有鸡叫，他的灵感来了，就命名春晓了，就变成春晓岩了。但是呢，我们也考证，到处找，我当了16年的博物馆馆长，我亲自爬到山上每一个地方去看了，都找不到这几个字，我很想找到这几个字。他们说在上面题词，刻在山上，我到处找了，老人我都找了，就是没有找到。这是传说归传说。这个春晓岩跟敢壮山，敢壮山是翻译过来的。现在大家也没有说什么了。原来很多本地人都有一些，甚至有些年轻的40来岁左右的说我都不懂，你怎么可能懂。为什么？布洛陀的故事是靠口头传说传下来的，现在都没有人讲了，连电影都没有人看了，你怎么可能懂。像我们那个时候，我们小的时候，没有电影，没有戏，晚上吃完饭干什么啊，就是老人家给小孩讲故事了。小孩调皮一点的，就讲那些恐怖的故事，让你晚上不敢出门了。好一点的就讲这些传说故事了。那你现在谁还讲故事啊。山歌也没有人唱，不用说故事。电影，现代的电影都没有人看了。大家在家里看电视都看够了，还看电影干什么。所以跟社会的情况不一样的。所以你不懂是正常的。没有人跟你讲了，你不懂。现在连语言都消失了，不要说这事。壮语很多都消失了。

罗：很多相关传说故事也有不同的说法，现在是不是有一些共识啊，比如五子山故事？

黄：这是历史传说故事。是说远古的时候，天底下什么都没有的时候，布洛陀跟着他的老婆，也就是姆六甲，两个人，布洛陀挑着一对箩筐，箩筐的一头装着他的被窝，另一头装着五个小孩，结果他们到了现在的敢壮山上风这一带，突然间天上打雷，下大雨，把扁担劈断了。装被窝的这一头箩筐掉下来，就形成敢壮山。另一头装五个小孩的，在敢壮山西头落下来了，五个小孩变成五座山，所以叫五子山。所以布洛陀和姆六甲下来呢，小孩不见了，慌了。跑到山上去，又喊，要找。在敢壮山围两个石头上去喊，一喊，五个小孩不动了，变成山了。这是传说。然后呢，小孩不见了，布洛陀和姆六甲在这里定居了。布洛陀每天都出来开天辟地，姆六甲在家里面想小孩，撒尿，用泥巴来捏，捏五个小孩，用泥巴捏的五个小孩活动起来了。但是不分男女，没有头发，没有眉毛，后来就用龙须草插到他们头上，就变成了头发，长成了眉毛，用冬心草，做他们的长衣，最后这些小孩还是不分男女。布洛陀半夜回来，一手提着杨桃，一手提着辣椒，结果呢，五个小孩过来抢，抢到辣椒的就变成了男孩子，抢到杨桃的就变成了女孩子。

罗：祭祀的时候有人拿辣椒和杨桃，就跟这个故事有关？

黄：是啊。都有来源的，有典故的，不能乱来的。他们拿的这些祭品很多是我们想不到的，我们也没有办法去布置他们拿什么。他是根据自己的特点，有些是拿杨桃，辣椒，有些是牛，说是布洛陀在他那里造牛了，所以他拿牛来朝拜了。敢壮山附近村落的村名都是根据布洛陀教他们做什么，他们的村名就叫什么。比如养牛的，养鸭的，养猪的。叫那什么什么。养牛的地方啊，就是这样了，很多啊。①

黄会长通过讲述自己小时候听到的传说故事，给我们生动地阐述了敢壮山、五指山的传说，同时还暗含了布洛陀和姆六甲这一对夫妇在念子心切的情境下，以人尿混合泥巴捏成五个孩子的模样，但是一开始不分男女，后来因为布洛陀回来，手上分别提着辣椒和杨桃，五个孩子来抢，抢

---

① 2015年7月24日罗彩娟对田阳县布洛陀文化研究会黄明标会长的访谈，地点：田阳县布洛陀研究会办公室。

到辣椒的变成男孩,抢到杨桃的变成女孩。人类的性别区分、性别关系由此出现,辣椒和杨桃都因其不同的模样隐喻男女不同的生殖器,从而作为男性和女性的区分象征物。这一神话故事延伸到人们在祭祀活动中所使用的祭品。笔者在2014年布洛陀祭祀大典上就看到人们挑来的祭祀布洛陀的祭品中分别有辣椒和杨桃,当时也很纳闷,为何这些东西也能成为祭品?如今才明白个中缘由。这个故事还告诉我们:人类最初对性别的区分也一样是来源于布洛陀,是布洛陀让人类区分男女,这与其他故事有相似的地方,即布洛陀作为一种造物主的始祖形象凸显出来。

黄会长从壮语发音的角度来解释为何叫敢壮山而不是春晓岩,有一定的道理。在谢寿球和农超的文章中,同样认为应该称为敢壮山,春晓岩是地理先生后来改的名字。"敢壮又名春晓岩,这个名字据说是明朝江西的地理先生郭子儒起的。郭子儒为皇帝寻找风水宝地来到田阳,发现敢壮山的奇异景观后赞叹不绝,称为宝地,他给敢壮山改名春晓岩,并题写对子:'旭日初升漫道霞光催燕舞,晓风微动满山花朵伴莺啼。'春晓岩林木葱郁,景色秀丽,是田阳县古代著名的八景之一。"① 而在壮族的布洛陀经诗中,出现"公公的家在山上""公公的家在岩洞里""公公的家在歌圩旁"等类似记载,和敢壮山特征十分吻合。

名字对于族群认同来说,有着非同一般的意义。"在我们的现实经验之流里面,林林总总的名字逐波其上,名字的实用价值则于其间起起伏伏。当族群认同处于重新发现、改头换面与自我肯定之际,名字就会以某种方式不断作祟。一个国家、一个群体、一个人的名字,背负的是它整个过去的资产。在族群认同中,名字虽然不是核心部分,但却可以引导我们找到核心,引导我们深入核心内部的历史、渊源与感情。"② 所以,对于人们朝拜的这种圣山,为何存在到底是春晓岩还是敢壮山的名字之争,争论的结果当然是"敢壮山"这个极具壮族语言文化特征的名字获胜,无论是官方,还是媒体的宣传,甚至是大多数具有强烈壮族认同感的壮族学者都使用"敢壮山"这个名字,而不是"春晓岩",原因在于"春晓岩"

---

① 谢寿球、农超:《寻找壮民族的根——壮族始祖布洛陀遗址寻访记》,载《田阳文史》(第六辑),2002年4月。

② [美]哈罗德·伊萨克:《族群:集体认同与政治变迁》,邓伯宸译,台北立绪文化事业有限公司2004年,第112页。

来源于一个地理先生基于春天早上发现这一风水宝地的传说故事，与壮族没有任何关联，而"敢壮山"三个字的含义被认为是"壮人居住的岩洞山"，承载着壮族"整个过去的资产"。

同样，敢壮山周边村落的名字也具有类似的族群认同意义，在这个重新发现或者说肯定和强调壮族认同的时代，其对于凝聚族群共同体具有不可估量的作用。

(二) 祭祀圣山：布洛陀文化的展现空间

如今的敢壮山已被视为布洛陀遗址，祭祀布洛陀的圣地。据了解，2002年有关壮学专家和学者来到田阳考察、考证后，认定田阳敢壮山是传说中的壮族创世始祖布洛陀重要纪念地和精神家园，其主要依据是：

> （一）在田阳境内发现的右江古人类遗址是世界最早的古人类遗址之一，早在80多万年以前，田阳境内就有古人类遗址，其密度之大是十分罕见的；（二）在敢壮山岩洞的石柱上发现刻有蛙纹（古代壮族图腾），还发现洞里的石块刻有雷纹（古代壮族图腾），这说明敢壮山洞穴曾是壮族祖先的居室；（三）敢壮山有岩洞供人居住，有水供人饮食，山下有田地供人耕作，完全具备古人所生活的条件；（四）敢壮山周围全部是壮族居民，没有其他民族杂居，历史上没有民族大迁移，居民定居时间久；（五）在收集到的《布洛陀经诗》28本中，有14本是在田阳境内收集到，其余14本多数也是在田阳周边的县区收集到；（六）传说中的布洛陀居处与敢壮山特征相符，如"公公的家在山上""公公的家在岩洞里""公公的家在歌圩旁"等，和敢壮山特征十分吻合；（七）敢壮山附近有不少地名与布洛陀有关，如"那贯屯"是布洛陀引水灌溉的地方，"那宁屯"是布洛陀的养狗场，"谷陵"山地是布洛陀的封将坛等；（八）"敢壮山歌圩"是广西出现最早规模最大的歌圩，田阳的布洛陀文化沉淀很厚，如民间流传着很多有关布洛陀的神话传说等；（九）敢壮山朝拜气氛很浓，每到农历二月十九的布洛陀生日和农历三月初七——初九的歌圩之日，人们纷纷来到敢壮山，从山脚下一直烧香到山上，形成了万把香火敬祖公的壮观场面，这种祭祀圣拜的气氛和规模在广西各地是独

一无二的。①

敢壮山脚下是一个空旷开阔的祭祀平台，每年的布洛陀祭祀大典都在此举行。祭祀广场左边是布洛陀文化陈列馆，该馆是宣传和弘扬布洛陀文化的一个重要场所，展示馆里展示的物件和资料图文并茂，内容丰富。布洛陀文化陈列馆的前言部分如此介绍：

> 每一个有着久远历史的民族，都有传说中的创世始祖；每一条大江流域，都曾孕育着古老的文明，产生过受人赞颂的人文始祖。壮族是我国人口最多和历史悠久的少数民族，是世代劳动生息在珠江流域的原住民族。历史上，壮族先民创造了灿烂的珠江流域文明，布洛陀是珠江流域原住民族及其后裔敬仰的人文始祖，是壮族及其先民勤劳智慧和文明创造的化身。
>
> 关于始祖布洛陀开天地、造人类、造万物、教取火、立婚制、定伦理、建秩序、造耕牛、种水稻、建房屋的神话传说，穿越了数千年的历史时空，随着壮民族的不断繁衍发展世代传承下来，形成了以布洛陀庙和布洛陀史诗为载体，以布洛陀神话和布洛陀信仰为核心，以布洛陀祭祀习俗、赞颂布洛陀麽经、敢壮歌圩为表现形式的布洛陀文化体系。
>
> 建设布洛陀文化陈列馆，是为了全面展览布洛陀文化研究成果，展示壮族群众对始祖布洛陀的崇敬和信仰习俗，阐明布洛陀文化的历史地位和重要意义；令现代人科学解读内涵丰富、底蕴厚重的布洛陀文化，重构壮族历史记忆和悠远灿烂的文明体系；让世人了解布洛陀的创造伟绩和广大人民对布洛陀的崇拜情结，继承和弘扬布洛陀的创造精神，增强民族团结，振奋民族精神，促进社会主义和谐社会。
>
> 陈列馆的建筑设计充满了浓郁的壮族风情，内厅通过四个部分来全面展现布洛陀文化的内容：第一部分为亘古的记忆——布洛陀文化遗存；第二部分为始祖的福祉——代壮族与布洛陀；第三部分为传承

---

① 潘敏文：《壮族始祖布洛陀》，载《田阳文史》（第七辑），2006年，第100—101页。

与传播——洛陀文化活动纪实；第四部分为走进壮文化——布洛陀文化影视厅，您可在此观看展现布洛陀文化乃至壮文化的专题片，进一步走进壮文化，再现壮族文明恒久的演义。

敢壮山周边的村庄也被认为是与布洛陀有关，村名的由来得以反映布洛陀创造万物的有关表述。

在布洛陀文化展示馆里，我们看到了一幅"那宁村全景图"，旁边文字解释为：

> 在敢壮山东南约1公里，"宁"在壮语中指"小狗"；"那宁"是养小狗的地方。据传说，布洛陀时代，人口繁衍迅速，小孩越来越多，随处大便，又脏又臭。布洛陀见状，决定安排一种动物吃屎，以消除屎患。恰在此时有人报告：猪和狗在一起耕作时，猪不吭不声，做的很卖力，而狗直叫不做，还在人面前乱讲猪的坏话。布洛陀听后，便罚狗吃屎，让狗嘴巴臭而羞于启齿。布洛陀又叫人们专门在一个地方养狗。这个地方就是现在的那宁村。由于有了狗，小孩粪便得到及时清除，环境卫生大有改观。

因此，那宁村村名的来历就在于布洛陀教人们在这个地方养狗，从而改变人们居住的环境卫生，为感激和纪念布洛陀的功劳，人们把这个地方取名为"那宁"村。另外一幅展画上介绍了"那贯""那瓦"两个村的来历。

> 那贯，系状语地名，意为戽水灌溉水田的村子。据传说，布洛陀和米囊在敢壮山上生了很多孩子，长大后，布洛陀就分派其子孙到附近开荒种地，建立村寨，与敢壮山距离最近的那贯村，缺少水源，时常干旱，人们种植水稻时只能用戽斗戽水灌田，大旱时人畜饮水都难以保障。布洛陀看到自己子孙如此艰辛，于是站在敢壮山上朝北一挥手，顿时形成一条小溪，涓涓泉水流入那贯的水田里，人们不忘记布洛陀的造溪化水之功，一直沿用"那贯"村名，以示铭记布洛陀的恩泽。

"那瓦村"："那瓦"系壮语，意为种花的村子。据说那瓦村是遵照当年布洛陀的安排，专门种花而得名，并世代相传至今。

那贯是人们为铭记布洛陀造溪水来帮助人们灌溉农田的村名，而那瓦则是遵照布洛陀的安排，以种花为主的村名。

祭祀时按先来后到的顺序，一般离敢壮山较近的村先到先祭，如那贯、那务、那骂、那宁、那笔、那哒、那米厚（一个字）、那花、那怀、塘汉、塘布等，这些村寨不仅距离敢壮山近，而且传说这些村寨的名称来历都与布洛陀有关。①

敢壮山上有母娘岩、祖公庙、望子岩、鸳鸯泉、圣水池、蝗虫洞和封洞岩等祭祀场所或景点。这些名胜古迹都和布洛陀有关。

敢壮山是传说中布洛陀和姆六甲的容身之所，其独特而又丰富的文化内涵、许许多多的故事传说以及山脚下每一个与布洛陀有千丝万缕关系的村落，说明了敢壮山是布洛陀文化的展示和传承空间，更是壮族人心目中无可替代的祭祀布洛陀的圣地。

说到敢壮山，不得不提的是一年一度的布洛陀祭祀大典在此隆重举行。在每年农历三月初七、初八、初九这3天举办敢壮山朝圣大典仪式。前来参加的人不仅有田阳人，还有周围百色、田东、德保、巴马、凤山、东兰、隆安、田林等十几个县的群众都络绎不绝地汇聚敢壮山，近年来，还有来自云南、贵州、泰国等自认为是布洛陀后代的子子孙孙们，形成了万把香火敬祖公的壮观场面。祭祀活动由当地德高望重的壮族麽公主持，各村寨按先来后到的顺序上香祭供，麽公带领众人高声念诵祭词，感谢祖公布洛陀赐给丰收、保佑百姓平安幸福。祭祀完毕，众人上山，一路燃香至祖公庙前还恩许愿，于是，我们看到从山脚到山顶一道烟雾缭绕的香火长龙蔓延而上，宛如仙境。三月初七祭祀仪式结束，便开始举行歌圩活动，歌圩活动连续举行3天，人山人海，三五成群对唱山歌，这是广西最大，也是最早的歌圩。

---

① 黄桂秋：《朝圣纪略：敢壮山祭祀布洛陀的历史成因及其活动内容》，载覃乃昌主编《布洛陀寻踪：广西田阳敢壮山布洛陀文化考察与研究》，广西民族出版社2004年版，第62页。

仪式过程中，不可避免地要使用语言，但是与口头的讲述相比，仪式中的语言是更加固定化的语言。以上述的进贡仪式为例，人们在向布洛陀进贡的时候所使用的语言，体现出强烈的模式化特征。各村的贡词，只有村名不同，其他内容基本上是一致的。例如：

那贯村的贡词：

从前，造水造在那贯村，祖公造初始，祖母造前世，今天来祭拜祖公，今天猪羊来敬祖公，子孙真心，敬献给祖公，有心给祖公吃。这里，酒茶敬献给祖公，礼品薄，祖公莫见怪，给祖公领去吃，祖公祖母来吃。今天那贯村敬祖公，祖公造水浇进田，旱田可以种稻谷，都是祖公神主来造开头（初始）。

那务村的贡词：

从前，造水造在那务村，祖公造初始，祖母造前世，今天来祭拜祖公。今天挑猪来敬祖公，子孙真心，敬献给祖公，有心给祖公吃。这里，酒茶敬献给祖公，礼品薄，祖公莫见怪，给祖公领去吃，祖公祖母来吃。今天那务村敬祖公，祖公造成猪在那里，每月产下九栏与十栏猪仔，都是祖公神主来创造。

那骂村的贡词：

从前，造马造在那骂村，祖公造初始，祖母造前世，今天来祭拜祖公。今天拿马来敬祖公，子孙真心，敬献给祖公，有心给祖公吃。这里，酒菜敬献给祖公，礼品薄，祖公莫见怪，给祖公领去吃，祖公祖母来吃。今天那骂村敬祖公，祖公造马在这里，匹马它为人驮载，都是祖公神主来创造。

那宁村的贡词：

从前，小狗造在那宁村，祖公造初始，祖母造前世，今天来祭拜祖公。今天拿小狗来敬祖公，子孙真心，敬献给祖公，有心给祖公吃。这里，酒茶敬献给祖公，礼品薄，祖公莫见怪，给祖公领去吃，祖公祖母来吃。今天那宁村敬祖公，祖公造小狗在那里，小狗繁殖帮人看家，都是祖公神主来创造。

以下，还有七个村庄，供词的内容依次为歌颂祖公造鸭、造背带、造稻谷、造棉花、造水牛、造鹅、造布，结构基本雷同。①

笔者于2014年前往敢壮山参加布洛陀祭祀大典，目睹了盛大的祭祀场面。人头攒动，气氛热烈。笔者充分领略到了作为珠江流域人文始祖的布洛陀在壮侗语民族中具有无可比拟的地位。布洛陀形象渗透于壮族文化的诸多领域，如果说田阳壮族物质文化以"那文化"为核心，那么其精神文化就是以"布洛陀文化"为核心。布洛陀已经成为壮侗族群文化的象征符号之一。②

作为壮族文化象征符号的布洛陀对于增强壮族的凝聚力有着非同一般的意义，因为"布洛陀越神圣，地位越崇高，壮族的自信心和认同感便越增强，他们以布洛陀的伟大而自豪，以共同崇敬布洛陀而亲近和团结。布洛陀信仰极大地强化和延续了壮民族血缘的纽带，民族意识由此得到培育，壮族共同体也由此而更加巩固。"③ 那么，我们不仅不要问，人们在敢壮山上隆重朝拜的布洛陀到底是一个什么样的神话人物呢？他在人们心目中的形象又是怎样的呢？敢壮山是朝拜布洛陀的祭祀空间，作为祭祀主体的布洛陀是我们不可忽略的神话人物。

二 布洛陀：壮族的人文始祖

2007年3月12日晚间，CCTV-10频道"探索发现"栏目播出了一期节目，名字为"寻找布洛陀"。据介绍，这是一部充满了"爱国主义"情愫的历史探索专题片。这期节目，向空前广泛的群众介绍和展示了壮族的布洛陀文化，使更多的人知道布洛陀是一个始祖神，在中国西南地区珠江流域，尤其是在壮族民间，"布洛陀"的地位相当于北方人的黄帝与炎帝。

覃乃昌认为布洛陀是珠江流域原住民族的始祖，是与炎帝、黄帝并列

---

① 转引自覃乃昌主编《布洛陀寻踪：广西田阳敢壮山布洛陀文化考察与研究》，广西民族出版社2004年版，第63—69页。
② 郝时远、任一飞主编：《田阳县壮族卷》，民族出版社2008年版，第290—291页。
③ 牟钟鉴：《从宗教学看壮族布洛陀信仰》，《广西民族研究》2005年第2期。

的中华民族三大人文始祖之一。① 从而，极大提升了布洛陀作为人文始祖的重要地位。

(一) 布洛陀释义

"布洛陀"这一极具民族特色的壮语音译名称到底是什么意思，蕴含怎样的涵义？学界和民间一直有不同的解释。据称，这个名字在壮族里有多种读音，且含义不同，如 bouq luegh daeuz，意为"山里的头人"；bouq luegh doz，意为"山里的老人"；bouq loegh daeuz，意为"鸟的首领"；bouq lox doh，意为"无事不知晓的老人"；bouq cauh bwengz，意为"造天地的祖父"；等等。②

覃乃昌提出，布洛陀的含义按壮语有三种解释：一是通晓法术并善于施法的祖神；二是指知道事理最多的祖公；三是身为孤儿的祖公。③ "布洛陀" ($pau^5lo^4to^2$) 为壮语之汉字音译，在壮语中有几种解释：一是指懂得事理最多的祖公，在神话传说中，称其为无所不晓、无所不能的创世神，这里"布"即祖公，"洛"即通晓，"陀"即全部、足够的意思；二是通晓法术并善于施法的祖神，其中"布"是指地位崇高的祖公；"洛"即通晓、会做，"陀"是"法术""施法"；三是身为孤儿的祖公，这里"布"即祖公，"洛"（lwk^8）即"孩子"，"陀"（tok^8）即"单独""独自"之意。因此，可以说"布洛陀"意为一个知道很多、很会施法的老人或祖公。自 20 世纪 80 年代初期，在搜集整理和公开出版的资料中，开始用"布洛陀"一词，以后在出版物中多采用这三个字。④ 但覃乃昌提出自己的观点，认为"布洛陀"的解释应是居住在山间场的通晓并会施法术的祖公或居住在岭坡谷地中的通晓并会施法术的祖公。⑤

田阳布洛陀研究会会长黄明标认为其他学者把布洛陀当成懂得很多事情的祖公的看法是有问题的。他说："很多人解释，布洛陀是懂得很多东

---

① 覃乃昌：《布洛陀：珠江流域原住民族的人文始祖》，载覃乃昌主编《布洛陀寻踪：广西田阳敢壮山布洛陀文化考察与研究》，广西民族出版社 2004 年版。
② 李富强：《布洛陀崇拜与壮族认同》，载覃彩銮《布洛陀文化研究——2011 年布洛陀文化学术研讨会论文集》，广西民族出版社 2013 年版，第 187 页。
③ 覃乃昌：《布洛陀文化体系述论》，《广西民族研究》2003 年第 3 期。
④ 郝时远、任一飞主编：《田阳县壮族卷》，民族出版社 2008 年，第 271 页；覃乃昌：《布洛陀文化体系述论》，《广西民族研究》2003 年第 3 期。
⑤ 覃乃昌：《布洛陀文化体系述论》，《广西民族研究》2003 年第 3 期。

西的。这个'洛'不是懂得的意思,就是山谷,山沟的意思。在山沟里创业的老祖宗就是布洛陀。所以他们自己呢,这些壮学专家呢,自己否定了自己,那些古壮字词典里面有解释。这本古壮字词典里,解释洛就是山沟,就是山谷。在这里又说是懂得,词典又没有。你说是以哪个为准?不能随意。而且在山谷里面也符合他的来历,布洛陀就是农耕时期产生的,农耕早期没有水利条件下,就是在山沟里面才有水。有水才能种东西。这个也不是乱想出来的。跟自然环境也有关系。我这里有这个字的解释。对,已经有解释,洛,就是山谷、坡谷的意思。不能随意的。他是根据现代的读音,就往这方面去想,说是懂得。我的解释就是,布洛陀就是在山谷里面创业的老祖公。"

虽然上述几位学者都对布洛陀三个字的解释,收集整理不同的观点,并形成自己的看法,由于壮族读音的多样,导致了不同的解释文本,但是我们认为这些都是人们对于布洛陀这一人文始祖的美好阐述,正如黄明标会长所说的那样,按照古壮字词典的翻译,或许把布洛陀译为"在山谷里创业的老祖公"更符合壮文原意,也更能表达壮族先民的生活方式和生存经济模式。但无论是倾向于哪一种解释,绝大多数学者都坚持认为布洛陀就是壮族的人文始祖,对壮族的认同有不可替代的作用。

(二) 作为人文始祖的布洛陀

壮族以及南岭地区的壮侗语族甚至是分布在东南亚的一些与壮侗语族同根生的民族都把布洛陀当成本民族的人文始祖。覃乃昌把布洛陀界定为珠江流域原住民族的人文始祖。覃乃昌认为,"人文始祖是指人们在观念上认同的最早的祖先。他有几个特点:一是他可以是有世系可考的,也可以是无世系可考的;二是认同他的人可以有血缘上的联系,也可以没有血缘上的联系,一般是一个民族,或者是一个族群;三是人文始祖一般是神话人物,或者是一个传说人物,并且传说在历史上为认同他的民族群体作出过重大贡献,特别是在文明和文化创造上的贡献。因此,人文始祖实际上是人们在文化上认同的祖先。"[①] 布洛陀完全具备上述的三大特点。因其在壮族人心中,是一个创世神、始祖神、宗教神,这样一个神话人物,

---

① 覃乃昌:《布洛陀:珠江流域原住民族的人文始祖》,载覃乃昌主编《布洛陀寻踪:广西田阳敢壮山布洛陀文化考察与研究》,广西民族出版社2004年版,第315—316页。

第三章　壮族,从这里走向世界:壮族族群认同的"中心"表达　155

图六　敢壮山上祖公祠里的布洛陀神像（罗彩娟摄，2015年7月）

在壮族传说中，为壮族做出过重大贡献。是壮族人文化上认同的祖先。如今，这一观点已得到壮族精英一致认可，在珠江流域，尤其是右江流域一带深入人心，布洛陀的始祖地位已经不可撼动。

张声震先生作为壮学界的领军人物，他指出布洛陀文化的核心是广西壮学学会、《壮学丛书》对它的三个定性。1. 布洛陀是壮族的人文始祖，这是它的民族性。民族是由血缘、文缘、地缘构成的，人文始祖是民族心理、民族认同的标志；2. 布洛陀是壮族的创世神。要弘扬布洛陀的创造精神；3. 布洛陀是壮族麽教信仰的至高神，是壮族传统宇宙观、人伦观、道德观的规范者。①

笔者在田阳调查期间，也访谈了不少长者，他们都认同这一说法。依据上述覃乃昌的解释，能成为人文始祖，必定是对这个民族的文明起源和发展起到举足轻重的推动作用，并被人们视为文化英雄之神话人物。布洛陀就具备如此一系列作为文化英雄的能力和素质。无论是在人们口耳相传中，还是在布洛陀信仰的典籍《布洛陀经诗》中，都有数不胜数的有关

---

① 张声震：《2011年田阳布洛陀文化学术研讨会开幕式致辞》，载覃彩銮《布洛陀文化研究——2011年布洛陀文化学术研讨会论文集》，广西民族出版社2013年版，第3—4页。

布洛陀创造万物的传说和记载。

　　布洛陀的文化英雄形象深入人心，人们把人类几乎所有创造发明都归之于布洛陀。布洛陀的功绩可以归纳为，1. 开天辟地，创造万物；2. 造火盖房，种养纺织；3. 安排秩序，制定伦理；4. 创造文字，慰藉心灵。①

　　在《麽经布洛陀》中，布洛陀不仅赋予人类以生命，还发明各种生产工具，教会壮民各种生产技能，带领着他们进行各种各样的劳动创造，从而战胜了强大的自然力量，使壮民族得以生存与繁衍。造火、造田、造稻谷、造牛、造狗、造鸡、造水车、造屋、造干栏、造衣服、造祭仪、造文字，人民把一切的发明创造都归功于布洛陀，并把他神化，从而使布洛陀成为壮族人民心中的"文化英雄"……加诸于文化英雄身上，文化英雄为一民族社团之理想的象征。②

　　正是因为布洛陀具备了文化英雄和祖先的意涵，因此才被公认为壮族先民的人文始祖，受到壮族人民的顶礼膜拜。

（三）壮族文化之源：《布洛陀经诗》

　　布洛陀是包括壮族在内的大多数壮侗语系族群神话传说中的创世神以及想象中的人文始祖。在壮侗族群的口承文化（包括神话传说、民间故事、民间歌谣等）、宗教祭祀、风俗礼仪中，都可以看到布洛陀文化的社会记忆。《布洛陀经诗》以宏大的篇幅和丰富的内容，被誉为壮族的"百科全书"。凡开天辟地、宇宙万象、大地万物、山川草木、禽兽家畜、社会制度、生产生活、衣食住行、神灵信仰、生育寿辰、婚配丧葬、修房建宅……均有述及，可谓应有尽有，堪称全景式、多层面地立体展示了壮族古代社会生活的图景，为我们了解初民们在与大自然进行长期艰苦的斗争中，不断加深对自然的认识……③

　　梁庭望指出，《布洛陀经诗》实为壮族的创世史诗，几乎每一部都从壮族人文始祖布洛陀开天辟地唱起。关于布洛陀创世，综合所有经诗，可

---

①　罗树杰：《布洛陀与壮民族的精神家园》，载覃彩銮《布洛陀文化研究——2011年布洛陀文化学术研讨会论文集》，广西民族出版社2013年。
②　马昌仪：《文化英雄析——印第安神话中的兽人时代》，《民间文学论坛》1987年版，第1期。
③　覃彩銮：《布洛陀神话的文化内涵、社会功能及其价值》，载覃乃昌主编《布洛陀寻踪：广西田阳敢壮山布洛陀文化考察与研究》，广西民族出版社2004年版，第140页。

以归结为四句话,就是开天辟地、创造万物、安排秩序、排忧解难。① 这也是壮族精神的高度提炼。该书随后从社会演化、宗教信仰、汉文化影响、伦理道德、古老风俗、朴素哲学观六个方面辨析《布洛陀经诗》。

从目前调查和收集的资料来看,田阳一带壮族民间流传或保存的有关布洛陀神话传说资料主要有两大类:一类是民间口耳相传的神话故事和风物传说;另一类是由民间麽公、道公或歌师将民间流传的有关布洛陀的神话传说故事收集、加工和整理,汇编成经诗唱本。

  黄:这是传统上的,你要研究布洛陀那东西太多了,我们很多东西为什么是这样,为什么我们不吃牛肉懂不懂?为什么红白喜事不上牛肉你懂不懂?
  罗:不知道,确实没有上。
  黄:这个和伦理道德有关系,我们过去远古时候人吃人的,人死了以后周围人就拿刀把死人的肉割下来吃的,后来有个叫董刚的小孩去放牛,看见母牛生小牛很辛苦,他回来就告诉他妈妈:"妈,我今天去放牛,看见母牛生崽很辛苦。"他妈妈说:"孩子啊,母牛生崽很辛苦,妈妈生你们更辛苦,要怀孕十个月才生出你们来,现在还要辛苦做工把你们养大,牛生出来崽它不养的,吃几个月的奶就没事了,但我们还要把你养成人,从小孩子养到大了,才能够放手。"于是董刚就想:既然父母亲那么辛苦,那他们死了以后我们怎么能吃他们的肉呢?这个良心过不去啊。后来他就把家里的木板拿来做了棺材留给父母,后来他母亲死了以后就被他放在他自己用板做的棺材里面。一直放到尸体发臭不能吃了,他才去告诉左邻右舍。我们过去报丧不是现在这样,是要去跪人家的,跪了以后才讲我妈怎么样了,不像现在一个电话过去说爸爸要走了,不是这样的。后来,各家各户都去拿碗拿刀准备割肉,董刚说不行,我妈的肉不能吃。然后人们就为这个事去问布洛陀,布洛陀说:"父母养育我们很辛苦,我们要有养育之恩,他们死了不能吃他们的肉,要做棺材把他们埋葬。可以杀

---

① 梁庭望、廖明君等著:《布洛陀——百越僚人的始祖图腾》,外文出版社2010年版,第125页。

牛,把牛肉当做母亲的肉,把牛肝当做父亲的肝,就这样吃。"后来,就到了一见到牛肉,就好像是见到了自己父母亲的肉,牛肉就不再吃了。所以,红白喜事牛肉是不上桌的。这个典故是这样来的,它是非常感人,非常富有伦理道德的。布洛陀说了,人死了不能吃他的肉,要拿去埋,要守灵,要披麻戴孝,守灵要等梨花开了,梨花是白色的,它帮你戴孝,等到什么花开了,那个花是红的,等于说是香火,你就可以脱孝了,这就是守孝一年。

罗:这些内容经书里面都有?

黄:有,所以我们把这些当作封建迷信是大错特错的,这是中华民族的伦理道德教育,我们都丢掉了,现在要重新取回来。为什么出现了那么多的人不赡养自己的父母?嫌老人是一个累赘,为什么出现对父母亲不尊重?就是因为丢失了我们的传统伦理道德。在《麽经布洛陀》里面有很多传统伦理道德的东西,太多了。所以我再次讲,现在说的"和谐社会",我们老祖宗早在几千年前就已经强调了社会的和谐,你翻开五百万字的布洛陀经书,布洛陀没有一句话说要打人要杀人,都是在讲互相尊重,见面打招呼,要求大家和睦相处,有饭大家吃。都讲这种的。社会没人管社会就会乱,要有一个人来管,要有官吏制度。就这样,我前几年写了一篇论文去参加全国研讨会,我就说,布洛陀之前就强调壮族社会和谐。所以说我们壮族就是有这个传统。所以刚才讲那贯那里,每年到了三月初七、初八、初九,就免费接待人家的,这是布洛陀的传统。布洛陀他讲的很多话是很通俗的,有人来了要给吃东西,要请客人坐,都是讲道德的东西,这就是我们的传统,那贯那里有的就是布洛陀的传统。

罗:那本经书的内容太丰富了,什么都包括。

黄:都是大百科全书了。①

覃彩銮把田阳有关布洛陀神话传说的内容分为创世神话、反映人类的生产、生活及其习俗的神话以及地方风物的神话传说三大类。这些神话传说世代流传在壮族人民当中。

---

① 2015年7月24日罗彩娟对黄明标的访谈,地点:田阳县布洛陀研究会办公室。

三 族群认同的神力：布洛陀信仰

作为一个人文始祖，作为一个神话人物，布洛陀无疑增强了壮族的族群认同感和促进了族群的凝聚力。李富强强调，布洛陀崇拜是壮族认同的重要标志。他在《布洛陀崇拜与壮族认同》一文中说："布洛陀崇拜是壮族认同的重要标志，田阳布洛陀崇拜的发掘和宣传，对于壮族布洛陀文化复兴发挥了重大作用，而壮族布洛陀崇拜的'全族化'反映了壮族认同和凝聚力的强化。反过来，布洛陀崇拜在壮族'全民族化'，也有助于壮族认同的强化。"[①] 然而，学界和民间还是有一些不同的声音，他们更喜欢用编造或重构、重建等字眼来形容这场轰轰烈烈的祭祖盛典和宣传声势。

（一）布洛陀信仰重建或"编造"说

牟钟鉴先生在《从宗教学看壮族布洛陀信仰》中对壮族布洛陀信仰进行研究的时候总结道："布洛陀信仰的复兴是一种比较典型的民族宗教信仰文化重构的社会现象，反映了传统的复苏、民众的需要和时代的特点。"

对此，时国轻在他的博士论文中将布洛陀信仰的重建归纳为三个阶段：第一阶段是自改革开放以来，敢壮山周边群众对敢壮山神灵世界的恢复和重建。在这一阶段，山上的神灵世界以佛教的观音、弥勒佛和如来佛以及道教的玉皇、八仙和同属佛、道教的关帝等神为主，这一阶段的重建是当地群众对广义布洛陀信仰中创生性部分的重建，是一种自发的重建；第二阶段是2002年古笛先生发现"敢壮山是布洛陀遗址"后，经过文化公司的运作（媒体的宣扬、学者的认证），政府介入布洛陀文化旅游开发……在这一阶段，当地政府和专家学者试图重建的是狭义的布洛陀信仰，而对广义布洛陀信仰中的创生性部分清理和遮蔽，是自觉的重建；第三阶段是"共建"阶段，经政府、学者和当地群众之间的反复"博弈"，政府默许了群众自发重建阶段的神灵——关帝、观音、玉皇和弥勒佛等神的存在，群众也接受了布洛陀、米浴甲和守护神，并参加对布洛陀像的开

---

① 李富强：《布洛陀崇拜与壮族认同》，载覃彩銮《布洛陀文化研究——2011年布洛陀文化学术研讨会论文集》，广西民族出版社2013年版，第194页。

光、祭祀等活动。在第三阶段，经过各种力量的反复"协商"，布洛陀信仰重建过程进入新阶段，可以说在当地政府、学者和群众的"无意共谋"和"误解共致"中，广义的布洛陀信仰得到恢复和重建。①

恢复重建的速度被《南宁日报》描述为：

> 2002年8月，神州大地刮起了一股关于"布洛陀"的文化旋风，电视、因特网、报纸、杂志等媒体围绕"布洛陀文化"展开了"地毯式"的报道，几乎是一夜之间，壮族始祖布洛陀名扬海内外。随后的2006年4月，中央电视台派记者赴田阳敢壮山，对布洛陀祭祀与文化活动进行现场直播，遂使全国人民和外国人生动直观地看到、听到布洛陀史诗的丰富多彩。②

在回顾上述有关壮族布洛陀信仰"重建"的观点之后，何其敏在《认识自我与认识当下——对布洛陀文化在中国社会中位置的思考》③ 一文中，表达了自己的意见，尤其是对于如何解释这类重建现象方面，提出这个信仰体系在社会批判运动连续不断的年代，曾一度销声匿迹，被人们忽略、遗忘、冷落的原因很多，但今天布洛陀文化由衰至盛，出现"复兴""重构""兴盛"等现象却也不是民间信仰的魅力本身能够解释的。除前述提到的文化"共谋"之外，它能够兴盛的原因应该来源于社会提供的"异化场景"（这个"异化场景"即是他所说的中国的生活结构所发生的变化，个体主义倾向、社会身份认同的"断裂"以及观念和意识形态"碎片化"、生产方式变迁对生产关系的改变等）。在这样一个用碎片化形容的社会里，人们需要找到群体的支撑力量，找到群体行为发展的共同动机与动力。布洛陀文化的重构现象，则是顺应了这样的一个潮流，符合壮族民众增强自我认同的需要，使得布洛陀文化重建达到了将被打碎的碎片再凝聚起来的作用。

---

① 时国轻：《壮族布洛陀信仰研究——以广西田阳县为个案》，宗教文化出版社2008年版，第56—57页。
② 同上书，第57页。
③ 何其敏：《认识自我与认识当下——对布洛陀文化在中国社会中位置的思考》，《广西民族研究》2011年第3期。

何其敏的讨论是非常有意义的,为我们找到这股文化热背后的原因,但是其前提仍然是建立在认同牟钟鉴、时国轻等人的观点基础之上,同样认为布洛陀文化热更多的是人为打造或者说重建起来的现象,而不是自然发展的结果。

同样,在《田阳县壮族卷》一书中,作者也认为,从布洛陀遗址的发现到认定的过程来看,存在一个人类学称之为"民族话语"的创造与"民族运动"的过程。运用考古发掘和人类学田野调查方法来确认神话传说中的文化遗址,把田阳敢壮山作为"壮族的人文始祖""壮族文明的发祥地"甚至"珠江文明的发源地",由此得出的结论可能会有争议。① 但是作者也认为,布洛陀是否为壮族始祖,田阳是否为布洛陀"故居"抑或壮族文明的发祥地?在今天看来已经不重要,重要的是它能够回答我是谁,我从哪里来。因此,布洛陀是否真的是壮族的始祖,是否有充分证据证明其是珠江流域的人文始祖,都不重要。重要的是人们把它当成了始祖,认同它是始祖。布洛陀已经成为一个符号,一个文化的符号,一个认同的符号。这就如同陕西的"黄帝陵",无论有多少争议,都不妨碍人们将之作为中华民族的始祖来祭拜。

(二) 认同内核:布洛陀信仰

与上述观点不同的是壮学界学者和壮族地方精英们发出另一种不容置疑的肯定的声音。如黄明标会长在访谈中,明确地告诉我们,田阳壮族敢壮山布洛陀祭祀大典及相关的崇拜活动,完全是民间自发,是人们心目中长期以来对布洛陀文化的认同的表达。

罗:您对布洛陀信仰怎么定位?

黄:敢壮山布洛陀始祖朝拜不是今天才有,也不是近年才有,历史上就是老百姓祭祀始祖的地方。多少年来,远的不讲,我就讲我小时候,八九岁的时候我第一次上敢壮山,看到的场景就是烧香朝拜,人们都是络绎不绝上山去。我第一次上敢壮山大概是1956年,我跟我姑文一起去,走路去的。上山去,到姆娘岩那里,山上有一个岩洞,就是姆娘岩,以前都在那里朝拜,烧的香很多,很呛人,都进不

---

① 郝时远、任一飞主编:《田阳县壮族卷》,民族出版社2008年版,第275页。

去。但是很多人都进里面烧香，我看到的整个场景都是烧着香，山下唱歌，去那里首先都要烧香，老百姓从山脚哪怕是树根草丛，都一直烧，烧到山顶，这是没有什么人布置的。但是也奇怪，从来没有火烧山。

罗：都没有引起火灾？

黄：没有火灾，这是我小时候看到的场景，到现在都五六十年了，这是我看到的。人家讲的我就不说了，这是我亲眼看到的，小时候给我留下的印象就是这样。

罗：他们就是固定在那个时间烧香？

黄：都是这样，三月初七、初八、初九这几天。

罗：有的又说是二月十九。

黄：二月十九是他的生日。传说就是这样，从二月十九一直有人去拜他，拜完之后，大家就一起热闹搞个统一的行动，就在那里唱山歌跳舞，是这样延伸下来的。但真正大规模的活动是在三月初七、初八、初九这几天。初九就收尾了。

罗：那时候就知道拜的神是谁？

黄：它就是布洛陀，我小的时候就听说了。因为我的邻居中有个老太婆，眼睛瞎了，她经常给我们讲故事，其中就有布洛陀的故事。还有一个就是 bojihuo 的故事，民间流传也很广泛的。据说把他比做一个有智慧的一个人。就讲这些故事。我爸跟她儿子是"老同"，她家就在我们家对面。所以我很小就听她说布洛陀的故事，布洛陀怎么造天地啊。

罗：以前是自发来祭祀？

黄：都是自发的。这样到了"文革"期间，尽管发生了"文化大革命"，但是也没有中断，人们都是偷偷摸摸地，白天不敢，晚上去。都不间断，到那个时候肯定去。都这样的。

罗：为什么到2002年被这一批人发现、宣传？

黄：古笛来，是我接待的。那天他来是拿他的书来推销，送给田阳。我和宣传部长一起接待他。当时我是县人大副主任。他讲："我要去敢壮山。"这个活动搞完了，吃饭了，他就讲我要去敢壮山。当时是6月份，就像现在这个月份了嘛，我们说："你这个时候去看不了什么，因为三月初七初八早就过了。平时没有什么人上去的，明年你再来吧。我们陪你去。"他说："我已经70岁了，有没有明年我不知道，我一定要去。因为这是黄勇刹（我们广西有名的歌王）生前交代我的，你一定要去敢壮山。既然我今天来了，我一定要去。"我说："你年纪又大，上不了山，身体又不太好。"他说："哪怕我到山脚下站一站，我都要去。"那既然他是那么执着，我们就安排车，陪他去了。这一路去，我就一路给他讲敢壮山的事，讲布洛陀的事。他很感慨，到那里以后，他说："我终于找到家了。我终于找到老祖宗了。"过去都懂得布洛陀的事，但是不知道在哪里。黄勇刹也没有告诉他，只是说你一定要去敢壮山。没有跟他讲敢壮山的来历。黄勇刹也是很小就上敢壮山，跟他妈一起去的。

罗：他也是田阳人？

黄：田阳的。所以就去了，我把敢壮山的故事一路去一路跟他讲。到那里就站在敢壮山脚下的平台那里给他讲，他身体不太好，上不去。他就很感慨，说我终于找到家了，我终于认祖了。后来他叫我写这方面的文章。我说我不写，我写一万个字，比不上你写一个字。后来回去他就把这个事，跟他的学生讲了，带他们来了，后来就有五六个人来考察。就是这样了，不是突然的，不是心血来潮想的。所以很多人就是以为过去为什么没有，现在就有。这不是突然的。这种东西你人为是做不出来的。你看黄帝陵很出名嘛。黄帝陵可以说是全世界有名了，但是呢，作为民间来讲，他没有一根香火，我去过三次。老百姓没有一根香火，都是官方的。但是我们这里呢，民间这块，你制止不了。我们每年这些活动不是说我们去发动，所以贵州有一个摄影协会的主席来了，拍了很多照片。他跟我说，你了不起啊，你有那么大的感召力发动这么多人。我说我没有这个本事。谁也没有这个本事，发动不了。你来了，他要钱啊，他要来朝拜，要买东西，要钱啊。我们一分钱都没给。我们的工作就是为了不发生意外，我们组织大家有序地进行。抽签，看谁第一谁第二，我们就做这个事，把它组织有序，不发生事情。这么大的活动没有人组织会出事的。再一个呢，为什么从山上搬下来，是因为山上地方太窄，太小。

罗：什么时候搬下来？

黄：90年代末期就搬下来了。刚开始是老百姓自己搞一个，大概也就是一个一百多平米的平台吧，像舞台一样。就在那里朝拜。这个一百多两百平米解决不了事啊。尽管比山上安全多了，不会跌下来了，但是解决不了事啊，后来逐步扩大。现在这个规模已经是第三第四次重修了。所以就是这样。①

黄会长从自身的亲身经历，他小时候的所见所闻，意在告诉我们对布洛陀的信仰不是今天才有，而是有着很长的历史。他陪同古笛先生到敢壮山考察，也是受古笛先生对布洛陀无比虔诚的崇敬之情所感染，作为一个年逾古稀的老人，古笛先生不顾身体安危，一定要上山去看看，并在敢壮山感慨地说自己找到了家，认了祖宗。经黄会长的描述，似乎能体会到当时古笛先生的那份激动心情，那份对壮族祖先无比敬仰之心。后来所有的宣传工作也都基于这份认同感和归属感，而不仅仅是他人所说的无端建构和打造出来的造神现象。黄会长一再强调对于布洛陀信仰的发现，不是人为推动，而是基于其有广泛的群众基础。

黄：关于这个布洛陀的发现，不是发现，也不是人为去推动。你不相信，你别的地方，你去组织看看得不得。必须有群众基础，有这个信仰，有这个基础，没有这个基础你做不来的。我别的不讲，我就讲拼音壮文，它原来没有这个基础，你推广就推广不来。你们年纪小一点不懂，我在小学的时候，我经历过推广壮文的。你要上学，路口那里有人守，你必须后面几个单词你要懂，才能去上学。就到这种程度，到后面还是不行的。主要是没有基础，没有根基。他没有这个感情啊，所以布洛陀也是这样。这个是基本上的情况。所以这个你要说从哪一年开始，这是说不出来的。就是很久很久以前，我自己想呢，1960年前我已经参加了，那时候我还小，我才八九岁。我今年68岁，这不是假的，1956年那个时候，到1958年以后大炼钢铁，那座山也没有人砍，那是圣山啊。大炼钢铁那么厉害，都没有砍。

……

---

① 2015年7月24日罗彩娟对黄明标的访谈，地点：田阳县布洛陀研究会办公室。

黄：从九几年开始，群众越来越拥护，人越来越多。这几年贵州的，他们不是来观摩的，是拿东西来朝拜的嘞。来了好几年了。他们以前自己偷偷摸摸的来，不是那个节日来。我们不知道，后来他们讲我们才知道，他们来了好几次了。不是那个节日他们已经来好几次了。乐业的也来了。这些不是官方来观摩的，是老百姓自己拿祭品来祭祀的。我们县内更不用说了，不仅仅是百育，不仅仅是田州，还有两边山区的都来，有些想来，不知道要找谁。不知道要找谁才能去。田东也来了，这是我们县里面的。国外的，泰国，我上个星期刚刚去百色见那个教授，在百色学院，他回去了。去看他，他已经来过好几次敢壮山了，来朝拜的，他回去要组织很多人来。他说他第一次到敢壮山以后呢，什么话都不讲，有一种找到祖神的那种感觉。他说很激动，泪水都出来了。所以这几年他基本上每年都来，带着他女儿一起来。今年也来了，他在那里还成立一个布洛陀文化研究中心。缅甸也成立了布洛陀研究中心。他们就认同我们的祖宗就是从这里开始的。这是国外的影响，还有老挝。他们原来都懂得，我们的祖先是从北方来的，从那里迁过去的，但是不知道在哪里。他来了就感觉心里有一种感觉，被吸引住了，所以他一来，站在那里泪水就出来了，很不自觉地就跪下来了。这是外国的基本情况。国内的呢，很多，海南、云南、贵州。贵州布依学会会长，连续来了三年了。广东的连山，湖南的也都来过。为什么呢？说明布洛陀的影响范围不仅仅是我们田阳，还是整个岭南地区原住民族的大家认同的始祖。现在有些人还不知道，其实像毛南族、布依族、侗族，他们麼公的经书里都有，其实他们没有发现，经书里都有，所以现在贵州布依族跟我们说，跟我们同一个始祖，同一个祖先，所以他们在那边立的布洛陀神像是按照我们这里来搞的。所以我讲的来了很多年的贵州兴义那个人，他回去以后，就拿我们这里神像的照片去弄一个。他自己掏钱，七十万，加上其他的，一共200万，每一分都是自己掏的，没有别人支持他的。我说这个事情不得了，比他有钱的人多的是，但是人家没有这个心。他为了这个事，丈夫都不理解，离婚。她是个女的。[1]

---

[1] 2015年7月24日罗彩娟对黄明标的访谈，地点：田阳县布洛陀研究会办公室。

如今，信仰崇拜布洛陀的人群越来越多，地域也越来越广，民族上不局限于壮族，地域上不局限于田阳、不局限于广西，它甚至跨出了国门。这一切都与寻根热有很密切的关系。坡洪镇文化站的站长在访谈中也表达了类似的观点，即布洛陀信仰并非政府或其他地方精英推动的，而是人们自发的。

  罗：布洛陀对你的信仰有什么影响吗？
  吴：这边（坡洪）基本上也信仰布洛陀，也知道布洛陀的故事，只是"文化大革命"的时候管得很严，不给信仰这些东西。等到了1979年之后开始有群众自发去再拜这个布洛陀，不过当时公安管得还是挺严的，经常有人被赶下来。
  罗：那是到了什么时候才恢复正常的？
  吴：1981年开始随便上敢壮山，刚开始是敢壮山那一带的几个屯去拜，后来做的活动都是群众自发集资，甚至后面购买佛像等也都是群众集资。1981、1982年（集资得的钱）是有人来管理的（那里的老头老太婆专门来管理），集资的钱谁都不能用。
  吴：以前是民间自己搞这种活动，官方并不参与其中。
  吴：那时候大人都是用布洛陀来吓唬小孩的。
  罗：那时候你们也没有问布洛陀是什么？
  吴：总之那时候就只知道布洛陀就是在监督我们哪里做得不好的。[①]

梁庭望在对时国轻的专著进行评述时，也认为不宜使用"重建"一词，他说："如果说《壮族布洛陀信仰研究》有可商榷之处的话，那主要表现在对'重建'一词的理解上。田阳县自2006年举办公祭布洛陀仪式以来，参加的人越来越多，2009年达到42万人；2010年的公祭，云南、贵州都由省级领导（退居二线）率队参加，广东也来了代表团；此外，

---

  ① 2015年8月21日对田阳县坡洪镇文化站吴东站长的访谈，地点：坡洪镇政府组委办公室。

泰国还有两个府也分别派来了代表团,泰国驻南宁的领事也参加了。过去公祭也就是几百人、千把人,现在达到几十万人,可以说是'重建'了。但细想也不完全是'重建',因为这种祭祀,至少已经有上千年的历史,'文化大革命'中也没有中断。所以说是'恢复和发展'更准确一些。但不管是'重建'也好,还是'恢复和发展'也好,近几年的实践表明,布洛陀纪念活动对振奋民族的创新精神,促进民族团结进步(每年都有多个民族参加),已经起到很好的作用。"① 联系到实际情况,梁庭望教授非常谨慎地提出应使用"恢复和发展"更合适。

覃彩銮也针对网上有关布洛陀编造说的"谬论"加以批驳,见其所著的《拂去历史尘埃,重现始祖灵光——壮族始祖布洛陀"编造说"辨证》② 一文。

笔者更倾向于认为,布洛陀信仰有其深厚的历史积淀和群众基础,正如壮族学者们在《布洛陀寻踪》或其他论著中努力阐明布洛陀文化的内涵、外延以及布洛陀信仰的来龙去脉那样,布洛陀信仰即使是今天的壮族为了各种目的而努力打造出来的文化热活动,也有其深刻的历史记忆和神话传说以及祭祀习俗等作为依据。

马小玉认为,布洛陀文化便是壮族人民内心深处的"神根",他们的任何行为活动、思想观念及精神信仰都来源于这个"神根"。壮族的民族传统文化正是由这一个"根"衍生出去而逐渐发展形成的独具特色的民族文化。综上所述,壮族在布洛陀文化的指引下茁壮成长,并在我们颇具民族色彩的国度大放异彩,布洛陀文化正是壮族传统文化之根。③

而布洛陀文化这一壮族文化之根,在田阳县也得到充分的重视和挖掘。以黄明标为会长的田阳布洛陀文化研究会对布洛陀文化的传承发展做出了不可磨灭的贡献,黄会长向笔者透露了研究会的工作计划和安排,也

---

① 梁庭望:《壮族布洛陀文化研究的第一部专著——〈壮族布洛陀信仰研究〉评介》,《中国民族报》2010年5月18日第006版。

② 覃彩銮:《拂去历史尘埃,重现始祖灵光——壮族始祖布洛陀"编造说"辨证》,载覃彩銮《布洛陀文化研究——2011年布洛陀文化学术研讨会论文集》,广西民族出版社2013年版。

③ 马小玉:《布洛陀文化——壮族传统文化之根》,载覃彩銮《布洛陀文化研究——2011年布洛陀文化学术研讨会论文集》,广西民族出版社2013年版,第89页。

不无担忧地指出他们需要年轻力量的加入，处处显示出作为布洛陀子孙对这一研究工作的使命感。

罗：你们研究会日常工作是如何安排的？

黄：我们研究会到每年三四月份搞祭祀大典，这是一年一度的。祭祀大典完以后呢，我们前几年的着重点就是收集流散在民间的布洛陀的经书啊，还有民间的少数民族文化范围内像山歌啊这一类的（资料），因为这些东西过去都没有人去整理，我们有一个规划，今年出这套书。在这个后面，明年，最迟是后年，要出田阳的壮族山歌，这段时间我们那几个同志都在搜集壮族的山歌，我们都在做这个工作。近段时间我们花了两个月请了几个八十岁的老人来唱真正的传统的山歌，统计下来，连续二十几天，那个山歌都不重复。二十几天呐！这是真正的山歌。

……

罗：这个很重要吧？

黄：嗯，我们不做就没人做了。像他们这几个老人，最大的八十六岁，这个原来也是我们研究会的，听了他们唱的山歌以后感觉别的都不像山歌了。

旁：那个古老的语言很深奥，在别处都找不到了。

罗：那这一批人以后就很难传承下来了吧？

黄：是啊，所以我们一定要想办法把他们这套书整理出来，要出版。也是用像这种文字。我们在这几年关于山歌要出三部书，除了这本，还有三部。还有唐皇。

罗：唐皇也是这里独特的一种调，是吗？

黄：嗯，唐皇，还有就是壮族诗歌，田阳的壮族山歌，加上这套书就是四套了，也完成了我们的使命。后面的人就像小唐了，她是广西大学的研究生毕业出来，去年十月份来到这里。

罗：以前是什么专业？文学院的还是？

唐：新闻学。

黄：最年轻的就是她了，二十多岁。除了她最年轻的就是五十五岁了，哈哈哈。

罗：是本地的吗？

黄：本地的。

罗：你们还真是有很多事情要做啊。

黄：做不完啊。不过我们就做这些事了，像我们研究自己的事就只能做些小事情了。①

田阳布洛陀文化研究会，有专职的研究人员，主要是一些退休干部，凭着对壮族布洛陀文化的兴趣开展资料收集和研究工作。去年刚引进了一个广西大学毕业的研究生，是正式的研究人员。

图七　田阳布洛陀文化中心（罗彩娟摄，2015 年 7 月）

如前所述，作为壮族传统文化之根的布洛陀文化，在田阳县呈现出异常丰富的文化内涵和自成一体的体系。田阳县既有象征布洛陀文化神圣空间的敢壮山，是壮族群众膜拜的圣地；又有关于布洛陀这一人文始祖的大量的神话传说和以麼公为主要传承人的《布洛陀经诗》藏本，还在日常生活中影响发挥重要的作用；更有一年一度的规模盛大的聚集几十万信众的布洛陀祭祀大典；最后还有一支以研究传承布洛陀文化为己任的布洛陀文化研究会。这一切都在向我们表明了布洛陀信仰是凝聚族群、增强壮族

---

① 2015 年 7 月 24 日罗彩娟对黄明标的访谈，地点：田阳县布洛陀研究会办公室。

族群认同感的核心力量,这也是布洛陀信仰之所以愈演愈烈的神力所在。田阳人也才敢发出"壮族发源地——田阳"和"壮族,从这里走向世界"等声音。

第四章 壮族何在：壮族族群认同的"边缘"表达

除了上一章所述在武鸣、靖西、田阳三个壮族人口聚集的核心区域，人们对壮族有强烈的认同感，各自以地方独有的资源描绘出各自认同的壮族文化特征。然而，在壮族的边缘地带，我们却看到了另外一幅画面，这里既有不断向壮族核心区域靠拢的壮族；又有与汉、瑶等民族杂居，经由其他民族来定义自身的壮族。前一种情况以地理上处于边陲地带的云南省文山壮族苗族自治州马关县为代表，马关县不仅在族源上寻找他们与侬智高及其率领部队士兵的关系，还以壮学会的名义前往他们认为的壮族的中心——"壮族老大哥"广西武鸣县（现为武鸣区）考察"三月三"节日活动，而后向马关县壮族群众宣传"三月三"这个壮族全体民众的共同节日，模仿武鸣县的做法，开始举办一年一度的"三月三"歌节活动；后者以广西大化瑶族自治县为例，壮族处于汉族与瑶族之间的地位随着自治县的成立更为凸显，壮族人对自身文化的认同也受其影响。

第一节 走向"正统"：云南马关县壮族的族群认同

一 侬智高遗裔：侬人的祖先记忆[①]

这里所述主要包括侬氏土司和今日姓侬的侬氏后人（或者声称曾经姓侬的壮族）。许多旧史古籍的记载都提到云南广南侬姓土司系侬智高的后裔，如《云南通志》载，"广南府土同知侬茂先，其先侬郎恐，智高之

---

① 该部分内容曾以题为"历史记忆与英雄祖先崇拜——以云南省马关县壮族'侬智高'崇拜为例"的中期成果发表在《广西民族研究》2010年第4期。此处已做删减。

裔也，元至元间立广南西道宣抚司，郎恐以军功授宜抚"；景泰《云南图经志书》卷3《广南府》载，"其地多侬人，世传为侬智高之后"；《广南府志》卷2《种人附》载，"侬人，侬智高遗种……男女勤耕织，惯挑绵绵，楼居，无椅凳，席地而坐，脱履梯下而后登，妇人短衣长裙，男首裹青花悦"；天启《滇志》卷30说，"侬人，其种在广南，其首为侬智高裔，部夷也自号侬"；《开化府志》卷9说，"广南侬智高遗种，散居八里十之有六"（八里在今文山、马关、西畴、麻栗坡、砚山等县）……①

据说侬智高反宋起义失败后，他和他的部队往云南一带逃难，侬军和逃难者在云南留下了不少后裔。据称侬智高及侬军后裔在云南主要有四处。一是文山壮族苗族自治州的广南县侬氏土司。按《元史新编》《明史》《大明一统志》及元、明、清历代《云南通志》和《广南府志》等史志，在记述广南侬土司和侬智高的关系时都说："广南宋时名特磨道，侬智高之裔居之""广南侬土司，智高之裔也"；二是被称为"世外桃源"的广南县坝美村有侬智高及侬军后裔；三是元江那氏土司是侬智高后代，逃难到红河县的后裔有700余户。逃难到红河的元江那土司后裔，现已改为侬姓：说是土改时工作队的同志对他们说，他们的祖先本姓侬，不姓那，叫他们改过来，于是红河县700多户原姓那的人家都改了侬姓。……侬军和逃难者后裔的分布情况：散布在滇东南和滇西南一带农村中的侬军和逃难者后裔，较多的有丘北、马关、绿春、元江等县。②

笔者在调查中发现，这些据称是侬军在侬智高失败后逃难到云南马关一带的侬军后裔，如今这些共同的祖先记忆仍然保存在他们编撰的族谱和祖先碑记当中。

其中，马关县马洒村壮族侬人中的田、王两大姓氏就在追溯自己的祖先时，力图追溯到侬智高部队士兵的身上，声称他们是侬军的后裔。这也是当地最大的壮族族群——侬人共同的历史记忆。

马洒村隶属马关县马白镇，地处马白镇北部，距离县城7公里。马洒是一个壮族聚居的大寨子，马洒自然村共有287户，1276人。其中壮族

---

① 侬鼎升：《侬智高是壮民族英雄——与万揆一先生商榷》，《广西民族研究》2002年第3期。

② 侬鼎升：《侬智高出桂入滇采访纪要》，载范宏贵《侬智高研究资料集》，广西民族出版社2005年版，第165—166页。

1255人，均属于侬人族群，约占总人口的98%。该村一共有四大姓氏，李姓最先来到该村定居，始祖为李老米；其次是高姓，始祖高斗鹏，从马关县南滚搬来；再后来是王家，始祖王庆升，从广西桂林搬来；最后是田家，始祖是田连粉，从广南遮头寨搬来。这四大姓氏共同开发他们的居住地，和睦地生活了很长一段时间。中华人民共和国成立前还有卢姓和龙姓等其他小姓搬来。

图八 云南省马关县马洒村妇女编织的壮锦（刘丽摄，2012年7月）

在追溯自己族源的时候，他们有一个共同点，那就是高、王、田三大姓氏都把自己的祖先追溯到和某个重要的历史人物有关（侬智高或者李自成），他们的祖先追溯也就到这里为止而没有再往上溯源。例如，田家、王家的祖先是侬智高部队的士兵，高家的祖先参加了李自成的部队，更进一步的关系是高家的祖先还是李自成的岳父，这从某种意义上来说，高家和李自成还有亲戚关系呢，相对于田家和王家的来源不清，证据不全，高家还从省公安厅档案室找到了相关资料，也为他们的祖先来历增加了说服力。笔者在此主要以田姓和王姓两大家族对祖先的记忆方式来描述其与民族英雄侬智高的关系。

（一）作为侬智高士兵后裔的田姓

马洒村的大姓田姓家族是全村人口最多的一个家族。说到他们的家族历史，他们都很自豪地跟笔者提起祖先和一把大刀、一个瓦罐的故事，并说那是他们祖先逃难到马洒村的历史见证。2007年6月14日田春龙在接受笔者的采访时,具体讲述了田家祖先逃难的过程以及与侬智高的关系:

> <u>我们的先祖原来是侬智高部队的人,所以留下了那把刀。他原来是在广西,从广西桂林一带,跟侬智高,跟狄青打败仗后,流落在广南一带。</u>[①] 在广南一带,还保存那把刀。遗留下来后,到多少代就不清楚了。来到这里后,因为办丧事后,万山泉(一种纸祭品)在途中落到土司的土地里,人家就想办法来报复,人家有势力,人多,这里势力不大,没有办法就逃跑了,就把那把刀带来了。途中遇到芭蕉树就砍那些芭蕉树,有哪样就砍哪样。芭蕉树一砍后不久,它的尖尖就冒出来了,人家来追就以为他们跑远了,芭蕉树都冒出来,不知道他们跑到哪里了。所以就来到开化了,来到开化这个方向,开化是府,原来是府治,又怕了,不敢再在那里住,就一直下来,下来就到克昔那里。住了后,土地比较窄,住不了,后来就领他的儿子来找,就来到这里北门那边,遇到李家,李家在这里,就跟李家说,我们是从哪里来的,想在你们这里落叶,李家就说你们就去茅草山那边,也就是现在的村委会那边。以前来都是大箐,村委会隔壁那家就是郭占亭家,厨房里面,盖厨房盖在树桩里面,像桌子一样大。树桩还埋在底下。始祖来后,就跟儿子说,<u>这把战刀你们永远要保管好,不能弄丢,是先祖跟侬智高遗留下来的,要当做生命一样来保护。</u>后来就一代传一代,口头传,没有文字。

同是田家人的田仲涛老支书也讲述了类似的祖先逃难史:

> 在广南是个土司要来追杀,因为对门的始祖的老人去世,办丧事,抬到途中,遇到大风,大风吹,万山泉吹落到土司的土地里,万山泉就是摇钱树之类的东西。被土司知道掉到他的土地里,就认为不吉利了,具体什么说法就不知道。就去追查,按现在的说法就是要罚款,来追问,就是罚款,你不给,就拉你的牛马,让你的人受罪。或

---

① <u>下划线系笔者所加,以下同。</u>

者杀你的人。你破坏他的土地就不好。看来这个情况不好,看来这个地方不能待下去了,在人家管的土地上,所以就逃难了。

从田春龙和田仲涛两位田姓后人的描述中,我们得知田姓后人逃难到马洒村的整个过程。如他们所说,他们的始祖是侬智高部队的士兵。侬智高部队与狄青战败,经过几代以后,田姓另一位先祖流落在广南一带,后因得罪广南土司,遭到土司追杀,这位先祖带着大刀逃难。在逃难的过程中,这位祖先随身携带着更早的先祖在侬智高部队参战时留下的大刀,并以之作为沿途砍掉荆棘,开辟道路的工具。但芭蕉树被砍后立即长出新芽保护先祖安全逃到开化。先祖历尽千辛万苦,最后才落脚马洒。虽然逃了出来,但是要在这个官府附近的地方落脚,田家担心被人发现和追问从哪里来而暴露身份,所以逃难来到马洒的田姓后代不敢沿用过去的"盧"姓,而是把这个姓去头去尾改为现在的"田"姓。另外,如果在神龛上同时写上田和盧两个姓氏,则害怕引起误会,以为这户人家是从田家来盧家上门,或者是从盧家来田家上门,所以在神龛上只写田姓。但是田家人都很清楚他们姓氏的来历。田姓族人口耳相传这个先祖逃难的故事,他们甚至记得祖先顺利逃出的时间是六月初二,田仲涛老支书说:

> 六月初二先祖逃出来,在树林里烧火煮饭,祭祀的时候还要梛茅草,还有冬瓜树,草是用来煮饭,因为当时找不到柴火,所以用冬瓜树来烧火。他是六月初二逃出来的,哪年逃出来的就不知道了。我们祖先来到下寨克西村那里,后来才搬来这里。祖先就叫田连粉,在那边就没有他的后代了,最后我们去那里上坟。

此外,族人为了怀念祖先来到马洒的艰辛,代代相传祖先逃难的故事并保存好大刀以及祖先带来的瓦罐等物品。他们还在每隔一年的农历六月初二这天举行祭祀祖先的集体活动来强化族人的集体记忆。田春龙老人说:

> "我们就是隔一年(若去年整,今年就不整,明年整)就拿那把刀来纪念,还有帽子,还有妇女的手镯、链子,摆设在一起,还有

猪、鸡，拿来献。然后就外人不能来参与，亲戚可以来吃，献我们的始祖。<u>就说是要给后代子孙清楚这把刀是先祖以前跟侬智高部队留下来的，又是始祖从广南带出来的</u>。所有的田家人都来参加，就在田支书家（也就是保存大刀的田仲涛家）祭祀。"

每隔一年的农历六月初二这天，田姓族人聚集在保管遗物的田仲涛家举行隆重的祭祀仪式。这一天，主人把遗物拿出来接受族人的祭拜，把刀挂在祭台前的墙壁上，同时在祭台上摆放两顶帽子和一个手镯，① 给平时空无一物的瓦罐装上白酒。② 摆放好这些遗物和米饭、酒、肉类等祭品后，全体男性族人都在德高望重的田姓老人的主持下行三拜九叩礼。然后，这位长老向田姓族人传达这把刀和瓦罐的来历，让田姓人世代怀念祖先的逃难史，以激起族人对家族的自豪感和凝聚感。田家人也认为，有了祖先流传下来的这把大刀和这个瓦罐，他们才清楚自己祖先来到马洒的历史经过，而不像其他家族那样由于没有任何祖先的遗物而不了解祖先的历史。

（二）作为侬智高士兵后裔的王姓

笔者在调查中发现，马洒王氏家族于2005年给他们认为最早的一个祖先坟墓立了一块石碑，碑文《马洒王族重建始祖碑序》讲述了王氏祖先是怎样来到马洒的历史经过：

水有源、树有根，王氏本一家，据史书记载，祖先源于山西太原郡秦王朝五十年间，执行中央集权制郡县管辖进行三大改革。提出"重农抑商"和"移民"政策，将大量人口输入江南，先祖流入广东、广西柳州太平府。<u>宋朝一○五三年随侬智高立杆起义后散居广南西畴</u>。庆升始祖在岩厂娶妻卢氏生二子敕公庸公。康熙一七一五年，天下大乱，始祖挑二子及重病妻室逃生至途中，始祖母不幸病逝，遂择地而殡葬，访姑母而迁居马洒。迄今有三百余年。喜螽斯之蛰蛰，羡瓜瓞之绵绵，宗派源流相传十三代子孙繁衍分居计一百九十余户。

---

① 帽子和手镯是后人添置的，代表始祖和始祖母使用过的遗物。
② 每个族人在祭祀结束后都要喝点白酒，意味着如今田姓族人过上了甜甜蜜蜜的生活。

吾族祖先历来遵循耕读之铭训，故开化较早。虽居边远山隅清代中叶就有贡生王秉福，增生王德修，附生王恩洪，清末有讲武学堂王世荣、王世珍，解放后参加行政企事业文教卫生工作二十余人，可谓边远山隅之旺族。

从上述碑文内容，我们了解到马洒王姓族人的历史迁徙过程是从山西太原郡迁移到广东、广西柳州太平府，后又从广西柳州太平府迁徙到广南、西畴一带，最后祖先投靠姑母来到马洒定居至今。为了凸显王氏家族历史的源远流长，王姓后人竭力把祖先的历史往前追溯，并在一个家族的历史与国家的大历史之间找到契合之处，以证明王家自古以来就是国家中的一员，比如中央集权制的确立与重农抑商及移民政策等对王姓家族的影响。这些只是为王姓家族迁移提供历史背景。依然保留在人们的脑海里的始祖的身份却被想象成是"宋朝年间随侬智高立杆起义后散居广南西畴"的一个"英雄"人物。

由王姓族人王世生（68岁，壮族，初中学历，初中退休老师）整理的《马洒王氏宗族史略》更加详细地描述了祖先的来历。

水有源，树有根，树高千尺忘不了根。据史书记载，天下王氏本一家，我们祖先源于<u>山西太原郡</u>（现在的太原市），在太原封为王侯后又在南京建邦王家府。王氏占天时地利人和，王氏发展已控制半个中原地区。至今王氏是中国第一大姓。秦王朝五十年间，执行中央集权立制郡县管辖。进行货币、度量和文字改革后。国相提出"重农抑商"和"移民"政策，将大量人口输入江南开垦。先祖流入广东、广西柳州太平府，根据《云南少数民族社会历史调查资料汇编》第二十三页记载，<u>宋朝皇祐五年（一〇五三年）年间先祖随侬智高立杆起义反宋。被宋朝大将杨六郎率三军镇压，追至广南杨柳井附近围困。起义首领下令杀牲不生火，用生血、肉拌糯米饭吃，后人为了纪念侬智高母子英勇无畏的精神，每年"六·一"节就是这样而来。</u>先祖起义失败后散居<u>广南、西畴</u>。庆升始祖在岩厂娶妻卢氏生二子敕公、庸公。康熙一七一五年，天下大乱，战争四起，瘟疫盛行，民族歧视，始祖为了避难挑着两个儿子和身带有重病的妻室逃生，行至途中古道名大坪牛脚迹始祖母不幸身亡。处于这样的情况下，始祖含泪把她抱到一棵大树下乘凉安息告别。挑着儿子继续赶路到马洒投靠李氏姑母，数年后两个儿子长大成人，始祖怀着对妻子思念带着儿子从原路寻找，找到后发现尸骨已被蚂蚁抬土埋成一座坟。请地理先生去看，先生说："这个地点好，站在龙头上，坐东向西，对面山形如同乌龟抱蛋，对后代发如林的好吉兆。"所以始祖母的坟一直安葬在大坪。发展到秉、德、恩字派的子孙才去立的碑。王族为了纪念始祖无论哪个谢世都横停在堂屋中央，也形成了我们的风俗习惯。二百多年的今天王氏门宗已发展到第十三代子孙，桃李满园，人丁兴旺。

王姓族人后裔王世生对家族的来历增添了不少情节和故事。首先，祖先在太原郡被封为王侯；其次，在南京建邦王家府，强调王家的势力扩大到半个中原地区。而王姓是中国第一大姓，更是他们感到自豪的地方；最后，祖先的坟墓风水尤佳，能庇护后代子孙更加兴旺发达。不管增加这些情节是否具有真实性，但马洒王姓后人对于自己家族美好愿望的寄托就蕴含其中。当然对于王姓族人来说，这些历史都是真实的过去，是他们值得骄傲的历史资源。

关于始祖母的坟墓有"乌龟抱蛋"的故事，其他王姓族人也提到，这个故事成了他们的共同的记忆，王禹龙老人说：

> 各族摆放棺材的方向不一样，我们王家为什么要横着摆棺材呢？历史说我们先祖从广西来的那个，他死了后就拿去玉龙那边埋，埋呢，就一挖开就有个乌龟朝山向，地理先生说这个才喊地理，乌龟是横着的，埋也是埋横的啊，就按乌龟的方向埋了，意思是好的预兆，才照它的方向埋。所以我们子孙哪个死不管，要横放在神堂，其他的都是拉直。在棺材底下打个小洞，拿水放，又拿乌龟来放下面。后来就不认得乌龟跑去哪里了。只是说按祖先的整法，棺材横放在神龛前。在山上怎么埋就怎么埋了。

"乌龟抱蛋"的故事给王姓族人的祖先埋葬方式增添了神话色彩，人们深信正是"乌龟"给王家人带来了好的福气和预兆。同时，在关于王氏祖先为何人的想象中，他们对祖先是"跟随侬智高立杆起义"的士兵深信不疑。所以"（我们的祖先）就是和侬智高有关，才跑来马关来谋生，是侬智高的兵"。可见，王氏后代认为自己的祖先也是和侬智高有关，祖先是侬智高抗交反宋起义中的一个士兵。因此，英雄祖先的历史记忆在王氏家族得以代代相传。

对于祖先的侬智高身份想象是田家和王家共同具有的历史意识。其他姓氏虽然没有把祖先和侬智高联系在一起，但是他们也要极力把祖先和另外的"英雄人物"联系起来。可见，祖先身份正是人们在世代传承祖先历史记忆的过程中进行的选择与权衡，此时，祖先与家族有无血缘关系并不是首要的因素，祖先在历史上有过什么样的辉煌事迹，是否历史名人，是否与英雄人物挂钩才是至关重要的，这就是本文所说的"英雄祖先"史观。基于这种英雄祖先崇拜，马洒人把壮族的民族英雄侬智高纳入到他们的家族谱系中，给予侬智高"合法"的身份地位，即把侬智高和家族祖先联系起来，把记忆中最早的祖先想象成是侬智高部队里的士兵，还有遗物作为证据（如田家遗留下来的一把大刀和一个瓦罐），这样的想象也为他们的家族历史增添了分量。从壮族的族群类型来说，自称和他称为"侬人"的壮族族群在历史文献和地方志书中都被认为是侬智高"遗种"，是侬智高的后代，也正因此获得"侬人"的称呼。因此，他们在这套"公认的"祖先身份的共识下，追溯一个家族的祖先为侬智高部队的士兵也不失其合理性。这或许就是他们眼中的真实的"历史事实"。对于马洒村这个侬人大寨子来说，除了与侬智高有密切关联的两个大姓家族外，还有高姓这个来自于汉族的大姓家族①和其他小姓家族，也有少部分的汉族。他们虽然没有把侬智高放到与自己祖先相关的位置，但是他们一样接受六月节祭祀侬智高的仪式实践。

这些就是把侬智高当做祖先的鲜活例子。笔者把这种现象称为英雄祖先崇拜，这与族群认同的关系也很密切，即是为什么仍然保持类似的英雄祖先记忆。

---

① 不过现在高姓后裔全部都是壮族，他们来到马洒后才被同化为壮族。

二　纪念实践：作为民族英雄的侬智高

封建中央帝国话语霸权下，侬智高的形象被定格为"蛮贼"首领。1000多年以来，从宋到民国的官方历史中，侬智高的形象一直被冠予"蛮寇""贼寇""入寇""寇盗"等称呼。在《宋史·仁宗本纪》云："广源州蛮侬智高寇邕州""余靖制广南盗贼事""命余靖提举广南兵甲经制贼盗事"；《五溪集·大宋平蛮碑》载道，"五月，蛮贼侬智高寇邕州"；碑词有云，"四海正朔"，称侬智高"蠢尔狂寇，起于徼外。父戮于交逃死獠界，招纳亡命，侵淫边害"。《宋故狄令公墓铭》称"会蛮寇内侵，岭海惊扰"。《平蛮京观志》中写到"贼首侬智高其夜焚城自遁"，王明清《挥尘后录》"侬贼犯交广，毒流数州"，滕甫《征南录》"广源州蛮侬智高寇邕州"，把侬智高本人说成"年十二，杀其父商人，曰：天下岂有二父耶！"的忤逆形象。而在余靖《贺生擒侬智高母表》中，侬智高的母亲是这样被描述的，"侬智高母阿侬，天资参毒，嗜小儿，每食必杀小儿。智高败走，阿侬入保特磨，依其夫侬夏卿，收残众约三千余人，复欲入寇"。史书中，侬智高族人也被列入"凶族"一族，如余靖的《进平蛮记表》中说，"彼侬智高者，蠢尔溪蛮，生自凶族，稔知边鄙之无备，广招亡叛以协谋，直趋番禺，图据邕管，燔毁者十二郡，杀掠者数万人。""俗椎髻左衽，喜战斗，轻死好乱"。①

然而，在壮族民间的叙事话语中，侬智高却以另一种正面的形象得以传颂。侬智高及其率领的士兵为了抗拒官府的压迫，他们奋起反宋，显示了壮族先民不畏强权、勇于斗争的英雄气概。与历代史书记载不同的是，侬智高在壮族人心目中并非"叛贼"，而是壮族人的"民族英雄"，壮族地区至今保留有诸多相关的历史遗迹和生动的传说故事，壮族人民仍然凭吊传颂，把侬智高这一历史人物引为民族的骄傲。壮族每年六月节就是为缅怀侬智高的英雄节日。

侬鼎升认为"侬智高起义所产生的影响是多方面的。宋朝在侬智高起义军的沉重打击下，被迫调整对岭南地区的政策，改变以往拒绝壮族首领内附的做法，使许多壮族的部落首领重新归附宋朝，壮族地区重获和

---

① 范宏贵：《侬智高研究资料集》，广西民族出版社2005年版，第2页。

平，生产得到发展；颁布'赦广南令'，对在战争中逃亡的人，回来后，归还土地，给予补助，减免科税徭役三年，生活困难的给米一石，生产困难者贷给种子；放宽在岭南地区录用人才的限制等等。正是由于侬智高领导的'抗交反宋'斗争代表了壮族人民的利益，所以受到广大壮民的崇敬，许多壮族村寨都有纪念侬智高的节日活动，演戏颂扬，立庙祭祀。"①

因此，在壮族民间社会，一直不乏对侬智高这个伟大的历史人物的各种纪念活动。特别是在今人（尤其是壮族精英）的笔下，侬智高被看做"民族英雄""壮王"。

"侬智高是我国北宋时期领导壮族人民抗击交趾统治者入侵、保家卫国、功勋盖世的壮族领袖、民族英雄，是北宋时期壮族人民的优秀代表，在中华民族史册上占有重要地位。侬智高领导壮族人民进行反侵略、反压迫斗争、捍卫中华神圣国土的爱国主义精神，是壮族先人的宝贵精神遗产，它将永远成为激励壮族后人热爱中华、同心协力、不断为建设有中国特色社会主义做出新贡献的一种精神鼓舞力量。"②

侬智高作为壮族的"民族英雄"身份已越来越深入人心。人们以各种形式的纪念活动来纪念侬智高。

比如，"在壮族地区南部和云南文山地区广泛流传各种有关侬智高的传说、神话、遗迹。靖西、德保、天等县的壮族每年正月三十日晚关门祭祖——侬智高，外人不能入屋，更不许打扰。在靖西县湖润乡还有侬智高洞。德保县大旺乡有侬智高庙。在武鸣县暗山，紫金岭还有侬智高所建营垒的遗迹。人民崇拜侬智高，把他神化。传说侬智高率师退往云南时，路过武鸣县南20里的一座山顶，人马俱渴，侬智高拔剑砍石，泉水涌出，今剑痕和马足痕尚存，叫马跑泉或天井泉。文山的石崖上刻有侬智高像，人们都祭祀。现今写的壮族历史书，都大书特书侬智高及其起兵的事。出

---

① 侬鼎升：《北宋民族英雄侬智高》，《云南日报》2002年5月15日。
② 侬芸青：《壮族英雄侬智高历史考略》，《民族之声》1999年第6期。

版的民间故事,也少不了侬智高的故事。"①

在文山地区,壮族人民以节日的形式来纪念侬智搞。文山州壮族所过的"六月节"和"七月节",据说也是为纪念侬智高突围成功而兴的,侬军六月经过的壮乡过"六月节",侬军七月经过的壮乡则过"七月节",到时各村要杀牛、各户要做花糯米饭祭祀,活动搞得非常隆重。

《六月节》(见云南文山州文化局编内部资料《民间故事集》第一集)就是有关这个节日的传说。传说当年侬智高兵败逃经文山地区,被宋军围困山上,无水、不能做饭,战士饥渴无法突围。侬智高命令把马匹杀了,以马血煮饭,终于在六月初一这一天突围。后来人们怀念侬智高和战死的战士,每年六月初一,举行祭奠。起初用牛马血染红糯米饭,后用红饭汁代之,并增加种种颜色,至少有红白蓝黑四色,因为当年侬智高的队伍中有各族战士,红代表壮族,白代表汉族,蓝代表瑶族,黑代表彝族。②

在古特磨道的文山壮族苗族自治州,壮族人民纪念侬智高的活动可说全民族的,最广泛的便是过"六月节"(有的地方过五月节)、吃红糯米饭,城市居民也跟着举行。其祭祖的形式分为两种,一种是哀悼式的,以广南县的六郎城为代表,这里在宋军"三打宝月"时因城内缺水,侬军被迫突围,伤亡惨重,后人便在六月节时举行追悼祭祀。天将亮,每家都在门外放一供桌、香灯熠烛、三牲供果及红糯米饭,红糯米饭是"牲血煮米"的来历,猪、鸡、鸭三牲均为生品。只许一男子在外面操作,家人只能在屋里,不许说话,表现突围前的严肃气氛。另一种是庆祝式的,表示侬军打胜仗或突围成功的庆祝,祭品都是熟食。马关县南捞乡搞得很隆重热闹,还举行运动会。名义为"祭杨六郎",实际是祭侬智高,由于"祭杨六郎"之名不妥,影响民族团结,马关县政协建议改为"壮族六月节运动会",每年仍继

---

① 范宏贵:《同根生的民族——壮傣各族渊源和文化》,光明日报出版社2000年版,第62页。

② 韦其麟:《壮族民间对侬智高的评价——略谈有关侬智高的传说》,载范宏贵《侬智高研究资料集》,广西民族出版社2005年版,第527页。

续举办此活动。①

笔者曾目睹了马关县马洒村过"六月节"的整个仪式过程。田野点马洒村是壮族聚居之地,共有 287 户,1276 人。其中,壮族 1255 人,均属于侬人族群,约占总人口的 98%,是马关县最为典型的壮族聚居村寨。2007 年六月初一早上,每家一位男性老人穿着盛装,集中到山大竜树脚杀牛祭祀的固定地点,参与祭祀仪式,由麽公主持祭祀。麽公在摆放好祭品后,倒了酒,说:"今天来献你了,吃了后你要保护村寨的平安、五谷丰登、六畜兴旺。"

我们注意到在祭祀中的龙树作为侬智高的象征替代,以及花米饭的意义。虽然人们在家里蒸好五颜六色的花米饭,但是只有红色的那种糯米饭才能当做祭品。那么为什么要用红色糯米饭来作为祭品呢?这来源于当地流传的"久困西洋"的故事。据说侬智高起兵反宋,一路攻打,率众连破广西、广东 12 个州城,沿路击败宋军,威震山河,朝廷大惊。宋王朝几经商议,派大将狄青率军前往镇压,侬智高败退邕州。狄青率精兵偷渡昆仑关险隘,又败侬智高于归仁铺。侬智高节节败退,又退到富宁、广南、麻栗坡、马关一带,最后被围困在一座大山上(此山一说是广南的王子山,一说是麻栗坡的羊鼓垴山)。侬智高退到西洋(今广南境内)边时,宋朝廷亦派杨文广(百姓称杨六郎)率兵追来,侬智高凭借西洋与宋军作战,将宋军拒于西洋。民间至今流传"久困西洋"的佳话。②

在马洒人的记忆中,"久困西洋"的故事也同样被表述成侬智高部队被困在山上又遇恶劣的天气——干旱,致使将士们没有水喝,没有粮食充饥的艰难情境。在如此艰苦的环境下,侬智高部队采取杀马取血代替水来煮饭以保证士兵温饱的方法,但同时又煮饭不生火以免被敌人发现,因此将士们只好吃生肉。所以后来人们用生肉来祭祀侬智高。

"这样被困几个月,侬智高军中粮草断绝,天气干旱,没有水供

---

① 侬鼎升:《侬智高出桂入滇采访纪要》,载范宏贵《侬智高研究资料集》,广西民族出版社 2005 年版,第 167 页。

② 中共广南县委宣传部编:《句町神韵:广南风物传说》,远方出版社 2002 年版,第 32 页。

人畜饮用。一天夜间,侬智高下令将战马杀了,用马血解渴,以马肉充饥。所有将士饱餐一顿之后,于第二天(农历六月初一)清晨,冲杀下山,突破重围,此后便不知去向。为纪念侬智高突围胜利,缅怀侬智高和战死的将士,从侬智高突围的第二年始,每年的六月初一这天,壮族人民都要宰牛杀鸡,举行奠祭活动。开初,人们是用马血或牛血煮成红糯米饭来祭奠,后来,改用红饭草代替马血染色。再后来,染米的颜色又不断增加,红、橙、黄、蓝、黑、青、白、紫色,无所不有,格外鲜艳。但在多种颜色中,唯有红、白、蓝、黑这4种色不可缺少。这是因为,在侬智高的将士中,多数为壮族,而汉、苗、瑶、彝等民族的兵将也不少,红色是代表壮族,白色则代表汉族,蓝色是代表瑶族,黑色则代表彝族。"①

花米饭被说成是为纪念民族英雄侬智高而做的。侬智高的队伍中有侬人、沙人、土僚等壮族和汉、苗、瑶、彝等其他兄弟民族的将士,他们都是抵御侵略和反抗压迫的功臣,为了纪念他们,便做成了七色花米饭来祭祀。②

在龙山上祭祀结束后,把大家凑钱买的猪肉平分给各家各户,各家各户拿着分到的一块肉回到自己家中祭拜,按照规定在家门外祭祀。他们认为这是因为侬智高部队路过村庄的时候,路不拾遗,部队纪律严明,不进入老百姓的家中,不拿一针一线。在家门外祭祀由此而来。"智高熟知本民族历来忠厚、尊官、怕兵、怕惹事的心理。因此,智高的起义军每到一地,都纪律严密,不轻易闯进百姓家里,不惊动妇女儿童,在村寨边搭棚扎营。所以,在屋外祭献。"③

节日的严肃性与娱乐性合二为一,也就是节日这一天既有严肃的祭祀仪式,又有村民组队参加篮球比赛和三五成群打牌娱乐等活动。孩子们则在一起嬉闹玩耍。据说这一天开始的三天内不能下地干活,不能劳动,不

---

① 刘德荣、高先觉、王明富编著:《新编文山风物志》,云南人民出版社2000年版,第89—90页。
② 戴光禄、何正廷编著:《勐僚西尼故:壮族文化概览》,云南美术出版社2005年版,第58页。
③ 《马关县壮族志》编纂领导小组:《马关县壮族志(综合审定稿)》,2006年,第98页。

能往家里带绿色的植物，只能走亲访友或在村中游玩。当地人称这种规定为"忌工"。

通过"六月节"的祭祀仪式，我们看到"节日的每个程序（如在门外、祭台、生牛肉祭、红饭等）无不与侬智高的活动、斗争情节有关。在漫长的900多年历史中，马关壮族人民世代相传，继承至今。"①

壮族侬人在马关县的地方文献中向来被称为"侬智高遗种"，这也构成了他们自身认同的重要依据。对壮族的认同不仅表现在有关家族来源中有关侬智高的历史记忆之中，还表现在人们透过六月节仪式和空间的安排等方面，而这一切的实践都与侬智高有关。故而，这些都极为鲜明地阐释了"侬智高遗种"的说法。

三 何为正统？马关县壮族族群认同

一直以来，学界把云南的壮族②划分为侬、沙、土三个支系。这主要是从他们的语言、自称、服饰、风俗等方面来加以划分。其中，侬人（或称"侬族"）是云南壮族最大的一个支系。"侬族"自称"布侬"，与当时桂西部分壮族自称相同，其他少数民族也称其为"布侬"，只有砚山"沙族"称之为"布傣"；汉族称其为"侬族"或"侬人"。唐宋时期，今广西左、右江流域和云南东西（南）部已是壮傣语支人群所居住的地方，"侬人"为其中的一支。宋初广源州首领侬民富为此区大盟长，后侬智高又在此建立"南天国"。元时划分滇桂疆界，"侬人"支系分居广西和云南。到中华人民共和国成立前，"侬族"大多集中在文山专区（前广南、开化两府）。"侬"语属侗傣语族壮傣语支中的壮语南部方言，文山八县均有"侬族"分布。各地"侬族"大多聚居于水边坝区，部分与"沙族"杂居。"侬族"直到中华人民共和国成立前一直保留有土司。广南侬土司统治"侬族""沙族"和其他少数民族，其势力范围包括广南、砚山、丘北部分地区。

"侬族"村寨一般是聚族而居，有的与"沙族"杂居，彼此往来通婚，有共同的社会活动。"侬族"上层有少数与汉族通婚，其社会文化与

---

① 马关县壮学学会编：《马关县壮学资料汇编》（第三集），2004年，第221页。
② 云南壮族主要是聚居在云南文山壮族苗族自治州。

沙族相似。不同的是，不同地区的"侬族"在6、7、8月分别祭杨六郎、杨七郎、杨八郎。

白荷婷在《创造壮族》中谈到，云南壮族很少称自己为壮族，而认为自己是侬、土、沙这三个支系中的某一支系的成员，并且对其支系的感情较深。云南53%的壮族认为自己是侬族，侬族与壮族不同。侬族认为自己在社会地位上超过另外两个支系，而土的地位最低。① 笔者在调查中也遇到同样的情况，当问到当地老百姓是什么民族时，他们一般都说是侬族（或侬人），再问他们是不是壮族时，年纪稍长的仍坚持说自己是侬族，而且认为侬族和壮族不是一回事；年轻人则回答说侬族也就是现在的壮族。这就是他们对侬族的深厚的族群认同。

"侬族""侬人"的族称来源与侬智高有着紧密的联系。一般认为侬人是"侬智高部落之裔，男束发短衣，女短衣密扣，腰缠红裹肚，性凶狡，漆齿，出入佩刀，长技在铳。"② 《皇清职贡图》卷七中提到："侬人，其土酋侬姓，相传为侬志高之裔。宋时地曰特磨道，明改广南府，本朝平滇设流官，仍授侬氏为土同知。今广南、广西、临安、开化等府有此种。喜栖居，……"③

乾隆《开化府志》也认为"侬人"是"侬智高遗种，散居八里十之五六，好奢侈，甘犬嗜鼠，男女勤耕织，惯挑绵锦，楼居，无椅凳，席地而坐，脱履梯下而后登，女人短衣长裙，男首裹青花蜕（左边为巾），衣布如綌，长枝在铳，盖居近交趾，习尚使然。婚姻以歌唱私合，始通父母议财礼，病不用药，唯知祭鬼。亲死，素食麻衣，土巫卜期火葬，不拘日期远近。岁终服即除。"④ 此外，民国《马关县志》卷二提到，"侬人系出僮人，邕州（今南宁）宋时（北宋皇祐四年，即公元1052年）僮人首

---

① Katherine Palmer Kaup, 2000, *Creating the Zhuang: Ethnic Polities in China*, London: Lynne Rienner Publisher, Inc., p. 38.
② （明）杨慎编辑，（清）胡蔚订正：《增订南诏野史》（下卷），转引自范宏贵《侬智高研究资料集》，广西民族出版社2005年，第49页。
③ 《皇清职贡图》是乾隆年间官修的著作，它对于中国当时的各边疆的少数民族及当时所接触到的世界其他国家的民族ράπεικ男女图，服饰和体质类型亦均有表现，又加以满文和汉文说明；是一部利用当时所见资料，以古代民族学记录手法所作的概括性的世界民族志简编。参见王建民《中国民族学史》（上卷），云南教育出版社1997年，第43页。
④ （清）汤大宾修、赵震纂：《开化府志》，乾隆二十四年（1759）刻本卷9，风俗。

领侬智高据邕州判,狄青讨平之,智高部众多溃入滇边,遂聚族而居,侬人之其名从此开始……"

其实,除了侬人、土人、沙人三个族群外,云南马关县壮族还有一个族群——拉基人。这一族群人数比较少,不到1000人。但是他们有强烈的单独构成一个民族的意识,曾申报为拉基族,但没有得到批复,所以至今拉基人有一部分归为傣族,一部分自愿归属彝族,还有大多数归属壮族。虽然拉基人对自己的族属有一些不满,但目前所见的是他们越来越倾向于选择认同壮族,有的甚至加入壮学会,积极参加壮学会举办的各种活动。壮学会会长在会议上和平时的宣传中也强调要改变过去的看法,不要再说云南壮族由三个族群(侬、土、沙)组成而是由四个族群(侬、土、沙、拉基)构成。

壮族的族群构成弄清楚之后,马关壮族人下一步就是要搞清楚哪些是具有代表性的壮族文化,从而更进一步地凸显壮族的文化特征。马关县壮学会在这方面功不可没。马关县壮学会自1996年成立以来,一直在致力于宣传和弘扬壮族传统文化,组织大型的壮族节日文化活动,调查研究壮族历史文化等方面工作。已编写出多册《马关县壮学资料汇编》和《马关县壮族志》等书籍。尤其是在宣传弘扬壮族传统文化方面,马关县壮学会上至会长,下至各个会员,一致认为广西壮族是老大哥,要向广西学习。1999年马关县壮学会代表受邀前往广西武鸣县参加首届壮学学会研讨会并在现场观看了武鸣县"三月三"歌节活动,从此以后,他们重新认识到"三月三"才是壮族最隆重的节日,要在马关县宣传推广这一节日文化,于是,参观回来后第二年,马关县举办了首届"三月三"歌节活动,后来每年都举办盛大的"三月三"歌节活动,"三月三"的节日内涵也越来越深入人心。时任马关县壮学会会长的田永柱先生说:

> 原来大家对"三月三"不认识,不理解,仅仅认为六月节、七月节是我们最大的节日,其实六月节仅仅是这个地区的,而"三月三"才是最大的节日,跟广西的甚至全国的壮族一致。这样子壮学会定下来以后,我们跟全国统一。每年的"三月三",一个是学会的年会,一个是壮族的"三月三"歌节,是最大的节日。每年的"三月三"主要是山歌对唱,一个是文艺表演。把这两个节目类别全部集中到县城来,一个是表演,另一个是互相学习。这样就丰富了农村

壮乡的文化生活。

除了大力宣传"三月三"活动之外，马关县壮学会也在其他方面效仿广西壮族的做法，极力打造当地壮族文化的正统地位，明确自己的身份归属。尤其是以历史人物侬智高为主的相关传说故事和节日祭拜活动等方面也成为壮族文化的标志。由此达到增强族群凝聚力，强化族群认同感的目的。

学术界普遍认为，族群认同指族群身份的确认，是"社会成员对自己族群归属的认知和感情依附。"① 族群认同的要素包括：1. 共同的文化渊源，如共同的继嗣和血缘，共同的祖先和文化源流；2. 共同的历史记忆和遭遇；3. 语言、宗教、地域、习俗等文化要素。② 马洒侬人的族群认同正是基于这些要素而形成。

如前所述，侬人被认为是侬智高部落之裔。马洒侬人的王姓和田姓家族都把自己的祖先追溯到侬智高的士兵，田姓家族与王姓家族以祖传实物和历史记忆的方式向人们呈现了他们的祖先与侬智高之间的族源关系。从马洒田姓后人的描述中，我们得知田姓先祖逃难并最后落脚马洒的整个过程。侬智高部队与狄青战败，经过几代以后，田姓另一位先祖流落到广南一带，后因得罪广南土司，遭到土司追杀。这位先祖在逃难的过程中，随身携带更早的先祖在侬智高部队参战时留下的大刀，并以之作为沿途砍掉荆棘，开辟道路的工具。但芭蕉树被砍后立即长出新芽保护先祖安全逃到开化。祖先历尽千辛万苦，最后才落脚马洒。因此，他们的始祖被认为是侬智高部队的士兵。王姓家族也认为他们的始祖是"宋朝年间随侬智高立杆起义后散居广南、西畴"的一个"英雄"人物。这些就是他们认同于壮族侬人族群的共同的祖先和文化源流这一要素。

因此，马洒侬人对于侬智高这个超越血缘关系的族群"祖先"的历史记忆正是通过干栏房和龙山这两大空间的安排来传承的。长期以来的干栏房居住空间和一年一度在龙山祭祀侬智高活动强化了当地壮族侬人有关侬智高去世情形的记忆和侬智高抗交反宋事件的记忆。作为壮族圣地的龙

---

① 王希恩：《民族认同与民族意识》，《民族研究》1995 年第 6 期。
② 周大鸣：《论族群与族群关系》，转引自徐杰舜主编《族群与族群文化》，黑龙江人民出版社 2006 年，第 513 页。

山是人们祭祀侬智高这一民族先祖和英雄的地方，人们对侬智高事件的故事传说得以传承。基于干栏房和龙山的这种空间记忆对于当地壮族侬人的族群认同起到了无可替代的重要作用，其加深和强化了当地壮族侬人作为"侬智高遗种"的共同的族群认同意识。

此外，马关县壮族还视广西壮族为老大哥，通过学习广西壮族的经验，举办一年一度的"三月三"歌节，发展壮学会会员，宣传、研究壮族传统历史与文化知识，强调壮族在族群结构由四个族群构成等。这些都是处于地理和民族边缘的云南东南部马关县壮族在声明自己的民族身份、回归壮族正统等方面的努力，也是马关县壮族对于本民族具有高度认同感和向心力的充分体现。

图九　作者与两名硕士生在马关县马洒村调查（马洒村阳支书摄，2012年7月）

第二节　壮在汉瑶之间：大化壮族的身份意识[①]

大化瑶族自治县位于广西壮族自治区中部偏西北的红水河中游，东邻

---

① 该节部分内容曾以题为"大化瑶族自治县北景乡民族关系调查报告"的中期成果发表在《广西民族师范学院学报》2013年第4期。

都安瑶族自治县，西界巴马瑶族自治县，南接马山县、平果县，北连河池市、东兰县。全县面积2716平方公里，其中石山面积2459平方公里，占全县总面积的90.5%。人口41万多人。有汉、壮、瑶、苗、回、毛南、仫佬等民族。瑶族占21.95%，这里地处都阳山脉南端，群山连绵，山与山之间合围形成的小谷地不计其数，属于典型的喀斯特山区地貌。①

大化县城古为百越之地，秦属桂林郡地，汉元鼎六年划入定周县，五代十国时统属宜州地，宋归右江道，元属田州路，明清时隶属思恩府，民国后分属都安、巴马瑶族自治县和马山县。1988年10月始设大化瑶族自治县。大化瑶族自治县由当时河池地区都安瑶族自治县、巴马瑶族自治县以及南宁地区马山县的边缘接合部组成。全县共有13个乡3个镇3个扶贫开发区156个行政村，8.9万户，43.21万人。境内有壮、瑶、汉、毛南、满、仫佬、水、苗、回、侗、彝等11个民族，其中瑶族9.13万人，壮族30.64万人，汉族及其他民族3.44万人，分别占总人口的21.13%，70.91%，7.96%。②

基于大化民族分布情况和民族人口的比例，我们以北景乡为例，考察当地瑶族、壮族与汉族三个民族之间的民族关系。根据大化县北景乡2010年度统计报表的情况看，北景乡2010年总人口为29759人，其中壮族20531人，瑶族5289人，汉族3903人，毛南族36人。③

一 壮、汉、瑶的"他族观"

北景乡壮、汉、瑶三个民族之间的关系特点体现在不同民族的"他族观"，有限的族际通婚以及瑶族与壮、汉族的融合三个方面。

（一）汉、壮、瑶族"三兄弟"的故事

在瑶族同胞中流传这样一个传说故事："壮族汉族瑶族本是三兄弟。一天晚上，父母在桌子上放了书、秤和锄头三样物品。说第二天谁起得早

---

① 蓝炯标：《大化瑶族自治县的成立》，载政协广西大化瑶族自治县委员会编：《大化文史（第五辑）》，2006年，第118页。
② 《科学发展 再创辉煌——中共大化瑶族自治县委员会书记吴秀永在庆祝大化瑶族自治县成立20周年发展座谈会上的汇报摘要》，《河池日报》2008年10月29日第2版。
③ 数据来源：《二〇一〇年农村乡（镇）年度统计报表》。填报单位：大化县北景乡。单位负责人：覃克锋。填表人：蓝桂合。填报日期：2010年12月31日。

拿到哪样就从事哪种工作。壮族是老大，第二天起的非常早，拿了书本，所以壮族就去读书了。汉族是老二，起的第二早，拿了秤，所以在街上从商。而瑶族呢是老三，弟弟嘛，年龄小，贪睡。起来时只剩下锄头了，所以就种田喽。"

首次向我们讲述这个故事的是 2011 年 1 月 26 日下午，那弄二队的蓝福仁（男，瑶族，30 岁），当我们问到"你觉得瑶族和壮族、汉族有什么不一样的地方？"时，他说：

> 以前那个老人说，说以前的祖宗分了，生了三个孩子，那个老大是壮族嘛，我们瑶族是最小的嘛，老大起的早一点，他得读书嘛，他比较巧嘛！那个汉族的话他起的比较晚一点嘛，他拿一把秤嘛，下街里面去搞生意了嘛，我们的瑶族睡懒觉嘛，他最小的嘛，最小的就睡懒觉嘛，起来的时候天亮了。大哥去读书了，那老二拿秤去上街了，那最后剩下这小的来做农田。

其他村民对这个故事也耳熟能详。从中，我们可以想象历史上各民族所处的社会地位，经济收入来源，教育等多方面的不同情况。最集中体现的是社会地位，说明当时的瑶族处在社会的中下层。也可以说，这个"三兄弟"故事成了当前瑶族解释本民族之所以落后于其他两个民族的托辞，他们相对比较安于现状，一直从事艰苦的农业劳动。

当地另一位瑶族同胞蓝万荣提道："以前，很早以前全部都是山弄里面。但出来呢，出来以后是壮、汉族出来先，汉族出来先，然后呢就再到瑶族。原来都住在弄里面的。1949 年以后呢汉族出来，到壮族，最后到瑶族。"这也就把我们的视线从传说故事拉回到现实。即现实中的壮、汉、瑶三个民族最初都是住在山弄里，后来才先后搬出山弄，来到现在居住的这个地方，从而解释了三个民族共同的命运。三个民族搬出山弄的时间不同，最后搬出来的瑶族获得的生存资源最少，这也可以用来解释为何今天三个民族的经济发展状况不均衡这个问题。

（二）"大汉族"——壮族心中的汉族高大形象

"我是大汉族"是部分后来被划分为壮族的共同记忆，他们喜欢在汉族前面加个"大"字，以显示曾经的民族优越感。如家住北景街的林大叔（壮族，59岁）被问到他是哪个民族时，他第一反应就是"我是大汉族"，然而他的身份证却显示他是壮族。

> 王：您是哪个民族？
> 林：我是大汉族。
> 王：汉族？
> 林：汉族啊，壮族啦！我老底是汉族，来到这里跟他们讲壮话了，都变成壮族了。他们以前他们没有文化，父亲爷爷没有文化，他们见我们讲壮族话都是跟壮族，它这样我们也成壮族了。
> 罗：大汉族，为什么说大呢？
> 林：那你看全国大汉族我们汉族占多少？
> ……
> 王：那小孩是壮族吧，报壮族。
> 林：壮族啊！因为我老爷爷来的时候，初次到这里，我记得还是讲我们汉话的啵。讲一讲来了，到父亲一辈了全部是讲壮话啦。你看六十年代到七十年代，七八年，你们来登记户口了，见我们讲壮话他就登上去，他都不问你青红皂白的，你是汉族壮族？讲壮话就跟壮族，讲瑶话就跟瑶族。
> 罗：什么族都一样吧。
> 林：没有，到现在我还是想汉族。
> 罗：为什么呢？
> 林：大汉民族嘛！①

因此，即使现在被识别为壮族，林大叔还是对曾经拥有的汉族身份念念不忘。弄冠村村主任黄主任也不例外，她对自己的儿子找瑶族女孩做对象非常不满，后来她儿子听她的话，找了个汉族的儿媳妇，她很高兴，说"找了个汉族，大汉族。"当问及为什么喜欢说大汉族，她回答说："大汉族，就是中国就大汉族多嘛哦。""中国汉族比较多，就叫做大汉族。"

---

① 王玲霞、罗飞飞对林大叔的访谈，时间：2011年1月23日下午，地点：那弄屯二队蒙金妹家。

那弄屯三队的周大哥，现年30多岁，壮族，在被问到他的家族历史时，他说："我们基本上就是从外面迁过来的，我的父亲也是从都安迁过来的，以前就知道从南宁地区上林那里迁过来的，之前在湖南是大汉族的，我们这个姓周的种族之前是在湖南。"大汉族是他对祖先民族身份的历史记忆。类似的说法我们在访谈中遇到不少。

"我是大汉族"是大化县后来被识别为壮族的部分当地人的共同记忆，他们喜欢在汉族前面加个"大"字，以显示曾经的民族优越感。这非常鲜明地体现在我们对北景乡部分壮族和瑶族的调查之中。在不少人看来，汉族人口最多，社会地位也最高，是"大汉族"。

（三）"不讲究卫生，无生育计划"的瑶族

壮族、汉族眼中的瑶族又是什么形象呢？通过调查发现，绝大多数的壮族、汉族认为"不讲究卫生，无生育计划"以及"没有时间观念"等是瑶族最为突出的特点。如弄冠村村委主任、党支部书记黄凤尤（女，壮族，49岁）因工作需要，比其他人有更多机会跟瑶族接触，她以自身经历谈了她眼中的瑶族形象。

  王：如果您的子女找对象，您有没有想要他们找个壮族的？
  黄：没有这个想法，爱找谁就找谁。不过嫁到瑶族我就反对了。以前我那个男孩子跟瑶族谈过婚，后来我知道了，晚上回来我就说他，我说你跟汉族都可以，跟瑶族呢，一般风俗不一样，习惯都不一样。瑶族不同的地方就是那个卫生方面。汉族他主要是吃的，壮族呢他就挑穿一点。

三个民族的形象被她描绘得栩栩如生：瑶族不讲究卫生，壮族讲究穿着，汉族讲究吃得好。另外，在她看来，瑶族不守时，没有时间观念。

  黄：他们那个风俗习惯，到时间吃饭了也不吃。好像你跟他住，去他家。我们以前下队到他们家去住。住宿两个小时马上起来搞烧火，整天晚上搞火。整天冬天都是搞那种。不吃早餐的，他起来慢慢烧火，烧一堆火搞够了，他就煮饭，煮饭想吃就吃，不按时间来的。①

同样，受访者何阿姨（女，汉族，48岁）在谈到瑶族的计划生育状况时，也谈到类似观点：

何：嗯，壮、汉族多。现在瑶族比壮汉族多。他们可以上山躲超生啊。我们壮、汉族都是一个两个，最多三个。可现在他们一家有五六个小孩。我们壮、汉族都是两个啊，两个女孩的要第三个。噢，他们男孩女孩都五六个。②

此外，作为瑶族的弄冠小学副校长兰正发对瑶族之所以多生多育做出自己的一番解释。他认为，瑶族之所以多生多育，是因为过去医学水平有限，小孩的存活率低，多生的话，就多有传宗接代的机会。再者，瑶族的风俗习惯就是以多子为荣：瑶族同胞之间相互比较谁家的子女多，子女多的那一家在村中就会更有面子，更有社会地位。

这就是众人眼中的瑶族形象，也是人们通过与其他民族进行对比后得出的有关瑶族的看法。

（四）精明的汉族与壮族

那么对于大化北景乡另外两个重要的民族——壮族和汉族来说，瑶族或者说壮族、汉族自身又是如何评价的呢？

蓝福仁（男，30岁，布努瑶族）在访谈中谈到了这个问题：

王：跟壮族交往的时候有困难吗？
蓝：有。就是跟壮族交往有时候，有些人他也会坑你哦。他看你如果你有钱一点啊，他叫你请他吃饭，这样你说那今晚上我来不及了，他也会生气的。那个都有。就是如果他得吃你就说你好好，如果他不得吃，他就说不行。

---

① 王玲霞对黄凤尤的访谈，时间：2011年1月26日，地点：那弄屯二队黄凤尤家。
② 王玲霞对何阿姨的访谈，时间：2011年1月25日，地点：那弄屯一队何阿姨家。

王：那吃饭有什么不一样吗？大家一桌吃饭，会不会有什么问题？

蓝：嗯，也有呀！就是说跟那种壮、汉族在一起的时候，有些人瞧不起你，就是你是瑶族你坐靠边一点。①

此外，兰正发的女婿蒙勇（男，32岁，瑶族）也有类似的看法：

王：你觉得瑶族和壮族、汉族不一样的地方在哪儿呀？

蒙：嗯，这个呀有啊！最大不一样就是那个汉族啊壮族啊可以说他们比我们要富，可以说要富有。

蒙：但是还有一个，嗯，礼方面他们都不比我们。好比方说，你上我们瑶族家，我们是这样的，你碰上吃饭，他必须要有礼貌。他叫你吃饭，他先打饭给客人，吃不吃另外一回事。壮、汉族不同，他们就叫一声"吃饭"，你不吃就算了。"来，吃饭吃饭。"有些他不打饭你不好意思吃。我们瑶族有哦，怕你不上人家的桌哦。那我们就先打饭，打饭在那里叫你去吃。你不吃还要去拉你。

王：那就是比较好客。

蒙：比较好客，对。好客这样。②

即使对瑶族有这样那样的看法，觉得瑶族的生活习俗和自己的不同，但当问到觉得哪个民族容易打交道时，前面提到的黄凤尤主任承认"好商量一些还是瑶族"，而"壮、汉族就是点刁了，刁蛮"。因此，瑶族对壮族、汉族的印象就是这两个民族在人际交往上不够地道，不像瑶族那么真诚待人，这也就是他们所说的"刁"。

二 有限的族际通婚

大化瑶族自治县的壮、汉、瑶三个民族的族际通婚情况，可以概括为是有限的族际通婚。也就是说这种族际通婚在部分民族之间是畅通无阻

---

① 王玲霞对蓝福仁的访谈，时间：2011年1月26日，地点：那弄屯二队蓝福仁家。
② 王玲霞对蒙勇的访谈，时间：2011年1月24日，地点：那弄屯二队蓝福仁家。

的，如壮族与汉族之间就是如此。但是在另外的一些民族当中，这种族际通婚却可以说是有一定限制的，甚至不被鼓励的。比如，瑶族与汉族或瑶族与壮族之间的通婚即属这种情况。

我们设计的调查问卷中的第三道题是关于受访者的民族成分问题，随后的第四道题是有关族际通婚的题目，即分别填写自己的祖父、祖母、父亲、母亲、丈夫或妻子的民族成分。在发放的96份问卷中，受访者为瑶族的就有70份。然而令我们惊讶的是，这70人本身的通婚情况及他们的祖父母和父母辈的通婚情况，绝大多数都是在瑶族内部通婚。仅有6对夫妇为族际通婚，其中4对为壮—瑶通婚，而且全部都是男方为壮族，女方为瑶族。另外2对是汉—瑶通婚，而且他们是一家人，即除了受访者（汉族）娶瑶族为妻外，其父（汉族）也娶瑶族为妻，也就是受访者的母亲也是瑶族。从中可见，仅有6对族际通婚案例中，都是瑶族女性嫁给壮或汉族的男性，没有瑶族男性娶外族女性为妻的案例。这说明，瑶族与其他民族的族际通婚情况是比较少见的，绝大多数瑶族还是保持着族内婚的传统。

此外，在受访的15名壮族和9名汉族中，同样有关于族际通婚的问题，我们发现，这些受访者及其祖父母和父母辈的族际通婚情况比瑶族要更为明显，一共有9对壮—汉通婚的夫妇。其中，男性为汉族，女性为壮族的有7对，另有2对夫妇是男方为壮族，女方为汉族。

除了进行问卷调查，我们在访谈中，也多次听到来自不同民族的人们对于族际通婚的相关看法。他们觉得通婚方面，壮族、汉族一般不娶瑶族妇女作为妻子，特别是没有壮、汉族女子嫁给瑶族男子为妻。他们认为，只有那些年纪大的，不太能干，在本民族找不到对象的人才会娶瑶族女子为妻。即使存在瑶族与其他民族通婚，也是最近10年才出现的。

受访者蒙勇认为，主要是壮、汉族觉得那时瑶族生活条件差，看不起瑶族，不允许子女与其通婚。而现在能通婚则是因为瑶族同胞的生活发生了很大的变化，已与壮、汉族相差不多，甚至有些瑶族家庭富裕程度超过壮、汉族家庭。经济地位的提高也直接改变了瑶族的社会地位。

壮族人韦阿姨，现年54岁，她的大儿子娶的是汉族姑娘，两个女儿嫁给壮族男子，一个女儿嫁给汉族男子。可见，她家里没有与瑶族通婚的情况。在访谈中，她也谈到不跟瑶族通婚的问题。

王：您有没有听说瑶族娶壮、汉族的媳妇？

韦：瑶族娶壮、汉族，没有。

王：没，一般都是瑶族女孩嫁出去？

韦：嗯。瑶族女，我们这边他要不得了，老了，年纪大了，要不得了才要瑶族的。①

综上所述，在族际通婚的实例中，占绝大多数的是瑶族女孩嫁给了壮、汉族同胞，而很少或者说几乎没有壮汉族嫁给瑶族同胞的情况。民族经济发展状况也直接影响了族际通婚的选择。瑶族父母更希望自己的女孩能找壮族汉族或者本民族中条件好一些的。这也从侧面反映出，至少到现阶段，壮族、汉族的整体水平还是要比瑶族好一些。或许经济、交通条件、生活水平差异对各民族之间交往通婚的影响要远远大于民族因素的影响。

三 瑶族与壮、汉族的融合

大化瑶族与邻近的巴马、都安的瑶族同属布努瑶支系，是瑶族众多支系中仅次于盘瑶的第二大支系。布努瑶是瑶族中一个较大的支系，人口40多万。布努瑶族与壮、汉族的融合可以说是大化瑶族自治县民族关系的重要特点之一。而且这种融合应该说是单方面的融合，即主要是瑶族融合于壮、汉民族，很少有壮、汉族融合于瑶族的。

之所以会产生单方面的融合现象，与布努瑶的生活环境有关系。"布努瑶生活的地区，周边有壮族和汉族；在这些地区，壮族人口最多，其次为汉族。布努瑶的分布特点是'大分散、小集中'，其周边广大地区多为壮、汉民族居住地，因此，布努瑶走出瑶寨以后，所接触的多是这两个民族。历史上长期的交往，布努瑶和壮、汉民族在各个方面已经出现了不同程度的融合。"② 布努瑶与壮、汉民族的融合主要体现在以下两个方面的

---

① 王玲霞对韦阿姨（54岁，壮族）的访谈，时间：2011年1月26日，地点：那弄屯二队韦阿姨家。

② 罗文秀：《布努瑶与壮、汉民族的融合》，载韦标亮主编《布努瑶历史文化研究文集》，贵州民族出版社2003年版，第314页。

融合：

（一）语言的融合

进入大化弄冠村，我们惊讶地发现，这里的瑶族都会讲汉语方言——桂柳话，特别是大部分人除了会讲汉语方言，还会讲当地壮族的语言——壮话。大化瑶族有本民族的语言，即"布努瑶语"。布努瑶语是当地瑶族之间相互交往和联系的主要交际工具。但是，由于大化瑶族自治县是一个多民族杂居的地区，民族之间的交往十分频繁，因此，绝大多数瑶人除会说本民族语言外，还兼通壮语和汉语，与当地壮、汉族交往没有语言上的障碍。由于长期受汉族的影响，特别是中华人民共和国成立以来在中、小学校中使用汉文、汉语进行教学，汉族文字已被广大瑶族群众所接受和掌握。①

这种语言上的融合被部分学者称为布努瑶在语言上的从壮和从汉现象和夹壮、夹汉现象。当然，大多数布努瑶内部交流的语言还是布努语，即"在家操布努语，出门讲壮、汉话"。

以弄冠村为例，弄冠村村委所在地那弄屯，有壮、汉、瑶三个民族，人口所占比重依次为壮族、瑶族和汉族。弄坤屯是瑶族和汉族杂居，瑶族占总人口的百分之九十以上。弄冠屯是一个纯瑶族自然屯。调查发现，在语言方面，桂柳话是三个民族的通用语言。瑶族在本民族群体中仍以瑶话为主，但是不少瑶族群众会讲壮话，而壮族绝大多数只会讲壮话和桂柳话，汉族则是只会讲桂柳话的居多。从语言使用方面我们可以看出，瑶族在这三个屯中人口总量上比壮族要多，但是由于历史、居住环境、经济条件等方面原因，不少瑶族同胞还是主动去学习其他民族的语言，以方便彼此沟通交流。语言交流方面表现出瑶族积极主动的姿态，通过学习其他民族的语言来加强交流，融合。而壮、汉族大多不会讲瑶话，一部分听得懂但不会说，只有一小部分由于工作或者某方面原因，才既听得懂也会说瑶话。

这和费孝通所谈到的瑶族的复杂性是一脉相通的。费孝通提到："瑶族的问题比较复杂，因为同称为瑶的许多部族，在语言、风俗习惯上可以

---

① 中共大化瑶族自治县委员会、大化瑶族自治县人民政府：《奋进铸辉煌——大化二十华诞巡礼》，2008年版，第152—153页。

有很多的差别。有些说着和汉族古语相似的语言，也有说着和壮语相似的语言。这是由于瑶族很分散，大多居住在高山上，四周都是其他民族，而且他们的传说中都记载着长期的流动、迁移，所以受到其他民族的影响很深。"① 这就是我们说的瑶族在语言上与壮、汉民族的融合。

(二) 文化的融合

罗文秀指出，瑶族与壮、汉民族的文化融合包括服饰文化的融合、民族文化的融合、农耕文化的融合、饮食文化的融合、婚育文化的融合、巫术文化的融合、节日文化的融合、丧葬文化的融合等诸多方面。②

比如，在丧葬文化上，布努瑶原是盛行一次葬的习俗，如死者生前已指定了墓地的则遵死者遗嘱，如生前没有选定墓地，则往往由兄弟道公以抛鸡蛋的办法为其择地安葬。壮族的丧葬习俗则是以二次葬为明显特征。但是在两个民族日益频繁交流的背景下，尤其是在中华人民共和国成立后，特别是20世纪80年代以来，在周围壮、汉兄弟民族的影响下，部分布努瑶也实行拣骨金坛葬，即进行二次葬。③

在节日文化上，瑶族同胞除了过本民族原来一直保持的祝著节和春节之外，在壮、汉族同胞的影响下，有些已开始过清明节、中秋节等传统汉族节日，有些瑶族甚至也过壮族"三月三"节。而且在瑶族过民族节日时也会邀请关系较好的汉族和壮族朋友。以那弄屯为例，瑶族与壮汉族之间的影响就比较明显。例如，当地的瑶族同胞办喜酒，除了保留本民族所特有的"币帘"和"彩色鸡蛋笼"，在酒席菜式方面最近十几年受到本屯壮、汉族的影响发生了改变，更倾向于壮、汉族喜宴所用菜式。比如，已不再做本民族特有的三角肉（把肥猪肉切成厚厚的大三角形加以烹饪），以满足来参加喜宴的各民族同胞的饮食习惯。

上述可以说是大化瑶族——布努瑶族群在与周边民族交往过程中表现出来的最为突出的特征。这一特征既表明瑶族迫于生计，在民族交往中以主动的姿态来融入到其他民族中，以获取更多的发展契机，也表现出大化

---

① 费孝通:《关于广西壮族历史的初步推考》，载费孝通《费孝通全集》第七卷（1950—1956），内蒙古人民出版社2009年版，第158页。

② 罗文秀:《布努瑶与壮、汉民族的融合》，载韦标亮主编《布努瑶历史文化研究文集》，贵州民族出版社2003年版。

③ 同上书，第152页。

瑶族是一个开放的、包容的民族,善于汲取他族的经验来发展自身。当然,从另外一个方面来看,这种单方面的融合,也在某种程度上体现出汉族、壮族在大化县与瑶族相处的过程中,表现出以自我为中心的态度,他们并不认为瑶族有值得本民族学习的地方。这一点是应该引起我们注意的现象。

四 瑶族自治县的成立与壮族的族群认同

大化瑶族自治县成立于1988年10月。瑶族自治县的成立,对改善当地的民族关系有重要的推动作用。主要表现在瑶族地位的提高以及瑶族民族意识的增强,壮、汉族对瑶族的态度和看法有所转变,三个民族之间的关系变得日益融洽。

(一)大化瑶族自治县成立

2008年10月30日,大化瑶族自治县迎来成立二十周年华诞。该县隆重举行自治县成立20周年庆祝大会,这标志着这个年轻的自治县也将迈入新的征程。那么,大化瑶族自治县是在什么样的历史条件下得以成立的呢?

为了促进民族地区政治、经济、文化的发展和妥善安置大化、岩滩两大水电站库区移民的生产生活,1987年12月23日,国务院以国函〔1987〕208号文件,批准设立大化瑶族自治县。

设立大化瑶族自治县的主要目的,一是都安瑶族自治县面积过大、人口过多,要将部分贫穷、落后、偏远的乡、镇、村划出去另行管理;二是大化、岩滩两大水电站的库区及其涉及的搬迁、移民安置等工作需要统一领导和管理。

成立后的大化瑶族自治县的行政区域由三个部分组成:一是原属于都安瑶族自治县的大化、六也、百马、江南、都阳、棉山、七百弄、板升、雅龙等9个乡,共108个村公所(街委会),近26万人;二是原属马山县的贡川、永州、古感等3个乡镇的部分村,共23个村公所(街委会),6.7万人;三是原属巴马瑶族自治县的板兰、乙圩两个乡的全部和羌圩、凤凰、东山三个乡的部分村,共20个村公所,5.6万人。①

---

① 蓝炯标:《大化瑶族自治县的成立》,载政协广西大化瑶族自治县委员会编《大化文史(第五辑)》,2006年,第117—121页。

如今，距离大化瑶族自治县成立已经有20多年。2008年适逢大化瑶族自治县成立20周年，应该说，大化瑶族自治县成立后的20年，是翻天覆地的20年。20年来，全县国民经济持续快速发展，国内生产总值从1.82亿元增加到24.38亿元，财政收入从0.06亿元增加到2.68亿元，贫困人口从31.37万人下降到9.21万人，农民人均纯收入从167元增加到2252元。工业从无到有，从小到大，工业总产值17.09亿元。与此同时，城镇面貌日新月异，改革开放全面推进，人民生活水平和质量不断提高，社会各项事业协调发展。今日的大化，正处在历史上最好最快的发展时期，各族人民正满怀信心地为全面建设小康社会而努力奋斗。①

（二）壮在汉瑶之间：壮族的族群认同

大化瑶族自治县成立以来，当地的民族事业取得大发展，民族关系也发生了翻天覆地的变化。这一点是有目共睹的。《河池日报》就在大化瑶族自治县成立20周年之际做了如下总结：

> 建县以来，在党的民族政策光辉的照耀下，大化经济发达、文化繁荣、环境优良、社会和谐，各项民族事业协调发展，各族人民尽享改革开放所带来的成果。
>
> 民族工作唱响和谐。大化建县的特殊性，造成了大化居民的"复杂性"。都安、巴马、马山三个县边缘结合部的民族组合，大化、岩滩、百龙滩等大型电站工程建设者的聚集，造就了民族文化多元性的融合与渗透，也促进了各民族互相尊重、平等团结、互敬互爱、休戚相关、患难与共、情同手足的社会主义民族关系，为推动全县经济社会的快速全面发展夯实了基础。大化先后制定和修改了《自治县自治条例》《自治县水电站库区移民安置条例》《自治县扶贫开发管理条例》等，开展了4次民族团结进步表彰活动，表彰了138个民族团结进步先进集体和179名民族团结进步先进个人，其中3人次获国务院表彰，13个单位、16名个人获自治区表彰，22个单位、48名个人获市级表彰。大化在干部选拔任用方面，通过公开选拔、竞争上岗

---

① 《河池日报》评论员：《瑶乡逢盛世 沧桑二十年——热烈庆祝大化瑶族自治县成立20周年》，《河池日报》2008年10月30日。

等多种途径,"选贤任能",让民族干部"挑大梁"。目前,全县在职少数民族干部5206人,占干部总数的74.2%,其中瑶族干部661人,占干部总数的9.4%;全县少数民族领导干部714人,占领导干部总数的94.1%,其中瑶族领导干部129人,占领导干部总数的17.1%。[①]

因此,今日平等团结、友爱互助的民族关系主要得益于大化瑶族自治县的成立。自治县成立以来,大化的壮族、汉族、瑶族的生存条件和生活水平都得到了显著改善,随之而来的是瑶族同胞社会地位的明显提高,从而减少了各民族之间的矛盾,民族关系得以改善。

纵使是在族际交往中还存在这样那样的问题,比如我们前文提到的各民族的"他族观"和族际通婚中,壮、汉族对瑶族的偏见也在所难免。但是通过进一步的调查,我们发现,在族际交友方面,壮族和汉族对瑶族的认同程度还是相当高的,他们也非常愿意和瑶族打交道、交朋友。如当地壮、汉族都认为瑶族比较好打交道,瑶族人真诚、大方、好客。壮族认为汉族不太好打交道。相比之下,瑶族认为壮族比较好打交道,汉族其次。不少人对瑶族真诚待人这一点达成共识。

在问卷中有关异族知心朋友的多少这个问题上,有53人选择了6个以上,占受访者的55.8%,异族一般朋友数方面,有52人选择了6个以上,占受访者总数的54.7%,说明不同民族相互间的族际交流还是比较频繁,也反映出当前的民族关系日趋和睦。

瑶族之所以在族际交友方面获得这么高的评价,与大化成立瑶族自治县,瑶族成为自治县的主体民族,在民族地位、民族经济发展方面都获得了前所未有的提高有密切关系。大化瑶族自治县的成立对改善瑶族和大化其他民族的经济生活状况发挥了很大作用,给当地各族群众带来实实在在的好处。罗树杰指出,中华人民共和国的民族政策促成了广西民族团结进步事业"四个模范"的形成。其中,民族区域自治制度的实施使少数民族实现了千百年来当家做主、管理本民族内部事务的愿望,极大地调动了

---

① 《河池日报》记者田敏,特约记者黄格:《民族团结的华章 丰实卓越的鹏程——写在大化瑶族自治县成立二十周年之际》,《河池日报》2008年10月29日。

各民族建设社会主义事业的积极性和创造性。① 实践证明，大化瑶族自治县成立，促使大化各民族之间的经济、社会发展，各民族之间的差距也在进一步缩小，民族之间的往来日益密切，从而改善了大化过去存在误解与隔阂的民族关系，大化民族关系走上了良性发展的轨道。

通过考察，我们发现，壮族在大化瑶族自治县中的族群认同感摇摆于汉与瑶之间，或者是建立于当地壮族与瑶族、汉族的交往互动之中的。有些壮族同胞虽然承认自己的民族身份，但是在表述中，仍然抱有汉族祖先的想象，极力宣称自己的祖先是汉族，后来才改为壮族。而且表明汉族是"大汉族"的思想，对汉族充满羡慕的复杂感情。对于瑶族，则又强调自身的优势，认为自己不像瑶族那样不讲究卫生，不执行计划生育政策。在通婚上，不是万不得已，不会跟瑶族通婚。即使有极少数的壮瑶通婚，也只有瑶族女子嫁给壮族男子，而没有壮族女子嫁给瑶族男子，从而划清壮族与瑶族的界限。但是自成立瑶族自治县以来，瑶族的经济、政治地位都得以飞速提升，这对缓解各族之间的关系起到催化剂的作用。壮族此时对瑶族又多了些肯定的和正面的评价，认为瑶族相对于汉族，要更为诚实可靠。"真诚、大方、好客"一度成为新时期壮族印象中的瑶族，一个可亲可敬的瑶族形象得以塑造出来，而不再是过去肮脏的替身。

"现实中的族群，作为一个政治与经济的集合体，其界定在很大程度上不仅仅是依据其内部共同的世系和共享的文化，更多的是依据其外部与其他族群的关系和与国家的关系。"② 因此，通过对大化瑶族族群关系的考察，如上所述，可以说大化县壮族的族群认同表现出的一大特点就是其介于"汉瑶"之间的一种摇摆性的认同。这也是一个处于瑶族自治县里的边缘壮族，其认同感不同于处于壮族聚居地的核心地区的典型代表。

---

① 罗树杰：《新中国的民族政策与广西民族"四个模范"的形成》，《广西民族研究》2010年第4期。
② ［美］斯蒂文·郝瑞：《田野中的族群关系与民族认同——中国西南彝族社区研究》，巴莫阿依、曲木铁西译，广西人民出版社2000年版，第22页。

第五章　殊途同归：历史与实践中的
　　　　　壮族国家认同

　　国家认同概念出现在 20 世纪 70 年代的行为革命时期的政治学领域。学者们对国家认同概念的解释相对统一，即国家认同是指一个国家的公民对自己祖国的历史文化传统、道德价值观、理想信念、国家主权等的认同，即国民认同。国家认同是一种重要的国民意识，是维系一国存在和发展的重要纽带。国家认同实质上是一个民族确认自己的国族身份，将自己的民族自觉归属于国家，形成捍卫国家主权和民族利益的主体意识。① 也就是说，国家认同主要体现为个体或群体在心理上认为自己归属于某一国家这一政治共同体，意识到自己具有该国成员的身份资格。②

　　国家认同是指一个国家的公民对自己祖国的历史文化传统、道德价值观、理想信念、国家主权等的认同，即国民认同。③ 国家认同是公民认同一个民族国家的宪政制度，并在此基础上效忠于民族国家，而民族国家则担负着保护其公民的生命、安全和基本权利的使命。④

　　在国民与别国国民之间交往和互动过程中，更容易认同自己的国家。国家认同是重要的国民意识，表达了个体与国家相联系的情感依附和归属认知。壮族对国家的认同向来得到高度肯定，张声震主编的《壮族通史》有如下表述："壮族自其先民从秦始皇统一岭南，纳入统一祖国后，两千多年来，从未发生过背离祖国、分裂国家的事件。壮族人民历代的起义反

---

① 贺金瑞、燕继荣：《论从民族认同到国家认同》，《中央民族大学学报》2008 年第 3 期。
② 吴玉敏：《要实现民族认同与国家认同相统一》，新华网 2009 年 12 月 17 日。
③ 袁娥：《民族与国家何以和谐——云南沧源佤族民族认同与国家认同实证研究》，知识产权出版社 2012 年版，第 13 页。
④ 徐则平：《试论民族文化认同的"软实力"价值》，《思想战线》2008 年第 3 期。

抗斗争，其性质都是反抗封建王朝的民族压迫和剥削，对历史的发展进步起到了推动作用。唐代'西原州'僚人起义，宋代侬智高蛮王起义，他们虽曾'称王置官吏'，或建国号，但最多不过企求建立地方性的民族统一政权而已，并非分裂国家。"① 尤其是壮族在以瓦氏夫人率领的抗倭战争表现非常突出，是壮族保家卫国的典范而被载入史册。明嘉靖年间，倭寇疯狂骚扰我国东南沿海，壮族女英雄瓦氏夫人应召率田州、归顺州、南丹州、那地州、东兰州等地士兵长途跋涉前往抗倭前线。他们英勇善战，屡建奇功，为保卫我国东南沿海地区的安全做出了重大贡献。还有19世纪中晚期的援越抗法斗争和20世纪中期长达20年的援越抗美斗争。②

因此，学者们对壮族的国家认同问题主要是从历史上梳理各个时期壮族的国家认同，在这一方面着墨较多。但对于当下壮族的国家认同问题却较少基于田野调查而来的研究成果。笔者认为，同样既要考察历史上壮族的国家认同问题，又要实地调查研究当下壮族的国家认同表现。

壮族的中华民族认同意识正是在与华夏、汉族的长期互动过程中形成与发展起来的，其内涵和特征也是表现为对中原地区和中央政府的向心力和对中原文化的认同感。

壮族的中华民族意识最明显地反映在其民间文学中。如壮族民间广泛流传的《布伯的故事》讲到伏依兄妹结婚生下一坨肉球后，便用刀剁碎，拿到野外去撒。其中一种说法与姓氏的起源联系起来：肉块贴到什么地方，那里就是什么姓，如贴在李树上，那村庄的人们就姓李；如贴在石头上便是姓石……③

另一种说法则与其他民族的起源联系起来，撒到平原的是汉族人，撒到丘陵地的是壮人，撒到山里的是瑶族、苗族，撒到森林、草地的便是其他西南少数民族。④

壮族人民维护祖国统一和民族团结的道德规范，在民间文学中多有反映。流传于红水河一带的壮族勒脚叙事长歌《马骨胡之歌》如此唱道：

---

① 张声震主编：《壮族通史》，民族出版社1997年版，第1178—1179页。
② 同上书，第1179页。
③ 《南丹县壮族社会历史调查》，载《广西壮族社会历史调查》（第二册），广西民族出版社1985年版。
④ 蓝鸿恩：《壮族神话简论》，《三月三》（创刊号），1983年。

> 土人爱华夏，
> 汉人爱壮家，
> 明透与君达，
> 好比松与杉。
>
> 壮汉一家亲哩，
> 团结像一人，
> 琴歌谱传奇哩，
> 从古唱到今。①

表达了壮族人民要求消灭民族歧视和民族压迫，与汉族人民和睦相处的良好愿望。壮族人民不仅希望与汉族和平团结，也希望与苗、瑶及其他兄弟民族平等共处，壮族的神话传说贯穿着中华民族大家庭里各个民族都是兄弟的观念。

壮族还流传着《祖宗神树》的神话：布伯以后，人口渐多，拥挤在一块不易谋生，就决定分散到各地去另寻出路，但分散以后，将来的子孙们互不认识，打起来怎么办？三房长老出来商量，大家决定到山上去种三种树。头一个上山去种木棉，到三月木棉花开时，满树红花，远看就像一丛丛火把；第二个去种大榕树，因为大榕树根深叶茂，表示我们的子孙繁荣昌盛；第三个去种枫树，用枫叶来染糯米蒸饭，叫做精乌饭。后来加上黄色、红色、紫色、黑色、白色成为五色饭，表示五谷丰登。以后，凡是你们走过有这三种树中任何一种树的村，就一定住着我们兄弟的子孙。②这则神话是壮族人民视中华民族大家庭中各个民族为同胞兄弟的观念的生动表达。

我们在下文将从历史演变和当前靖西、武鸣、大新等几个壮族地区的国家认同来展现壮族对于国家的认同状况。

---

① 黄勇刹等：《马骨胡之歌》，《叠彩》第二期。
② 蓝鸿恩：《壮族神话简论》，《三月三》，1983年创刊号。

第一节 壮族国家认同的历史演变

目前所见对壮族的国家认同展开研究的成果较少,覃彩銮的《壮族的国家认同与边疆稳定——广西民族"四个模范"研究之二》从宏观上把握各个历史时期壮族对于国家认同的表现,尤其体现在各个朝代与汉族一起共同抗击外来侵略的战争之中。

他在该文中指出:"壮族的民族认同和国家认同经历长期的不断积累、不断发展和提升的过程。首先是壮族的民族认同。在民族认同的基础上,随着壮汉民族的文化交流和民族融合,特别是西南边疆遭到外来入侵,壮族的国家认同意识在共同抗击外来入侵中逐渐增强。中华人民共和国成立后,中国共产党和人民政府实行民族平等、共同繁荣发展的民族新政策促进了壮族地区经济和社会的全面发展,壮族的国家认同有了质的提升,维护了祖国西南边疆的稳定。"①

他重点分析概括了各个朝代壮族国家认同的特征,如唐宋推行羁縻州和土官制促进壮族的国家认同,而唐宋时代,也是壮族国家认同意识逐步形成或明晰的时期。元明时代推行土司制度增进壮族的国家认同。由于"元明时期……土司制度更为严密,并且采取众建寡立的措施,缩小土官的辖地,分散土司的权势,使之相互牵制,更加严格了对土司的任用、册封、承袭、职责、升迁、征调、奖罚等规定,进一步增强了壮族土司对王朝中央的依靠,因此而进一步强化了壮族土司的国家认同。随着壮族社会的发展,汉文化教育也有了新的发展,壮族各地兴建了书院、义学、社学、私学、学堂等,接受汉文化教育的壮族子弟增多,通过汉文化的学习,进而增强壮族民众的国家认同。最典型的事例是明代田阳土司瓦氏夫人率领俍兵奔赴浙江前线抗击倭寇。……是壮族历史上以国家利益为重,舍家卫国的典范,是壮族人民国家认同的具体体现。"到了明清时期,壮族社会进入改土归流的新的历史时期。改土归流是中央王朝在设土司的少数民族地区推行的废除土司、改流官统治的一项政治措施。直到民国十八

---

① 覃彩銮:《壮族的国家认同与边疆稳定——广西民族"四个模范"研究之二》,《广西民族研究》2010 年第 4 期。

年（1929年），民国政府最后完成了在广西的改土归流。同样，改土归流"废除与壮族社会发展不相适应的土司制度，广西农民脱离了对土司的人身依附，解放了生产力，加快了壮族地区经济的发展，在统一的政治制度下，增进了民族间的经济交往和文化交流，促进了民族融合，进一步增强了壮族的国家意识和国家认同，有利于国家统一和民族团结。"清代以刘永福为首的抗法斗争同样增进了壮族的国家认同。紧接着就是抗日战争时期，在长期的抗日救亡斗争中，广大壮族人民始终与全国各族人民共命运、同患难，深深感受到唇亡齿寒，国强族兴、国衰族亡的道理。正是在国家危难之际，更增强了壮族的爱国热情，增强了人们的向心力、内聚力和团结凝聚力，更增强了中华民族意识和国家认同感。中华人民共和国成立以后，党对壮族及其他少数民族实施的一系列确保民族平等、民族团结的民族政策，有力地推动了壮族在新时期的国家认同感。①

其实，壮族地区很早就与中央封建政权发生了联系。远在秦汉时期，就在岭南设立郡县，进行封建统治。公元前221年，秦始皇灭东方六国，建立起强大的秦帝国，随后派大将尉屠睢率大军50万，兵分五路出征岭南，经过六年的浴血奋战，最终统一岭南。统一岭南后，在其百越故地设置南海郡、桂林郡、象郡，壮族居住的地区被正式纳入中央王朝的版图。秦王朝为了巩固其在岭南的统治，在岭南采取了一系列发展当地经济的措施。此外，还留守大批士卒，扼守关隘。"同时，秦王朝还派人修扩旧道，开辟新道，使岭南与内地的水路和陆路交通畅通无阻。秦始皇还特批戍守岭南将士的请求，从中原地区征调了15000名未婚的青年妇女，前来岭南'以为士卒衣补'，使远在岭南的中原将士安心戍边。秦王朝还不断地把中原人民迁移到岭南'与越杂处'，共同开发当地的经济，秦王朝所采取的上述措施，不仅巩固了中央在地方的统治，同时也有利于汉文化在岭南的传播，大大推动了壮族地区经济文化的发展。"②

"汉承秦制。但由于两汉时期所管辖的民族地区大为拓展，所统治的时间又长达400年之久，随着统治经验的不断积累，其治理民族地区的政

---

① 覃彩銮：《壮族的国家认同与边疆稳定——广西民族"四个模范"研究之二》，《广西民族研究》2010年第4期。

② 张声震主编：《壮族通史》，民族出版社1997年版，第262页。

策措施，又在秦王朝的基础上有所发展。两汉时，在民族地区除继续设'道'以外，还设置了'属国''初郡'等行政单位进行管辖。"①

唐代又在两广地区设立岭南道，并在广州设立了五府经略史，下分五管，其中三管是僮族聚居区。在邕管内的边远地区，并设立了50多个羁縻州、县。宋参唐制，仍设羁縻州、县、峒。"纵观唐王朝在岭南实行羁縻制度的主要内容，一为'全其部落'；二为'不革其俗'；三为轻徭薄赋；四为'以蛮治蛮'取代历朝的流土并治。比较秦汉以及历代而言，前三者基本属继承性，而后者则可谓是边疆民族治理思想的重大发展，在羁縻州县重用土酋自治，是羁縻制的核心，是唐代较之历代王朝在政治上更为开明进步的重大表现，是唐王朝对民族问题较少民族偏见。"②

侬智高起兵失败后，北宋在僮族地区实行了土官制度，土官在政治上是统治者，在经济上是封建领主。宋代著名诗人范成大在其《桂海虞衡志·志蛮》中记载："羁縻州峒，隶邕州左右江者为多，侬氏、黄氏和武侯、延众、石门、感德四镇之民，自唐以来内附，分析其种落，大者为州，小者为县，又小者为洞，州、县、洞50余所，推其雄长者为首领，籍其民为壮丁。其人物犷悍，风俗荒怪，不可尽以中国教法绳治，姑羁縻之而已。"③ 可见，宋王朝根据具体情况分别授予壮族首领不同的官职，颁发委任状，使其"谨守疆土，修职贡，供征调"。宋王朝对羁縻制度的进一步完善，使土官的册封、继承、升迁等都严格起来，土官的地位、权威等切身利益，被中央政府牢牢地把持着，不仅增加了中央王朝对壮族上层首领的权威，也增强了他们的国家认同意识。此外，还在壮族地区推行科举制。宋朝时期侬智高的起义虽然给壮族边民的国家认同意识带来了挫伤，但是侬智高起义所体现出的爱国思想是值得肯定的。

元明时期的土司制度是在唐宋羁縻制度基础上的进一步发展，土司制度与羁縻制度本质相同，都是统治者"以夷制夷"策略的运用。元明时期，壮族地区教育得到了进一步提高，书院、义学、社学、私塾等蓬勃发展接受儒学文化教育的壮族民众日益增多，进而增强了壮族同胞

---

① 张声震主编：《壮族通史》，民族出版社1997年版，第419页。
② 同上书，第424页。
③ 范成大：《桂海处衡志·志蛮》，齐志平校补本，第33页。

的国家认同。① 这一时期壮族国家认同意识的典型事例当数瓦氏夫人率壮兵抗击倭寇保家卫国的壮举。瓦氏夫人（1499—1555年）是壮族历史上著名的政治家和军事家。

由此可见，自秦朝时期壮族居住的岭南地区被正式纳入中央政府管辖后，岭南地区与中原地区的交往就日益密切，儒学也逐渐在壮族地区广泛传播，加之共同抗击外来侵略使壮族民众的国家认同意识不断增强。

范兆飞的硕士论文概括总结了壮族国家认同的历史演变历程。认为先秦时期壮族先民还未有国家认同意识，两汉时期中央政府对岭南地区的有效管辖为壮族的国家认同奠定了基础；唐宋所推行的羁縻州和土官制度以及儒学的发展促进了壮族国家认同意识的逐步形成；元明时期的土司制度增进了壮族的国家认同意识；明清王朝的改土归流进一步增强了壮族的国家认同意识；清末帝国主义入侵，民族危机加深，极大增强壮族的国家认同意识；抗日战争更加增强了壮族的国家认同意识；中华人民共和国成立后，彻底废除了以往民族歧视和民族压迫政策，壮族与汉族和其他少数民族一样获得了相同的平等地位。壮族边民的国家认同意识进一步得到巩固。②

随后，该文作者以大新县板价村为例，对壮族国家认同的现状进行了实证分析，该村壮族由于所穿戴的服装与其他地方比较起来相对短小，故外人称其为"短衣壮"。他分别从壮族民众的自然属性和社会属性来探讨其与国家认同的关系，认为当地壮族民众对祖国的国家认同度非常高。最后指出，壮族民众具有很强的国家认同感，并非偶然，这种认同感是经过长期的积累形成的，是有着深厚的历史渊源和深刻的历史和现实原因的。其一，稻作农业生产方式为壮族的国家认同创造了良好的人文条件；其二，壮区纳入中央王朝管辖的时间较早，从而形成了壮族与汉族之间相互离不开的局面；其三，壮汉相互吸收对方的优秀文化为壮族民众的国家认同提供了文化基础和亲情纽带。最后，新中国成立后所实行民族政策和民族区域自治制度强化了壮族的国家认同意识。③

---

① 范兆飞：《中华民族多元一体格局下的壮族国家认同状况研究——以广西大新县板价村为例》，硕士学位论文，广西大学2013年版，第20页。
② 同上书，第13—24页。
③ 同上书，第25—35页。

虽然存在调查不够深入，过多依赖历史文献而不是田野资料进行分析等不足，但是该文仍然是目前较为系统地从历史层面和现实层面两个角度审视壮族国家认同的历史演变和现状这一问题的研究成果。对于我们的研究有一定参考意义。

总之，从对壮族在各个历史时期的国家认同进行分析，我们认为，壮族的国家认同之所以从无到有，从微弱到不断强烈的变化，主要在于壮汉之间的互动频繁，儒家思想的渗透，以及共同抗击外来入侵等战争的因素影响等原因。

第二节 从"归顺"到"靖西"：靖西壮族的国家认同

本节以边疆地区的靖西壮族作为研究对象。问题在于，处于边疆地区的靖西壮族在国家认同上有哪些特点，有哪些值得总结和借鉴的经验？通过该案例研究，可以为国家认同研究提供哪些新的观点或补充？本文将从历史与地名、现实与经济以及文化遗产三个方面展开论述靖西的国家认同和边疆治理问题。

一 从"归顺"到"靖西"：历史与地名中蕴含的国家认同意义

靖西市隶属广西壮族自治区，百色市代管的县级市，位于广西西南边陲，南与越南接壤，地处中越边境，边境线长152.5公里，3322平方公里。南与越南社会主义共和国高平茶岭县、重庆县山水相连，西与那坡县毗邻，北与百色市区和云南省富宁县交界，东与天等县、大新县接壤，东北紧靠德保县。总面积3322平方公里，耕地面积50.31万亩，人均耕地面积0.78亩，是典型的石山地区，全县有168个自治区重点扶贫村，贫困人口仍有8.37万，居住破旧危房农户2.16万户，15.1万人人均耕地不足0.5亩，2.43万人人均耕地不足0.3亩，是集"老、少、边、山、穷"于一体的国家扶贫开发工作重点县。辖8个镇、11个乡，291个村。其中，有13个乡镇位于边境线0—20公里范围内。2014年，总人口67万，是百色市人口第一大县，也是广西八大边境县（市）中人口最多的县份，壮族人口占总人口的99.4%，是全国典型的壮族人口聚居地。是百色市12个县（区）和广西沿边8个县（市）中人口最多的县。2015年

8月1日，撤销靖西县，设立县级靖西市。2015年12月12日，靖西市正式挂牌。

靖西市历史悠久，随着历代政治上的兴衰更替，她的名称也相应变换多次。在唐朝属于岭南羁縻地，本名归淳，元和年间更名为归顺州。到了宋端宗景炎元年（1276年），江西广丰府广丰县人张天宗起义兵随文天祥抗元，失败后率众欲到安南，途中迷路，来到那签，也就是今天的旧州。在这一带开辟峒地，名叫顺安峒，意为顺遂安定之意，峒衙就置于那签。张氏传位五代，历时136年。后来被镇安（今德保）土司岑永福夺取，岑氏夺取顺安峒后，改峒名为归顺州，意为归顺于岑氏土司，至岑氏第十代土司岑继刚时，才把归顺州城迁移到计峒，也就是今靖西县城。岑氏十三代土司共十六位土官，共统治归顺州长达320年。到了清末，中法战争结束后，两广总督张之洞鉴于归顺州地处边防要地，向朝廷把归顺州升为归顺直隶州。民国元年废州设归顺府。民国二年（1913），因帝制废除，便取消"归顺"二字，废府设立靖西县。

那为什么取消"归顺"而取名"靖西"呢？根据清顺治八年（1651年）布政司崔雅维向朝廷作抚恤土司的呈报中就有"以靖疆索"之语，突出一个"靖"字，随后州城也称"靖城"。据考证，靖城二字带有绥靖边地之意，有浓厚的封建色彩，到了民国初年，广西都督陆荣廷招县内一些名士商议取县名的事，根据民意和地理位置考虑，因靖城位于广西的西部，便用靖城的"靖"字与广西西部的"西"字组合，称"靖西"也意为广西西陲边地安宁美好之义。①

一个县名的由来寄予着百姓对当地生活和社会发展的厚望，也是族群间交往的符号。从靖西县县名的变换，我们可以看到它的历史渊源和社会变革，以及民族间的交往、互动情况，所以值得我们去探讨。同时，靖西县的名称来历也反映了壮族一心向着中央，具有高度的国家认同意识。

如今的靖西县已经升格为"靖西市"，进一步彰显其对于国家边疆安全的重要意义。2015年8月1日，《民政部关于同意广西壮族自治区撤销靖西县设立县级靖西市的批复》（民函〔2015〕247号）：撤销靖西县，

---

① 靖西县社会科学界联合会主办：《美在靖西——靖西社科纵横黄汉英专辑》，2012年第2、3期，原载《右江日报》1984年4月22日。

设立县级靖西市,以原靖西县的行政区域为靖西市的行政区域,靖西市人民政府驻新靖镇新华街339号。靖西市由广西壮族自治区直辖,百色市代管。公开资料显示,位于靖西县南部的龙邦镇龙邦口岸始建于1896年,是国家一类口岸,距县城42公里,距百色市221公里,距广西首府南宁302公里。口岸距越南茶岭县城5公里,距越南高平市38公里,距越南首都河内320公里。

那么,为什么要撤县设市呢?地处中越边境的靖西此次撤县设市或是为顺应国家"一带一路"的发展规划。根据国务院授权新华网发布的《推动共建丝绸之路经济带和21世纪海上丝绸之路的愿景与行动》,中国将在西南地区发挥广西与东盟国家陆海相邻的独特优势,加快北部湾经济区和珠江—西江经济带开放发展,构建面向东盟区域的国际通道,打造西南、中南地区开放发展新的战略支点,形成21世纪海上丝绸之路与丝绸之路经济带有机衔接的重要门户。靖西向来是我国与越南等地对外贸易的重要口岸城市。

此外,铁路和高速公路的开通,有望将靖西打造成为中国西南通往东盟市场的出口大通道。作为中国第三条延伸至中越边境的铁路,德保—靖西铁路构成了广西与东盟间的国际新通道;去年底百色—靖西高速公路通车,与汕昆高速相连,打通了靖西与中国西南云南和贵州两省的联系,使靖西由末梢变成了枢纽;中国百色—越南高平国际道路客货运输已开通;靖西—龙邦铁路已进入可行性研究阶段,建成后向南可与越方铁路对接。①

可见,撤县设市进一步提高了靖西在国家贸易往来、交通纽带等的战略地位,加强了靖西壮族的国家认同感和向心力。

二 日常中的边疆意识与"兴边富民"行动中国家认同的经济保障

处于边疆地区的靖西,一直对维护国家边境安宁起着非常重要的作用。在民族国家架构内,国旗是普通民众认知国家象征的最通俗方式,一旦通过对这一象征而展示了对共同体的承诺,个人就证明了对共同体的忠诚。笔者走访了被称作"南疆国门第一村"的龙邦镇护龙村,该村位于中越国界的护栏边上,这里的居民楼楼顶上都飘着五星红旗,有的家庭客

---

① 广西靖西撤县设市获批复,谋局西南地区面向东盟的经贸新高地,2015年8月19日。

厅里庄严地摆放着迷你国旗。沿边路旁的村庄甚至整个龙邦镇家家户户都挂国旗。吕俊彪在研究京族的族群认同与国家认同问题时,也注意到类似现象,国旗迎风招展,成为京族地区的一道风景线。他说:"2005年以后,在当地政府的倡导之下,居住在京族地区城乡主要交通要道两侧的京族人家,不仅在类似于国庆节劳动节这样的重大节日悬挂国旗,而且在平日里也都能够坚持这样做。于是,'挂国旗'也就称为了京族地区的一大'特色'。如今但凡到过京族地区的人,都可以或多或少地感受到当地京族人这种纯朴的爱国热情。"①

弗朗兹·博厄斯认为:"国旗绝不仅是装饰品,而具有很强的感情作用。国旗能唤起人们的爱国心,它的价值不能仅从形式上去理解,它是以形式同人们感情世界的某些具体方面的结合为基础的。"② 边境上的一位居民告诉笔者:"作为中华民族的一员,真的很荣幸。越南现在还是相对落后的,比我们穷,贫富差距太大,虽然我们这里也有贫富差距,但是至少可以温饱,他们那里有些地方不是这样的。"尽管多数居民从经济基础的角度认同国家,但也是以国家及民族的自豪感和自信心为出发点,飘扬的五星红旗不仅是对祖国领土和主权的维护,也是个体对"生于斯、长于斯"故土的依恋,更是"祖国在我心中"的强烈表达。

在访谈中,靖西壮族民众跟我们讲述了处于边境地区的他们与越南人民之间的来往与通婚情况。

梁:那个龙邦镇的十二道门是什么意思?

黄:十二道门啊,十二道门原来好像是古代的一个抵抗外来侵略的防御工具,好像长城的作用一样。我们靖西现在是驻军在那里搞一个岗哨。

梁:中越边防军哦。那靖西靠近越南,中越之战到现在咱们靖西跟越南一直是和平共处的吧?

黄:作为边防来讲呢,原来打战,也有好的,也不完全敌对完。因为靖西和越南在婚姻方面交叉很多,有的越南妇女嫁到我们中国,

---

① 吕俊彪:《京族人的族群认同与国家认同》,社会科学文献出版社2014年版,第116页。
② 弗朗兹·博厄斯:《原始艺术》,金辉译,上海文艺出版社1989年版,第93页。

有的我们中国嫁到越南,然后双方变成亲家了,所以好的也有。但是从国家的角度来看呢,有时候为了争点土地啊就对立起来打架也有。

梁:那现在靖西很多妇女嫁过去吗?

黄:有的,边境那里有。

梁:或者是越南很多女性嫁到我们中国过来。

黄:不过现在婚姻登记严格一点,我们中国的男人很少要越南的。但是我们到越南去就不那么严格,那个婚姻登记啊。

王:是他们过来就限制得很严格,但我们过去他们就不管。

黄:他们越南那边一个男的要两三个老婆都可以,不像我们这边。

梁:可是现在网上看新闻说男人娶老婆成本好高啊,要房子车子什么的,但是去越南娶老婆成本低。

黄:甚至两只公鸡就可以了。

梁:不用给钱吗?

黄:钱的话有时候他们要一点,不过给少一点也行。

梁:几千块钱就可以了。

黄:几百块钱有时候他们很高兴了。

梁:哇,这么好。

黄:但是我们对外婚姻登记很严格的。①

日常生活中,靖西边疆地区家家户户悬挂国旗,反映了边民强烈的边疆意识和国家认同感;边民与越南人之间的通婚情况,体现了两国人民的友好往来。

2000年以来,靖西县已先后被国家民委列为全国兴边富民行动试点县和被确定为全国兴边富民行动重点县为契机,围绕《中国农村扶贫开发纲要(2001—2010)》和《兴边富民行动"十一五规划"》的目标任务,认真贯彻落实自治区党委、政府关于开展兴边富民基础设施大会战工作部署,以经济建设为中心,以群众脱贫、财政脱帽为目标,扎实推进兴

---

① 访谈对象:梁福昌、靖西县壮学会会长黄绍壮。访谈时间:2013年7月30日上午10:10。访谈地点:靖西县政协文史委办公室。

边富民大行动，全县综合经济实力明显增强，边境民生得到极大改善。

通过实施"兴边富民"行动基础设施建设大会战，极大地改善了边境地区贫困落后的面貌，靖西一步一步从对外开放的末端走向开放合作的前沿，达到固边兴县惠民的目标。一是边境农村基础设施条件得到全面改善。基本实现了乡乡通油路、村村通公路、村村通电、村村通广播电视、村村通固定电话和移动电话、村村建有卫生室的目标。为靖西边境少数民族经济发展打下了牢固基础，拓宽了边民的脱贫致富之路，使靖西成为外地客商关注的投资热土。二是人民生活水平不断提高。全县贫困人口从2000年的28.86万人减少到2010年末的8.37万人，累计解决20万贫困人口的温饱问题，农民人均纯收入由2000年的1288元增加到2010年的2947元。解决了6.15万人行路难的问题和2.66万人饮水难问题，3.2万人住进了宽敞明亮的住房，4.4万人用上了清洁的沼气，1.2万名学生住进新的教学和宿舍楼。建立了覆盖城乡居民的社会保障体系建设和多层次的医疗保险体系，边境0—3公里农村居民全部纳入农村低保范围，城乡困难群众实现应保尽保。2011年参加新型农村合作医疗农民达56.1万人，参合率达97%。三是农民增收渠道进一步拓宽。通过改善水电路等基础设施条件，边境地区贫困农民的自我发展能力明显提高，因地制宜发展烤烟、桑蚕、水果、甘蔗、中草药等特色农业产业，极大地增强了边境地区经济发展后劲。交通落后、信息闭塞等问题解决之后，边民开始走出家门，务工经商，全县每年外出务工人员达13万人以上，年劳务经济收入达12亿元以上，劳务输出成为农民增收的亮点。四是边境民族地区广大农村劳动者素质得到全面提高。十年中累计投入少数民族发展资金133万元，举办烤烟、生姜、桑蚕、水果、茶叶、种草养牛、生态养鱼等种养技术培训班和村医培训班共96期，培训农民2.8万多人；印发各类技术资料3.1万多份。组织项目重点乡镇的干部、农村种养能手代表共500人分批次到北海、桂林、钦州、田阳等区内经济发达地区进行参观学习11次（期），开阔视野，增长知识，学习外地先进技术和经验，不断提高农民的种养技术技能水平，使项目区干部、群众的思想观念和科技素质得到全面提高。五是县域经济综合实力明显增强，边境社会和谐稳定。全县生产总值从2000年的12.2亿元增加到2010年的71.81亿元，全社会固定资产投资从2000年的2.91亿元增加到2010年的82.61亿元。财政收入从2000年的6325万元增加到2010年的7.51亿元。①

经济持续快速发展，教育、科技、文化、卫生、体育、广播电视等事业全面发展。靖西先后获得"广西县域经济发展进步奖""广西优秀旅游县""广西科学发展十佳县"和"中国西部地区两基攻坚先进县""全国双拥模范县""广西招商引资工作先进县""广西民族团结先进集体"等荣誉称号。这些荣誉说明靖西县在经济、政治、社会等各个方面都呈现出了良好局面。"兴边富民"行动基础设施建设大会战的实施，有力地推动了靖西基础设施的建设，提高了当地的经济发展水平，为边疆地区壮族的国家认同提供了坚实的经济和社会文化基础。

三 侬智高与"南天国"遗址安德镇：文化遗产中的爱国主义精神

安德镇位于靖西市市区西北部，是靖西市的"北大门"，东靠龙临镇和果乐乡，南靠三合乡，西与南坡乡相毗邻，北部与那坡县接壤，可达云南省，是桂西入滇的重要门户之一。320省道横穿境内，靖西至那坡高速公路过境19.8公里并在境内设有互通口，镇域总面积219.5平方公里，辖20个村（街），总人口4.39万人。与边境口岸重镇龙邦镇、镇域综合实验改革试验区湖润镇并称靖西的三大重镇。故而，研究靖西壮族的国家认同问题，关注千年古州安德镇就显得理所应当。

安德镇建置历史悠久，唐代唐德宗贞元十二年（公元796年），中央封建政权在安德设安德州，历史悠久，素有"千年古州"美誉。安德镇人文底蕴深厚、民俗文化丰富、自然生态独特，是壮族首领侬智高建立壮民族第一个地方政权——南天国的故地，是民族英雄刘永福建立"黑旗军"的发祥地，是滇、桂、粤三地商贸交流"滇桂走廊"和"百粤古道"的必经之地，是融入《左右江革命老区振兴规划》新兴的文化旅游目的

---

① 靖西县人民政府：《兴边富民十年磨一剑　壮乡靖西矢志铸丰碑——靖西县深入实施兴边富民行动10年工作总结》，2011年6月27日。

地。2013年，广西壮族自治区人民政府公布了区内第二批历史文化名镇6个、名村16个，安德镇荣膺其中。2015年4月，安德街入选自治区首批传统村落名录。2015年11月，成功入选自治区城镇化建设百镇示范工程试点镇。

安德镇境内山川雄峻，自然风光绮丽多彩，自然资源、人文资源丰富，文化底蕴浓厚，民风淳朴厚正，民俗特色鲜明。境内有古房建筑、南天门、三层塔、英雄纪念碑、灵山、观音山、魁神山、歌仙洞、照阳关、南天国遗址、石林、龙皇钓鱼台等十几个名胜景点。距镇政府不远处的公路上，有一座险峻的大山，山腹上下有两个穿山洞，上洞宽70米，高80米，为古时桂西进入云南的唯一通道，这就是照阳关。据清《归顺直隶州志》载，"朝旭东升，正照洞中"，故名照阳关。照阳关的岩壁上刻有历代文人墨客的题刻，笔力雄浑。照阳关地势险要，有一夫当关，万夫莫开之势，洞口的两边自古筑石下洞宽20米，高15米，长100米。1949年修通公路，使天险变通途。这里自古为兵家必争之地。北宋时，壮族首领侬智高的起义部队就在洞中扎营；清初，藩王吴三桂余部曾在上洞垒筑石墙把关（当时下洞之路未通）；清末，天地会农军首领吴亚终部也曾驻扎此洞。这些历史遗迹昭示着安德镇在岁月长河中积淀着浓厚的文化底蕴，而这些文化的创造者与传承者，也正是世世代代生活在这里的壮族人民，他们或是土生土长，或是自外迁徙，都随时间的推移而成为了最淳朴的壮族人民。

近年来，在上级党委政府的正确领导下，镇党委政府围绕"农业立镇、文化名镇、生态美镇、旅游兴镇、商贸旺镇"的发展思路，以特色旅游业为主导，以观光型生态农业、规模化扶贫产业为两翼，坚持多措并举，多头并进，推动安德经济社会跨越发展。

在调查访谈中，笔者发现，安德镇的照阳关在老一辈安德人心中的认同度很高，他们普遍认为那里是英雄人物聚集的地方。不过，随着文化开放和经济发展，照阳关被年轻一代关注越来越少了，我先后和两位生活在照阳关脚下小村的七旬老人聊过天，他们说，自己儿时还在照阳关上放牛、玩耍，是那时孩子们最爱去的地方。当时上山的路也有几条，山上还有矮墙、烽火台等，他们都多多少少知道照阳关的历史人物以及不少故事，可现在的年轻人不同了，有了手机、电脑，就没有人上山玩了，上山的路早已长满了及腰杂草，父母也不给他们讲历史故事，他们只是知道那里是"古代打仗的地方"就一无所知了。年轻一辈把照阳关当作一处景点多于当作壮族英雄聚集地。政府已经注意到这一点，将安德镇的众多遗迹列为文化遗产，这将会重新激发当地人的民族自豪感，从而挽回这一局面。

此外，"南天国"遗址位于安德镇。乘车前往安德镇，在一条通往安德街不远的公路上横亘着一扇"大门"建筑，该建筑就是著名的"南天门"，抬头可见门口上方书写着"安德南天国置地"几个大字，从而把安德镇这个地方与外界隔离开来。南天门左右两边的对联写道："思过去侬公武略文韬立天国，看今朝德众心雄志壮兴古州。"

碑文详细介绍了建立和重修"南天门"的始末：

> 史载一〇四五年间壮族首领侬智高在安德建立"南天国"抗交趾、反朝廷，取得赫赫战功，成为民族英雄。昭彰他的英雄事迹和爱国主义精神，乃为安德人民之夙愿。
>
> 今日欣逢盛世，改革开放"思过去侬公武略文韬立天国，看今朝德众心雄志壮兴古州"。建"南天门"是安德人民的中心愿望。在得到地、县、镇各级党委政府、各界仁人志士、各地各位同胞的大力支持，慷慨解囊捐资赞助，以及安德人民的努力，于一九九五年建成"南天门"。
>
> 然而二〇〇一年国家建设二级公路，从八米路面扩大到十四米宽，暂时拆倒"南天门"。如今二级公路已竣工通车。安德人民为了世世代代纪念，歌颂壮族首领侬智高，倡议重建"南天门"，并得到县党委政府、各单位、各界仁人志士、各地各位同胞的厚爱，再次解囊、赞助，于二〇〇二年十月竣工庆典，安德"南天门"成为又一处爱我中华的爱国主义教育基地，和新的人文景观旅游胜地。

南天门的来历，是与侬智高起义的历史息息相关的。作为那段历史的见证，伫立于祖国的南疆。如今的安德镇人以节日仪式的方式来纪念侬智高这个民族英雄，同时南天门成为爱国主义教育的基地，也是壮族对国家高度认同的体现。

图十　靖西市安德镇的"南天门"（王晟阳摄，2013 年 7 月）

笔者于 2015 年 12 月 3 日参加在南宁举办的"侬智高学术研讨会"后，在会务组的安排下，于 12 月 4 日与 40 余名专家学者一起前往靖西县安德镇考察。在安德镇街口，安德镇镇长给我们介绍了该镇的基本情况，以及即将于明年动工的"侬智高文化广场"（当时已征好地）和"侬王圩"（集购物、娱乐于一体的圩市）建设项目。可以想象，这两大工程完成之后，侬智高文化将成为安德镇首要宣传的地方历史文化。

随后，我们来到位于安德镇中学附近的一处广场观看"侬智高六旗兵阵"盛大表演，据说这也是近几年当地政府推出的一大表演节目。据称，安德是宋代侬智高所建的壮民族第一个地方性政权——"南天国"故地，侬智高作为壮族的民族英雄，他起兵反抗交趾李朝统治者的北侵，反对中国宋朝统治者出卖国土的投降政策和民族压迫民族歧视政策，是建立过卓著历史功绩的英雄人物，历来受到中国壮族、越南岱族侬族、老挝老龙族、泰国傣族、缅甸掸族共同的崇拜，在东南亚有广泛影响。大型原创武舞《侬智高六旗兵阵》的创作灵感源于公元 1050 年，侬智高在安德建立南天国后，实行全民皆兵，把安德周边 6 个自然屯分别定为黄、紫、红、青、蓝、绿六色旗号，中心安德街则以黑旗为总指挥旗。每旗为一队人马，举旗召众，以应付急事，史称"六旗"。

图十一 安德镇"侬智高六旗兵阵"表演场景（罗彩娟摄，2015年12月3日）

《侬智高六旗兵阵》分别由《大刀阵》《藤牌阵》《三叉阵》《弓箭阵》《钴铲阵》《铁尺阵》组成，由180余名演员参与表演。各方阵在震撼人心的鼓点指挥下，摇旗呐喊，挥兵斩将，生动地再现当年侬智高六旗军雄壮的军威场景。

为纪念壮族英雄侬智高，安德镇举行一年一度的"靖西·安德南天国故地民俗文化艺术节"活动，2013年5月7日的艺术节日程安排除了有开幕式、观看农民画展和斗鸟比赛，文艺表演和山歌比赛之外，还有下午2—3点在二级路、大街举行的侬智高六旗兵阵巡街这一环节。

侬智高六旗兵阵向我们展现了宋朝时期侬智高率领部队抵抗交趾的壮观场面，再现了壮族人勇于抗争、一心向国、保卫领土的爱国志气。这场成功的表演无疑对于重塑侬智高爱国主义精神有重大意义，对于增强壮族同胞的爱国情怀同样至关重要。

综上所述，首先，"靖西"这一富有边地美好安宁寓意的地名，彰显着边疆地区国泰民安的真实画卷，撤县设市的国家战略，更为突出靖西对于国家边疆安全的重要意义；其次，边疆地区家家户户升国旗，是边民边疆意识和国家意识的充分表达；地方政府依托兴边富民大行动，大力发展经济和文化教育等事业，为靖西人民营造富足安康的生活环境，致使边疆壮族表现出对国家的高度认同感和向心力；再次，靖西地方政府和民众一方面充分挖掘当地深厚的历史文化资源，以侬智高作为爱国主义英雄的象征，透过年度节日和还原历史场景的展演等方式来重塑人们的爱国主义情操。反过来，处于边疆地区的靖西壮族为国家社会稳定、边疆安全做出不可磨灭的贡献。对于壮族来说，在维护边疆安全上贡献突出，正是壮族对国家有高度的认同感和使命感所致。

透过靖西的国家认同案例，可以得出如下观点。其一，在加强边民国家认同上，可以充分而又合理地利用已有的历史资源，通过民俗节日、表演让历史资源重回日常生活中，强化边民的国家意识和认同感；其二，民族认同与国家认同并非截然对立，民族认同是国家认同的基础和前提。如何更好地加强地方民众的民族意识和民族认同感，从而达到国家认同的目的，是我们需要进一步思考和努力的方向。靖西对侬智高这位民族英雄的纪念和宣传活动即是成功的例子；其三，县（市）名的变更亦可寄予国家对于边疆安宁的寓意，深化边民的国家意识；其四，经济和社会发展是实现国家认同的重要保障。若不能解决温饱问题，甚至仍处于贫困线下，边民无法安居乐业，他们对国家的认同意识和爱国情操则无从谈起；其五，国家认同的路径并非单一不变，应当结合具体的历史背景和地理环境与资源，寻找出最为适宜和理想的路径。

第三节 "骆越古国"遗址与"中华文化源头"：武鸣壮族的国家认同路径

随着认同研究的深入，"认同"概念逐渐走出单一的心理学研究范畴，进入到社会学和政治学领域，用来表示某个特定主体与特定客体之间的关系。认同具有多样性，其中民族学、人类学者较为关注族群认同、文化认同、国家认同。在全球化的背景下，民族国家受到超国家的区域认同及超国家的民族认同的双重冲击，"国家认同"（National Identity）便成为近年学界探讨的热点问题。

覃彩銮有关广西民族"四个模范"研究的系列论文，探讨了壮族的民族认同和国家认同问题，他回顾了壮族民族认同与国家认同的发展历程，提出"壮族的民族认同，经过了一个自在到自觉，从朦胧到逐渐清晰、从小到大、从局部到全局、从各支系到整个民族的发展过程"。纵观历史上壮族及其民族认同的发展规律，有一个突出的特点，就是促进其民族认同的方式总是和壮民族联合举行的反抗斗争相联系。

壮族的国家认同与不同历史时期王朝对边疆的治理政策与对外抗争历史有密切关系：如唐宋推行羁縻州和土官制促进壮族的国家认同；元明时代土司制增进壮族的国家认同；明清时期的改土归流政策对壮族的国家认同有莫大影响；清代抗法斗争、抗日战争与壮族的国家认同之间的关系；以及新中国建立后党的民族政策的贯彻落实进一步提升了壮族国家认同感。①

可见，有关国家认同的研究侧重于对全球化背景下的当代民族国家社会中的国家认同探讨，较少从一个民族内部的历史发展和具体的文化特征来研究；侧重于宏观上的研究，较为缺乏微观上的研究，致使国家认同的相关研究成果有缺乏深度之嫌。在此背景下，笔者将以百越文化中的骆越文化，及其在南宁市武鸣区这个具体的时空场景中所具有的意义来探讨武鸣壮族人的国家认同路径问题。

走在武鸣的大街小巷，随处可见各种写有宣传标语的广告牌，比如在一个公交车站，就看到"讲文明树新风"公益广告——"中国梦是民族的梦，也是每个中国人的梦"。这把个人的梦想联系民族再到国家的梦想联系起来，起到一定的宣传作用，也表明了我们每个人，每个民族的发展都离不开国家的发展。这更是壮族对国家认同的充分表达。

在武鸣的一片绿化带上，我们看到另一块牌子写着"说好普通话，朋友遍天下；说普通话，迎四方宾客；用文明语，送一片真情"，这是对普通话意义的诠释。即使是在以当地壮语为标准音而极力主张说本民族语言的武鸣，人们仍然不忘对普通话这一"国语"的认同，也是对国家的认同。

一 "中华文化的源头"——骆越文化与武鸣壮族的民族文化认同

从20世纪末至今，特别是21世纪初，考古学家、民族学家、历史

---

① 覃彩銮：《壮族的国家认同与边疆稳定——广西民族"四个模范"研究之二》，《广西民族研究》2010年第4期。

图十二 武鸣城区里的宣传标语（罗彩娟摄，2013年7月）

学家等对古骆越的历史考察、文物普查进行了深入的研究。学者们研究发现，早在5000多年前，古代骆越先民已经创造出了自己的青铜历史，并发明了稻作文化，这才重新确认古骆越文化也是中华文明的重要源头。

根据历史记载，今广西是古代的百越族群中政治、经济、文化发展相当高水平的西瓯和骆越的居住地。西瓯在今桂北一带，骆越在今桂南，经过考古学发现，古骆越都城在今武鸣区陆斡、马头、罗波、两江等镇一带，而骆越文化的最核心部分在祖宗圣山——大明山一带。古骆越所包括的民族也很复杂，在我国华南以及东南亚的广大地区，生活着与远古时期骆越人后裔近亲的现代壮侗语族族群，主要包括中国的壮族、布依族，越南的岱族、侬族，老挝的老龙族，泰国的傣族，缅甸的掸族，印度的阿洪人等20多个民族，人口约1亿人。历史上这一语族族群曾以现今壮族居住的邕江和左右江流域为中心之一，以大明山为核心向外迁徙，骆越文化就成为这些民族共同的精神家园了。覃圣敏在《瓯骆古都及其南迁》一文中谈到，"西瓯与骆越在先秦时期是岭南两个不同的族群，后来，为了抵抗秦军的南来，这两个族群结成了一个联盟以共同抵御秦军。这个联盟的名称称为'瓯骆'"①。

梁庭望认为，从活动区域、历史文化语言划分等方面的研究证明，骆越文化属于古代中国和古代中华文明，而且骆越文化主体在中国境内，并强调骆越文化研究有力促进了我国边疆历史文化研究。他进一步表示，骆越文化研究还具有重要的现实意义，骆越古国最早开发岭南、最早开发南海、最早经营南海交通的三个方面研究结论，与国家南海局势和"一带一路"战略密切相关，不仅占领了骆越文化研究制高点，而且为真实展现古代中华民族发展及其在古代东方世界所处重要地位做出了特别贡献。② 强调了骆越文化主体在中国境内这一历史事实，肯定了骆越古国的三个最早的贡献，指出骆越文化研究与国家南海局势和"一带一路"战略之间的密切关系和现实意义，从而拓宽了骆越文化研究的视野。

具体到南宁市武鸣区的情况，无论是文献记载还是田野调查资料，均表明当地壮族对"骆越文化是中华文化的重要源头"有深刻的认识和高度的认同，而在实际行动中充分挖掘和弘扬骆越文化，树立正统的族源记忆，彰显自身的民族自豪感和高度的国家认同感。

《武鸣县图经》里记载："武缘水，即古骆越水。"武缘即今之武鸣，可见骆越文化的时代之久远。在《逸周书·王会解》中记载，商朝建立后，四方都来朝贡，开国皇帝汤于是命令大臣伊尹确定四方各国需要进贡的物品，"正南瓯、邓、桂国……请令以珠玑、玳瑁、象齿、文犀、翠羽、菌鹤、短狗为献"，并提到"路人大竹"，其中的"瓯""路（即骆）"，应是西瓯和骆越。在周代的一些青铜器上曾有"南交""南国""南瓯"等铭文，也都跟岭南古国相关。而那些贡品正是当时西瓯和骆越盛产的重要物资。这些文献记载都是骆越文化盛极一时的充分证据。

在武鸣县罗波镇罗波庙旁的宣传墙报上，我们看到了有关"骆越文化——中华文化重要源头之一"的宣传海报。在宣传栏里如此写道：

"骆越"也写作"雒越"，"骆越"就是最早居住在骆越地以鸟

---

① 黄全安：《武鸣骆越文化遗产撷英》，广西民族出版社2010年，第146页。
② 梁庭望：《骆越人商周时期即已开发和管理岭南和南海》，中央民族大学新闻网，http://news.muc.edu.cn/content/details_1_8263.html。

为图腾种植水稻的族群。"骆越"古壮语读做"rokwet",也就是我们今天所在的大明山下的以陆斡为中心的地域。

骆越族群最早在"骆越"地兴起后,沿着"古骆越水"(今武鸣河、右江河郁江)向南、向东和向北扩展,形成了百越族群,后来大部分北上和东进的百越族群又融合氐羌族群形成华夏族群。骆越民族是百越民族的核心,也是中华民族的重要组成部分。近年来的分子人类学的研究成果证明,岭南的大部分族群包括汉族、壮族、侗族、布依族、黎族、傣族、仫佬族、水族、毛南族都有古越人的血脉,都是骆越民族的后裔。

夏商时代骆越人在大明山下建立了骆越王国,古骆越人在中国岭南创造了灿烂的文化,其中稻作文化、棉纺织文化、航运文化、花山文化、铜鼓文化、针灸文化、龙母文化对中华文明乃至世界文明都影响深远,成为中华民族和世界的重要文化遗产。

天地作证,山水作证,骆越后裔民族的祖山就是大明山,骆越后裔民族的母亲河骆越水的源头就在罗波镇,骆越后裔民族的根就在这里。

此外,我们在武鸣庆乐小学宣传栏上看到武鸣骆越文化的有关介绍:

武鸣的古骆越文化是广西文化的根,只有了解武鸣的古骆越文化,我们才能真正认识广西的文化,也才能正确地定位和建设广西的文化。武鸣古骆越文化遗存的丰富性、独特性和神秘性使得许多记述广西历史的著作都显得浅薄和武断。……武鸣古骆越文化的各种密码的破解使得我们重新认识了武鸣在广西文化的地位,也重新认识了广西在全国文化的地位。古骆越文化是百越文化的核心,是中华文化的重要源头。

随处可见的骆越文化宣传栏,足见骆越文化早已深入人心。武鸣壮族人对自己的族源有深刻的认识,对自己的民族古文化——骆越文化家喻户晓,更以骆越先祖创造的作为中华文化重要源泉的光辉灿烂的骆越文化而自豪,强大的民族自信心和国家向心力昭然若揭。

二 "中华文明发祥地"——骆越古国遗址与武鸣壮族的国家认同

近年来，学者们通过实地调查和研究，对骆越曾经建立的地方政权达成共识，承认骆越人曾经建了"国"。罗宾认为，骆越古国的开始应该是部落结构，经过很多年代之后，大小部落才逐步合并成为"国"。之所以承认它是国，是因为它有"骆王、骆侯、骆将、骆民"，这些都是汉文书籍上有记载的。① 但对于这个国到底是古国还是方国还有一定的争议。"古国—方国—帝国"理论，是中国著名考古学家苏秉琦先生1994年提出的。他在概括中国国家起源的三个发展阶段时，将其称为"三部曲"。② 其中，古国时代是指距今五千年前后出现的高于部落以上的、稳定的、独立的政治实体。古国最先是从辽西地区红山文化考古中提出来的。古国时代以后是方国时代，古代中国发展到方国阶段大约在距今四千年前。与古国是原始的国家相比，方国已是比较成熟、比较发达、高级的国家。夏、商、周都是方国。方国时代之后，便是帝国时代。以距今二千年前秦始皇完成统一大业后建立的秦帝国为标志，并为汉帝国及以后所延续。

相关的研究成果还是很多。例如，罗世敏主编《大明山的记忆：骆越古国历史文化研究》（2006）、梁庭望《古骆越方国考证》（2014），对骆越国的相关问题做了较为全面、深入的研究，认为今大明山西麓下的武鸣县马头一带应是骆越国的中心。2013年，中央民族大学梁庭望教授承担国家社会科学基金项目"古骆越方国考"的研究，对骆越源流史、古国范围、社会面貌、经济发展、文化成就等做了全面、深入研究与揭示，认为骆越国的范围东至今广西中部的红水河流域，南至今广东雷州半岛以至海南岛，西至云南东南部的广南、富宁一带，西南至越南北部以至南海诸岛。③ 如今，这一项目已经圆满完成，并举办了成果新闻发布会。可见，梁庭望教授及其团队是把它当成方国的。据中央民族大学新闻网报道：

---

① 罗宾：《灿烂的骆越古国文化》，载《罗宾集》，线装书局2011年版，第71页。
② 苏秉琦：《中国文明起源新探》，辽宁人民出版社2011年版。
③ 覃彩銮、付广华、覃丽丹：《骆越文化研究一世纪》（上），《广西民族研究》2015年第4期。

2016年11月5日，由中央民族大学中国少数民族语言文学学院主办的"国家哲学社会科学规划重点项目'骆越方国研究'成果新闻发布会暨骆越文化研究学术研讨会"在我校举行。该项目负责人、著名壮侗语族民族历史文化学家、中央民族大学原副校长梁庭望教授向媒体表示，早在商周时期，我国壮侗语族（包括壮、侗、布依、黎、傣、水、仫佬、毛南等民族）的共同祖先骆越人，已建立起中国岭南地方政权"骆越方国"，并根据中央王朝的指令，开发和管理岭南和南海。

梁庭望教授说，骆越方国建立于商代中后期（公元前1300年前后），其政治中心在今广西南宁市范围及周边，都城在南宁市北郊武鸣区码头镇到骆越镇（地图标为陆斡镇）一带。骆越方国地域广大，包括广西西江以南，广东西南部，海南岛，南海的东沙群岛、西沙群岛、中沙群岛、南沙群岛等中国岛礁及相关海域，一度管理到交趾和九真。周宣王（公元前827年—公元前782）时期，骆越方国即已受周朝之命，负责开发和管理岭南和南海。骆越方国开发岭南和南海成绩斐然，创造了繁荣的稻作文化，留下了辉煌的花山岩画，培育了闻名世界的合浦南珠等。①

持类似观点的有郑超雄教授，他也称此为"骆越方国"，认为广西武鸣区马头镇元龙坡、安等秧发现商周至战国时期的墓葬群，是骆越方国的政治、经济、文化中心。墓中不但出土大量青铜兵器和青铜礼器，还有铸造青铜器的石范随葬，说明骆越方国当时已进入青铜文明社会。②

同样，梁庭望进一步指出了骆越国崛起的地域范围。在他看来，20世纪80年代对武鸣马头元龙坡、安等秧商周遗址的发掘，进一步证明了骆越国崛起的中心当在今南宁市的武鸣、邕宁、横县、马山、上林、宾阳一带。古骆越人在这一区域崛起、聚合，最终建立了骆越国这一地方政权，其都城就在马头墓葬群附近。③

---

① 梁庭望：《骆越人商周时期即已开发和管理岭南和南海》，中央民族大学新闻网 http://news.muc.edu.cn/content/details_1_8263.html。
② 郑超雄：《壮族文明起源研究》，广西人民出版社2005年版，第208页。
③ 梁庭望：《古骆越方国考证》，《百色学院学报》2014年第3期。

可见，学界基本达成共识，大多认为武鸣是壮族先民骆越人的祖居地和骆越古国最早的都城所在地。

马头镇位于武鸣区东部，大明山脚下，与上林县交界，镇人民政府驻地马头圩，距县城37公里，全镇有12个村委会、1个社区、97个自然屯、177个生产小组，有5833户共24738人。耕地面积2.6万亩，山林面积16.3万亩。经济收入主要以农业、林业和外出务工收入为主，每年外出务工人员都在8000人以上，主要以从事承包山林割松脂为主。2012年，马头镇荣获南宁市进步乡镇称号。镇东部的大明山，主峰龙头山，海拔1760米，为桂中南最高峰，西部为高丘陵地带，中部为冲积小平原。

考古发现，广西各地商代到战国时期的遗址、器物形成了以大明山为中心，武鸣、宾阳、上林、马山四县为内圈；忻城、来宾、横县、邕宁、南宁、隆安、都安等县市为外圈的分布格局。而其中年代最早、时间延续最长、最集中并有墓葬群的，只有武鸣马头一带。因此，马头镇有历史悠久、灿烂的骆越古迹和骆越古都，是大明山南麓骆越文化的发源地，是骆越古国遗址的中心腹地，有安等秧坡和元龙坡商周、战国古墓葬群，敢刀洞、敢猪岩洞葬及明清时期镆铘巡检寨石城等遗址，出土新石器时代石锛和商代提梁卣及战国时代铜盘、铜针、陶器、镯、环玉饰、兵器、石砺、石苑等1000多件文物，是名副其实的"骆越文化古镇"。

马头镇建有骆越文化展示馆，用于展示和宣传弘扬马头骆越文化，推动骆越民俗的发展，这里还流传着许多古老而独特的民族风情和民间传说及独特的民俗，其中"四月四"祈丰节是最为突出的节俗代表，我们将在下文讨论。

三 骆越古国的精神支柱：传说中的骆越祖母王与壮族龙母文化

骆越人有深厚独特的信仰文化，将蛇视为骆越部族乃至方国的图腾和象征。而且蛇图腾崇拜深深地渗透到更大的文化层面，存在大量的文化遗存。后来演变成家喻户晓的龙母崇拜文化。武鸣壮区保存有浓郁、深厚的龙母文化传说和文化遗存。目前，发现有壮族地名的蛇谷、龙母村、龙河（"达额"）、龙母庙、龙窟潭、龙母碑、龙母墓等。考察中还发现了壮族流传的龙母山歌。笔者已在其他论文中阐述了武鸣壮族的龙母文化表达与族群认同的关系问题，强调了龙母文化对于壮族族群认同的意义所在。①

在武鸣民间广泛流传的龙母神话故事，其主要情节是一个寡妇在路上捡回一条临死的短尾蛇，然后把它养育长大，寡妇死后，短尾蛇知恩图报，把寡妇葬在大明山的故事。寡妇在神话故事中就化身为龙母，短尾蛇就是"骆越王"的原形。在罗波镇的罗波庙里，供奉有龙母神像和骆越王的神像。每年的三月初三举行盛大的祭祀活动，并已发展为骆越文化旅游节。中国壮乡武鸣"三月三"歌圩暨骆越文化旅游节一年一度地在武鸣区罗波镇隆重举行。人们以骆越民俗独特方式公祭祖母王，向世人展示了壮乡"三月三"歌圩的风俗原貌和古骆越文化的内涵神韵。据2011年的相关报道：

> 2011年4月3日，中国壮乡武鸣"三月三"歌圩暨骆越文化旅游节首次骆越始祖王祭祀大典在武鸣县骆越古镇罗波镇隆重举行，上万名当地群众和游客在罗波社区文化广场参加祭祀大典，共同以骆越民俗特有的方式祭拜骆越祖母王"佬浦"（壮语：祖母王或阿婆王）。当天上午，村民抬祖母王"佬浦"画像巡游罗波社区内外两环接到后，在社区文化广场设祭台举行公祭，中央民族大学原副校长、教授、博士生导师梁庭望老先生在祭典上讲话，广西骆越文化研究会会长谢寿球读祭文，之后全体祭拜人员向祖母王三鞠躬，主祭人员和群众代表向祖母王敬献花篮，群众和游客列队轮流供奉祭品和烧香祭拜。公祭仪式结束后，当场举行场面盛大的百家宴、观看骆越点兵舞等民俗文艺演出活动，约有2000名村民和宾客同时进餐，欢享美食与文化同合的骆越特色民俗盛宴。同时，游人还在罗波潭边感受山歌歌会，到罗波庙烧香祭拜安放在那里的祖母神像等。人们以骆越民俗独特方式公祭祖母王，缅怀她带领和激励一代代骆越人开疆辟壤，建造家园的丰功伟绩。

2011年公祭骆越祖母王文如下所示：

---

① 罗彩娟：《文化表达与族群认同：以武鸣壮族龙母文化为例》，《广西民族研究》2015年第3期。

维公元 2011 年 4 月 3 日，武鸣"三月三"歌圩暨骆越文化旅游节开幕之时，南宁市和武鸣县各界民众追怀骆越祖母王功德，敬备鲜花、三牲和香烛，设祭台于罗波祖庙前，致祭我骆越祖母王曰：思远古，雒鸟呈祥；昆仑都广，荆榛莽莽。维我蒲王，奋发图强；鸟田开创，野稻成粮。降虎驯蟒，乜掘名扬。冶铜炼矿，文明肇张。开国骆越，化服各邦。点兵岭南，城埠列江。船济远，南海开疆。航路通畅，锚越重洋。伟哉蒲王，德被八方，骆越文化，源远流长。后裔绵绵，赖蒲以昌。哀哉蒲王，操劳徨徨，积劳成疾，终成国殇。魂归岜虽，葬彼之阳。遗爱子孙，庙祭哀伤。恩泽不忘，精神传扬，祀典告成，俎豆列张，来格来歆！尚飨！

祭文歌颂了骆越王开国建都、创造骆越文化的莫大功劳。在考古出土的文物中，马头出土的玉雕工艺品、铜卤有蛇的形状或纹饰，这些与当地民间传说的蛇图腾崇拜的"特掘""乜掘"（后来"龙母文化"的前身）有关，因此，龙母文化应该是大明山周围骆越人的信仰和精神支柱。我们也更进一步了解到骆越历史文化在今天的武鸣壮区是如何被人们以节日或纪念仪式来进行骆越文化展示和传承的。其突出的就是有关龙母的神话故事和骆越王祭祀庆典活动，从而起到了凝聚族群和加深民族、国家自豪感的作用。

四 "四月四"骆越文化旅游节与国家的在场

作为骆越文化中心、骆越古国的都城所在地，马头镇不论是在考古发现，还是文化展示上都做足了工作，提供了充分的看得见的证据。其中，犹以骆越文化展示馆和"四月四"骆越文化旅游节为典型代表。

为了展示和宣传骆越文化，提高群众的文化自信心，马头镇于 2012 年 11 月 27 日建成一个 60 平方米的骆越文化展示馆。骆越文化展示馆收集了全县骆越文化的民风民俗、民间传说等历史资料和历史文物，展示了 3000 多年来全县灿烂的骆越文化。展示馆截至目前投入改造经费 25 万元，建筑面积 132 平方米，配备有专业灯光音响、点歌系统、投影仪等设备，可作为文化教育、学习培训、文化娱乐等活动场所。展示馆分有图文展示和实物展示，图文展示由骆越文化概要、考古考证、民风民俗、民间传说、明山秀水和风流人物六个部分组成，编撰书籍一本，目前正联系收集县内外骆越文化书籍；实物展示主要是依靠广泛发动群众，以捐赠、购买、存放等方式从群众中收集文物，所收集文物都做好登记造册，文物以实物存放为主，因其他原因不能实物存放的，则通过登记造册和拍摄图片等方式收藏，展示馆共收集有战国兵器、古代生产生活用具等35件文物。如今，武鸣骆越文化展示馆是"骆越文化研究基地"，成为该区对外宣传骆越文化的主要窗口之一。

除了展示馆对当地骆越文化的图文和实物展示，武鸣区还以年度节日及相关祭祀活动来强化对骆越国文化的记忆。其中以罗波镇一年一度的骆越王祭祀大典和马头镇的"四月四"祈丰节为突出代表。

马头镇经过多年的努力，以"四月四"活动为载体，历史文化传承发展和生态经济建设发展卓有成效：敬三村和马头社区已被列入"三月三"歌圩传承基地和广西骆越文化研究会研究基地。在地方精英和政府的共同努力下，发源于马头镇敬三村雅家屯的"四月四"祈丰节于2014年被列入自治区非物质文化遗产名录。

图十三　2016年武鸣"壮族四月四"祈丰暨骆越民俗文化旅游节
（罗彩娟摄，2013年7月）

"四月四"祈丰节原为马头镇敬三村雅家屯的传统节日，最初的节日内涵是为了求雨以获得稻谷丰收。2010年，首届骆越民俗"四月四"山歌狂欢节在武鸣县马头镇敬三村雅家屯举行。2011年在雅家屯举办第二届骆越民俗"四月四"祈丰狂欢节。后来，由于雅家屯远离集市，交通不便，地方精英和政府部门认为不利于宣传骆越节日文化，遂于2012年开始将主会场转移到马头镇，但名称不变，仍称"骆越民俗'四月四'祈丰狂欢节"，2013年称为"武鸣马头'四月四'骆越文化旅游节"，2014—2016年，三年均改名称为"武鸣'壮族四月四'祈丰暨骆越民俗文化旅游节"。

隶属于马头镇敬三村的雅家屯被视为"骆越古村"。该村有中府大王庙遗址、龙母传说源地、壮乡古歌圩遗址、古兵寨遗址等；雅家岩敢刀洞因发现石器时代的石锛被列入武鸣骆越文化六大遗址之一；2010年9月该村出土一面冷水冲型大铜鼓，为骆越古村增添了历史文化佐证；龙母传说在民间妇孺皆知；体现骆越民俗风情的"四月四"山歌节、骆垌舞、古耕织技艺、壮家传统美食和各种民间习俗流传兴盛至今。更为令人注目的是位于雅家屯前的骆越文化广场。广场一端建有形似铜鼓的戏台，铜鼓戏台旁边立有两块石碑，其一为"雅家屯骆越文化广场建立碑记"，记录了广场于2011年5月6日建成，以此"聚四海能量建壮乡名村，扬骆越古风展雅家风采"；其二为功德碑，详细记载踊跃捐资的各方人士。铜鼓戏台主要用于"四月四"骆越文化旅游节举办活动的场地；广场另一端为一座两层楼房，是敬三村文化活动中心。处处彰显该屯的骆越文化气息。

笔者在论文"非遗视野下的武鸣壮族'四月四'祈丰节研究"中对"四月四"进行了较为深入的研究。那篇文章在对武鸣区马头镇进行田野调查的基础上，从"四月四"祈丰节的内涵、发源、文化表征入手探讨非物质文化遗产的保护问题。尤其是祈丰节在2014年被列入自治区非物质文化遗产名录之后，节日内容逐渐从生活化向舞台化和娱乐化发展。政府极力打造骆越文化品牌，骆越成为一个被附加上去的节日标签。当非遗成为重要的旅游资源，重宣传轻传承，商业化味道凸显的问题浮出水面。最后，就申遗之后的传承路径提出了一些思考和建议，包括贴近生活，活态传承；去标签化，回归传统；"官""民"合办，实现双赢。这是在非遗保护与传承的视角下进行思考和研究的结论。①

如果从国家认同的角度来看,我们也可以看到这场节日活动中,"骆越"元素的强调,如骆越文化旅游节、骆越多锅宴、骆越文化广场、骆越铜鼓等名称的出现,也可以说另一种意义上从历史的角度强调和突出了马头镇曾经作为骆越古国中心的辉煌和繁荣,这种辉煌和繁荣在今天以节日这样一个聚集上万人的场合再次彰显,起到宣传和教育的作用。它使壮族人由此获得深刻的历史感和穿越时间隧道的即时感,连接了骆越古国的过去与现在中华民族大家庭的纽带,进一步加深人们对骆越文化作为中华文化重要源头的意识。

五 小结:文化认同是连接民族认同与国家认同的纽带

构建国家认同是与民族认同、政治认同、文化认同与宗族认同互为联系、相辅相成的关系。不同的地方社会在构建国家认同时经由不同的路径。作为壮族重要聚居地的广西南宁市武鸣区,通过历史文献、考古发现、信仰崇拜和仪式实践等方面强调自身文化的悠久历史及其与中央王朝及中华文化之间的密切关联性,从而强化当地壮族的国家意识和爱国情怀。尤其突出百越文化的一支——骆越文化的重要意义。在此,我们发现,武鸣壮族对国家的认同主要是通过对地方历史文化的认同而来。一是通过历史文献和考古发现,论证和强调了地方历史文化与中华文化之间的关联,尤其是强调骆越文化的中心在武鸣,而骆越文化是百越文化的核心部分,所以是中华文化的重要源头之一。二是从考古发现和学者们的研究成果,认定骆越古国遗址就在武鸣马头镇,因之骆越古国遗址马头就被当地人视为中华文明的发祥地。三是武鸣盛行的骆越祖母王和龙母崇拜文化,是骆越古国的精神支柱,这种信仰崇拜文化如今在人们的日常生活中得以体现,从而强化了人们对于骆越古国所具有的文明中心和发祥地的认识。四是在当地举行一年一度的"四月四"骆越文化旅游节,以节日的方式展现了骆越文化的方方面面,尤其是强调了"骆越"这一核心概念,正是国家在场的体现。

---

① 罗彩娟:《非遗视野下的武鸣壮族"四月四"祈丰节研究》,《重庆文理学院学报》2017年第4期。

概而言之，武鸣壮族的国家认同构建紧紧围绕着"骆越文化"这一核心要素，从历史意义、考古价值、信仰崇拜、节日实践等方面强调和突显"骆越文化"在武鸣的全面展现及其与中华文化之间的关联，以此树立人们对自身拥有的悠久历史和文明中心的自豪感，从而实现对国家的高度认同。

文化是一个社会人们在精神领域内的某种价值共识，它不仅是一个社会人们行为的共同基础，而且是一个国家政治共同体最根本的维系力量。文化认同是指对人们之间或个人同群体之间的共同文化的确认。使用相同的文化符号，遵循共同的文化理念，秉承共有的思维模式和行为规范，是文化认同的依据。认同是文化固有的基本功能之一。拥有共同的文化，往往是民族认同、社会认同的基础。[①]

由文化认同而发展到国家认同一直得到学界的高度认可。徐杰舜认为不同的族群能否凝聚成一个民族的关键在于文化的认同，他以汉民族的滚雪球为例，夏、商、周、楚、越诸族之间之所以能在滚雪球发展中凝聚成雪球，而且越滚越结实，文化认同是重要的原因。[②] 此外，他还认为文化基因是认同内化的基础，在这个基础上认同的力量是伟大的。例如，在汉族和中南、西南少数民族之中广泛存在的葫芦神话所起的类聚作用，就是一种认同力量，这种认同力量积淀在中华民族的文化底蕴之中，它对中华民族的凝聚作用是任何风暴刮不倒，任何洪水冲不垮的。[③] 李伟认为回族是在中华大地形成的一个少数民族，在其形成与发展中吸收和承载了大量中华传统文化，并经历了对中华传统文化到中华民族再到国家的高度认同过程。近代以来，回族在反对分裂、抗击外敌入侵、维护国家统一、捍卫国家领土完整方面做出贡献，这与历史上回族对中华传统文化的高度认同具有重要关系。[④] 滕兰花从广西龙州班夫人信仰考察壮族民众的国家认

---

① 崔新建：《文化认同及其根源》，《北京师范大学学报》2004年第4期。
② 徐杰舜：《从多元走向一体是民族过程的规律：以汉民族的民族过程为例》，《青海民族研究》2010年第4期。
③ 徐杰舜：《文化基因：五论中华民族从多元走向一体》，《湖北民族学院学报》2008年第3期。
④ 李伟、丁明俊：《从文化认同到国家认同：论中华传统文化在回族形成与发展中的重要作用》，《北方民族大学学报》2010年第2期。

同，认为班夫人的事迹凝聚着百越先民对国家的认同与忠诚，也记录下了汉越民族团结、共同维护边疆安宁的行为。① 石文斌等学者认为在我国社会主义现代化建设过程中，以"多元一体"理论为支持，对各民族文化进行整合，在各民族文化体系进行对话的基础上积极构建文化上的同质内核，使各民族自觉融入国家统一认同的文化场景中，实现对国家统一文化秩序的共享，对增强中华民族凝聚力、保持社会稳定具有重要意义。②

可见，从族群认同到民族认同到国家认同的发展过程中，文化认同是沟通两者的桥梁。不论是民族认同也好，国家认同也好，都不能割裂其与文化认同的联系。各民族共有的文化认同是民族国家政治共同体得以存在和发展的基础，这一基础决定了民族国家政治共同体的合法性。

环大明山地区（尤以武鸣为代表）有深厚的文化底蕴和悠久的历史，是骆越文化的中心，是骆越古国的都城所在地，是中华文明的发祥地之一，是壮族心向国家，向往中华文化的重要的信仰和精神源泉。这种文化认同与中华文化认同、国家认同高度契合、密切相关。

> 环大明山地区是骆越民族的重要活动中心，曾存在着强大的方国，这是骆越远古文明的一个文化积淀，是骆越民族美好的理想境界和精神家园，是骆越民族历史的记忆和文化符号，这也就是大明山壮族龙母文化原生形态的文化解释的基础。
>
> ……
>
> 从母系氏族社会到商周秦汉，在环大明山地区的南麓区域是岭南文明程度发育最早、商周秦汉史籍中记载最多、世居岭南的骆越民族祖居地，是千百年来令现代壮侗语系民族魂牵梦萦的骆越古都所在地！③

因此，再多强调骆越古都所在地武鸣的考古发现意义都不为过。通过

---

① 滕兰花：《从广西龙州班夫人信仰看壮族民众的国家认同：广西民间信仰研究之三》，《广西民族研究》2011年第3期。

② 石文斌、杨虎得：《多元文化整合：国家认同构建的文化路径》，《青海社会科学》2012年第6期。

③ 谢寿球：《武鸣骆越文化探秘》，广西民族出版社2011年版，第244—245页。

上述研究，武鸣壮族不仅在口头上传承有关骆越古国的龙母信仰的传说故事，还在日常生活中有意识地重建骆越文化，弘扬骆越文化，强化骆越文化是中华文化重要源头之一，骆越先民为中华民族、为我们的国家创造出辉煌灿烂的文化这一思想，从而达到宣传和教育的作用。武鸣壮族人从小就意识到如同我们的祖先骆越人一样，当前的壮族也是祖国大家庭中重要的组成部分，壮族人为祖国的发展做出不可磨灭的贡献。武鸣党委政府和地方精英充分重视和挖掘自身具有的悠久历史遗存和考古发现这些丰富的文化资源，以"三月三"和"四月四"两个重要的壮族节日，打造为骆越文化传承发展的重要载体，加深当地人和外来者对骆越古国、骆越古都辉煌历史的了解和认识，强化自身的文化传统和历史上的中华文明发祥地之一的意识，武鸣壮族的民族自豪感和国家认同感愈加凸显。

总之，在具体的国家认同构建路径上，武鸣壮族依托"骆越文化"中心、"骆越古国"都城所在地的自身历史文化资源，走出了一条独特的通过自身深厚的历史文化遗存和丰富的民间传说故事，再以节日和日常生活习俗等方式加以强化的路径，从而实现民族认同与国家认同的高度统一这一目标。

第四节　侬智高奔"雷火峒"：大新壮族的集体记忆和国家认同

何明智认为："国家认同是一个国家公民对自己的归属国的认知，以及对这个国家的评价和感情。生活在左江流域的壮族人民长期以来自觉维护民族团结，心向祖国，是族群集体国家认同的范例。"① 地处左江流域的大新县壮族人民正是鲜明的写照。大新县位于广西西南部，北纬22°29′~23°05′、东经106°39′~107°29′之间，东北邻隆安县，正北与天等县接壤，西北同靖西县相近，西南靠龙州县，正西与越南民主共和国毗连，国界线长40余公里，县人民政府距自治区首府南宁143公里。大新县壮族对国家的认同感主要来源于人民对侬智高抗击交趾，英勇奋战这一历史事件有关，更与侬智高奔"雷火峒"（如今的下雷镇）有密切关系。

---

① 何明智：《族群记忆与族群国家认同——壮族布傣族国家认同与民族团结问题考察》，《前沿》2011年第18期。

北宋庆历元年（1041），侬智高在傥犹州建立"大历国"，与交趾李氏王朝相抗衡。人们在文献梳理和地方考证中发掘出许多与侬智高有关的遗址和传说，这一切都在不断强化当地壮族的国家领土意识和文化安全意识。

一 雷火峒与傥犹州：侬智高遗址掠影

关于侬智高出生的故乡，有靖西人、大新人、天等人、德保人、扶绥人、武鸣人、富宁人等说法，甚至还有越南高平人说法。其中，靖西人和大新人呼声较高。来到大新县考察，我们发现当地人普遍认为侬智高是出生于大新县的一个历史人物。地方学者纷纷从历史遗址、历史文献以及口头传说等方面寻找有关侬智高出生于傥犹州的证据。

2015年12月4日，我们一行40余人参加"侬智高学术研讨会"的学者根据会务组安排，来到大新县下雷镇考察。实地考察前，当地政府在下雷镇大锰宾馆会议室给我们播放了一部由崇左市民族和宗教事务委员会于2015年5月摄制的题为"侬智高与雷火峒"的记录短片，片头介绍这是"为了帮助人们了解和认识侬智高所处年代的历史，了解和认识壮族历史人物侬智高，本片特以侬智高与雷火峒为题，通过电视专题片的形式，讲述侬智高与雷火峒的有关故事，展现一段与如今崇左密切相关的沧桑而非凡的历史"。短片"从千年追忆侬峒地、侬智高奔雷火峒、雷火峒上筑城墙、傥犹州治'古州基'、侬智高遗址群、'代代传颂'侬智高六个方面，通过崇左现存的古志书、古楹联、古诗词、古字画、古石刻、古石壁、古渡口、古庙宇、古祠堂、古岩洞、古城墙、古村寨等文物古迹，展示史实，以镜后人。"通过短片的播放，以及随后我们到侬王城进行实地考察，我们不禁感叹这里确实是侬智高文化的胜地，随处可见侬智高活动的遗址以及有关侬智高的传说故事和民俗文化。其中一位学者还有留下来继续调查的念头，不过终因持续下雨没有如愿。侬智高与雷火峒之间的密切关系，处处展现出中越边境地区自宋以来对中原王朝、对国家的高度向心力。

《宋史》记载："1039年，侬全福及其长子侬智聪为抵御外敌而惨遭杀害。侬智高背负着国难家仇，偕其母奔雷火峒，复据傥犹州，救亡图存。由于北宋王朝实行御北弃南政策，为加强地方政权，侬智高于1041年建立大历国，构筑防御工事，同交趾李朝进行顽强的斗争。1045年，侬智高又在安德建立南天国,年号景瑞,厉兵秣马,实力日强。1052年初,在汉族军师黄师宓、黄玮的帮助下,他发动起义,挥师东进,直抵广州,声势浩大,威震南疆。"这场斗争最后因"狄青平蛮"而失败了,但侬智高的御寇安疆伟业有功当代,泽被后世。

人们对侬智高出生地的争议来源于各自对傥犹州到底是属于今天的何地存在争议。大新县下雷中学已退休的高级中学教师侬兵是一个对当地壮族历史文化研究卓有贡献的杰出地方精英,他声称傥犹州故地在今大新县的硕龙、下雷、土湖,靖西县的岳圩、胡润、化峒,德保县的燕峒、龙光、大旺,天等县的上映、龙茗、都康、向都四县相邻的一带地方。这个地带介于四城岭和三叠岭两大山脉之间,河流纵横,山岭绵延,形成一道东西走向的峡谷地带,是左江上游和右江南岸的毗连地域,称之为左右江走廊。①

侬智高遗址遍布左右江走廊,形成侬智高遗址群。侬兵等人还认为,傥犹州治所就在今天下雷镇的百叠屯。他们对傥犹州治所的确定主要依据明代万历年间,广西巡抚杨芳编绘的《殿粤要纂》一书。该书有关下雷州图的"古州基"标志,即在今大新县下雷镇百叠屯,就是傥犹州之所定位的依据。该图还有"上曜峒""下曜峒"地名,"曜"与"犹"是谐音。这两个"曜"字峒,后来下雷州改为上祐甲、中祐甲、下祐甲。其地又有百荡、峒荡、土荡、曼荡四个"荡"字自然屯,组合成"荡祐"的地域,土名叫"布祐"。"荡祐"和"傥犹"近音异字,傥犹州在此复原。靖西土名叫"央"(洋、样),与下雷的三个"祐"字称为"央祐","央"与"傥"是谐音,因此,"央祐"是"傥犹"的本体。

广西大新县下雷镇就是历史上有名的雷火峒。侬智高随其母奔雷火峒的路线,如今成为中国的边防线。侬智高随其母奔雷火峒后,即在雷火峒构筑防御工事,如今工事遗址尚存,最典型的就是岜特山防城和布国村断龙坳。雷火峒的制高点就是岜特山,当地人称之为侬王城。在现在大新县下雷镇的信隆村。岜特山共建筑有五道防线,并且由五道防线相隔成五个弄场,第一个弄场叫做弄莫,专门圈养牲畜;第二个弄场叫弄社,据说是侬智高的练兵场;第三个弄场叫弄东,是侬智高的指挥中心;第四、第五

---

① 侬兵:《傥犹州寻踪》,未刊稿。

个弄场叫大甲柳、小甲柳，属于后院，利于隐蔽和转移。岜特山防城的每个弄场都有城门和城墙作为防线，形成封闭式的营盘。除了岜特山侬王城，侬智高还在雷火峒构筑有岜倖山防城，后龙山卫城、侬王火灶洞、峎洛岗哨等配套防御工事。

在岜特山主峰下，我们领略了它的雄壮威武，也感慨于侬智高当年为保卫祖国疆土而付出的努力。由于雨天路滑，我们只走到了侬王城的第一道防线——娅王岭防线考察。该防线从岜特山北麓筑石墙往西南岭顶延伸，一直连到岜墓山脚，全长约1000米，居高临下，如临深渊。

侬王城维系国防，与侬智高的抗交保疆有关。交趾原属祖国，隶属象郡，汉为交州，唐置安南都护府。越南于1802年为清朝嘉庆皇帝所赐。北宋时期，交趾李氏王朝扩张领土，侵暴日频，广源州首当其冲，时任广源州知州侬全福奋起抗击，保疆卫国，赵宋王朝不予支援，侬全福势孤力薄，惨遭交趾王杀害，长子侬智聪同时罹难。侬智高遂与其母阿侬奔雷火峒，复据傥犹州，建国曰大历，筑城自卫，厉兵秣马，建立根据地。侬王城就是在这样的历史背景下构筑的。其范围包括弄闷、正屯、坡桐、布温环山而居，面积约10平方公里。①

人们普遍认为，以侬智高为代表的为维护国家领土完整而进行的抗争，是壮族人民的爱国壮举。当时主要是反抗交趾王的并吞、压榨以及宋仁宗的政治排除、经济封锁、放弃南疆领土的错误政策，谓之抗交反宋斗争。这些遗迹都在无声地诉说壮族人民抗击交趾的光辉历史。

二 壮族世代纪念崇拜侬智高

侬智高组织领导反抗交趾的入侵，守卫疆土，有功于国家，有利于百姓。据《宋史·广源州蛮传》记载，侬智高累次上书宋廷，乞求归附和取得宋廷的支援，但北宋王朝却因怕冒犯交趾，拒绝侬智高的内附请求，在这样的情况下，侬智高于1041年在傥犹州继续领导抗击交趾斗争，团结和依靠左右江地区各族人民，自力更生，发展生产，厉兵秣马，增强实力，于1048年打退了交趾侵略者，收复了广源州、傥犹州等大片失地。千百年来，侬智高抗交事迹，被祖国西南边陲各族人民传颂，不少地方群

---

① 见"岜特山侬王城"遗址的介绍。

众以不同的方式纪念侬智高，侬智高的保疆爱国精神一直在壮族民间时代传颂，老百姓纷纷立庙纪念。当地土著称土酋为老彝，后来老彝变成当地人民对侬智高的尊称，许多地方现在仍把村头立的土地庙叫老彝庙，在今崇左、百色、南宁、钦州等部分地方，民间都流传着许多关于老彝的故事和传说，逢年过节都去供奉"老彝"。

其实，在桂西南壮族聚居的村屯，村头都普遍建立老彝庙，农历每月初一和十五，群众照例进庙烧香，逢年过节，带着祭品入庙祭祀老彝，把老彝奉为村民的保护神。据说，老彝就是壮族人民授予侬智高的尊号。在大新、靖西、天等、德保等都有例可证。

> 广西大新县下雷镇智兴村有一个弄彝屯，传说十一世纪中叶，侬智高曾在那里驻军，所以这个屯起名弄彝屯。弄彝有座道冠山，山下有三个相连的岩洞，洞里有个火灶，相传是侬智高建的炉灶，至今遗迹尚存，这个山洞就叫侬王火灶洞。大新县下雷民间把首领、地位高的人称为老彝。……大新县下雷一带有句民谣："侬甲侬甲，天天扔石头练功夫，长大后跟老彝去打交趾王。"侬甲是人名，代表人民群众。这句话反映了众多老百姓对侬智高的拥护和支持。①

因此，老彝就是侬智高的尊号，这些壮族地区的老彝庙就是侬智高庙，是人们祭祀和怀念侬智高的地方。纪念侬智高的庙宇中，影响最大的是位于天等县向都镇普亚村的侬智高庙和福利村都军屯的侬大将军庙。

于是，壮族人民在日常生活中通过到老彝庙祭祀来表达对侬智高的怀念之情。除随处可见的老彝庙，当地壮族还在衣、食、住、行等方面处处展现跟侬智高有关的民风民俗。

> 上甲的服饰与傣族等壮侗语系民族的古老服饰相似，女子穿短袖窄身上衣，下穿百褶长裙。男子穿无袖对襟上衣，用黑布包头。这些服饰多为自种自制的蓝靛土布。据古书记载，壮族先民在宋朝时的服

---

① 农博学：《老彝是侬智高的尊号》，载范宏贵《侬智高研究资料集》，广西民族出版社2005年版，第312页。

饰就是短衣、黑褶裙，这说明上甲的服饰还保留着壮族古代服饰的传统。板价屯的群众80%姓农，其他村落的姓氏也多为农、覃（qín）、梁等壮族姓氏。传说他们是侬智高的直系部落，因避封建王朝的迫害，才把"侬"姓改为"农"姓。"农"姓是壮族古老的森林部落，因森林而得姓（森林在壮语的读音为"农"）。"农"姓是壮族的特有姓氏，因此上甲人保留了许多壮族古代部落的习俗，如爱吃生血菜、鱼生、彩色糯米饭，喜欢练壮拳、棍棒对打等武术。①

此外，在原安平土州上化地方，即今大新县宝圩乡板禄板价两村是古侬峒地，这两村村民也被认为是侬智高之后裔，保留了侬（农）氏族群的习俗。"相传侬峒首领与黄峒首领有隙，发生争斗，结下冤仇，积怨甚久。侬智高反宋失败后，黄峒部族乘机报复，劫掠侬峒。这时候，有一支侬族部众逃到深山老林避难。他们栖洞穴，吃野果，与世隔绝，隐藏下来。后来他们从事农耕，重建家园，成为偏居一隅的土民。他们一直保持古老的风俗习惯，穿短衣长裙，挽髻跣足，生吃兽肉。时过境迁，不改其俗。其地与越南下琅县接壤，居民多农姓，还有覃、闭、梁等姓氏，自称苗族，今改壮族。"②

由于当地妇女保持古老习俗，穿短衣长裙，今天的大新壮族也常常被称为短衣壮，成为他们独特的文化特征。大新壮族群众正是以这种方式世代纪念崇拜侬智高这一民族英雄。

三　侬智高精神传后人

中央民族大学原副校长、教授，壮学专家梁庭望先生，在为《千古人杰——侬智高新传》一书序言中写道："侬智高的爱国之举是应该赞颂的，他为保护我国南疆的土地而捐躯，却被历代满脑子'正统'观念的封建官员和一些文人无端谩骂，是应该拨乱反正的。"

如前所述，2015年12月4日，我们一行40余人在实地考察前，当地

---

① 大新壮族古部落，http://baike.baidu.com/link?url=euRlBpi2c1Ty49Zba44hYmFlVrwgzsSgLPBV2jotOXTMAur7zj6aENmFV7HeebIua_ob-q6j8sDquv9yWg5AW_。

② 侬兵搜集整理：《侬智高遗址实录》，载范宏贵《侬智高研究资料集》，广西民族出版社2005年版，第210页。

政府在下雷大锰宾馆会议室给我们播放了一部由崇左市民族和宗教事务委员会于2015年5月摄制的题为"侬智高与雷火峒"的记录短片。播放短片之后，大新县政协副主席蒋诗婕向我们进一步介绍大新县的历史文化和经济等方面情况。大新县有37万人口，2700平方公里，壮族占99%。跟越南交界42公里（陆地交界），对面是越南高平省（宋时的广源州）。大新县财政收入10亿，是自治区的贫困县，是石漠化治理的区域。大新自然资源非常丰富，主要是锰矿。另外大新是旅游胜地，石漠化主要集中在西北部，这里植被非常丰富，是全国生态示范县，1988年普遍用自然景观分级，大新境内有42个国家级景点，在全国排名第一。大新现在的奋斗方向是"强工、兴旅、稳疆"，强工就是继续强大大新锰矿为代表的工业。大新是广西20个创建旅游特色县之一。德天瀑布是4A景区，现打造申报5A景区。稳固边疆有三个边民护市点和一个口岸（硕龙口岸）。

蒋主席最后重点跟我们讲了有关侬智高跨国崇拜的现象，他认为现在已经危及国家安全，引起了我们的重视。据了解，中国国家主席习近平于2015年11月5日至6日对越南进行国事访问，访问期间，中华人民共和国和越南社会主义共和国6日在河内发表《中越联合声明》。其中第十条谈到，双方签署了《中华人民共和国政府与越南社会主义共和国政府关于合作保护和开发德天瀑布旅游资源的协定》等合作文件。据了解，这一合作协定，即以德天瀑布为中心，在越南划出2平方公里，中国划出2平方公里作为国际旅游合作区。外围由物理方式圈起，游客从各自国家以本国承认的身份证明进入，然后再从进入的地方出去。但是越南在该国的2平方公里做了一个最高等级旅游区，占地500亩，在德天瀑布下游那座山投入600万人民币建了一座庙，这座庙有一个主庙，两个侧庙。右侧供奉送子观音，左侧供奉三个人物，中间是胡志明像，其左是越南人的英雄陈兴道，其右是侬智高的牌位。

这个庙叫"竹林佛迹寺"，2014年3月开工建设，越南国家主席亲自送花篮。开业时间是2015年1月30日，开庙当天，越南国家主席、公安部长亲自到场庆贺，规格非常高，这是不常见的，一般的庙国家领导人不会出席。这个庙正好在4平方公里合作区里，这个合作区1—2年就会运营，游客会迅速膨胀，所以蒋主席声称感觉到压力，因为中国人到任何一个地方，见到庙就会去拜，到时候游客们接受的观念就是侬智高是越南人。侬智高已经被越南人供奉为本国的民族英雄，这对我们的文化和领土安全都是极大的威胁。

蒋主席的一番话，引起了我们的深思。梁庭望教授也私下表达了他的不安感，深感这一事件是对国家文化安全的挑战，对边境地区的安宁也带来不利影响。

此外，梁茂春考察研究了中越边境龙州县壮族的族群认同与国家认同的问题，对广西龙州县那亮村（壮族村）进行了问卷调查和个案访谈。该村紧靠中越两国的国界线，与国家一级口岸的水口口岸仅十多公里的距离，村民使用壮族方言，许多人具有频繁跨境交往的经历。经调查研究发现，首先，中越"跨界壮族"有十分清晰的族群边界。在中国边境居民的观念中，国界线两侧的"同一民族"之间的体质、文化特征的差异已经远远大于中国境内不同民族之间的差异，也就是说学术界所指称的"跨界民族"或"同一民族"其实存在着以国界线为标志的清晰的群体边界；其次，中越"跨境壮族"有十分明确的国家认同。中国边境的壮族在问卷中支持中国的体育队获胜，而不支持越南队，即使他们与越南边境侬族人有密切的来往，有亲戚关系；最后在语言上，所有中国边境的小学生都会说流利的普通话，他们认为不会说普通话，怎么算中国人呢。①

与梁茂春的研究相符的是，同样地处中越边境地区的大新县，在国家认同上也表现出强烈的爱国主义情怀和民族文化安全意识。他们尤其注意挖掘和利用当地的历史文化资源，充分讨论侬智高奔"雷火峒"、建立"大历国"等种种历史事件与地方文化的关联性，以此论证大新地方资源对于提高壮族的国家认同感以及对于国家安全建设的重要意义，不容忽视。在这里，有关侬智高的学术研究，已经超出了纯粹的学术研究意义，而具有关乎国家边疆安全的现实意义。

---

① 梁茂春：《跨界民族的族群认同与国家认同——以中越边境的壮族为例》，《西北民族研究》2012 年第 2 期。

结语："壮"心可鉴

在绪论中，笔者回顾了壮族认同的研究现状，指出其研究特点。也就是在以往的研究中，对壮族认同开展研究的学者们更倾向于从历史学入手，从历时的角度来探讨壮族认同的发展历程。较多关注历史上曾经有过的壮族"汉裔情结"的原因和表现，以及民族识别、民族区域自治政策等国家行为对壮族认同的影响，还有民族意识、文化表征与壮族认同之间的关系。较少从人类学的田野调查出发开展研究的成果。此外，这些研究成果常常只从某一个角度，某一个切入点做微观的分析，而缺乏宏观的视野来全面考察壮族的认同问题。故而，本研究既有从历时性角度来观照壮族在不同历史时期，其族群意识、族群认同是如何发展演化的；又有共时性的进入不同壮族地区调查研究，总结不同壮族地区的族群认同与国家认同特征，从而较为宏观和全面地审视壮族的族群认同和国家认同问题。

一 认同与纽带：我们拿什么来想象壮族

行文至此，我们是否可以回答"谁是壮族"这问题了呢？巫达在讨论彝族的认同问题时，是这样说的：

> 彝族由许多亚族群构成，如果要回答"谁是彝族"这个问题，我们可以说，彝族是中国政府识别为"彝族"的成员，是他们自己认为是"彝族"的人，是现在已经认同或正在积极建构"彝族"认

同的人。①

同样，要回答"谁是壮族"这个问题，我们也可以说，它指的是那些被识别为"壮族"的成员，是他们自己认为是"壮族"的人。其实，当我们追问"谁是我们"的时候，倒可以不必过度追寻血缘，"认同"的基础在文化。钱穆先生早就说过，"中国"不是一个国家，更是一个文化。葛兆光认为，文化认同与文化归属有三个要素：首先，你得承认这些人曾经有一个共同的历史渊源和文化传统；其次，你要承认这些人现在与"其他人"是不同的，不同的地方不是人种差异，更重要的是文化差异；最后，这些人相信彼此共享一些价值，相信将来要走一条共同的道路，所以要在这条道路上会同舟共济。②

在过去、现在、未来这三个面向上，壮族均有共同的认同。既有共享的历史渊源和文化传统，又能认识到自己与他人的不同，特别意识到文化上的不同；在面对未来时也能达成共识，同舟共济。回顾前文讨论的壮族无论在历史上的曲折认同历程，还是在当代不同壮族地区均表现出强烈的文化认同。比如，壮族对本族群的龙母文化、布洛陀文化、那文化、铜鼓文化、歌谣文化、节日文化等文化有高度的肯定和认同感，这些是族群认同的体现。

"在字典、百科全书，亦即触及这类主题的学术论著中，像'部落''氏族''国民''民族''种族''族群''族群性'这些字眼，至今依然难以清楚界定，每个作者所下的定义都是各适其意、各取所需，或者各按各的学门，要不然就是或多或少地反映自己与姆庇之家的关系"。③ 哈罗德·伊萨克（Harold R. Isaacs）以"雪人"这个概念来比喻族群最初的原型。

族群与民族是两个不同的概念，两者之间的区别已有诸多学者讨论，笔者比较赞成徐杰舜教授所说的民族具有政治性，而族群具有文化性。族

---

① 巫达：《社会变迁与文化认同：凉山彝族的个案研究》，学林出版社 2008 年版，第 63 页。

② 葛兆光：《给你安全感的"祖国"是"吾心安处"》，《信睿》，2011 年九月号。

③ 哈罗德·伊萨克（Harold R. Isaacs）：《族群：集体认同与政治变迁》，邓伯宸译，台北立绪文化事业有限公司 2004 年版，第 41 页。

群比民族的范畴更广,是个非常实用的学术概念。他认为,从性质上看,族群强调的是文化性,而民族强调的是政治性;从社会效果上看,族群体现的是学术性,而民族显现的是法律性;从使用范围上看,族群概念十分宽泛,而民族概念比较狭小。① 孙九霞对"族群"的界定是:"在较大的社会文化体系中,由于客观上具有共同的渊源和文化,因此主观上自我认同并被其他群体所区分的一群人,即称为族群。其中共同的渊源是指世系、血统、体质的相似;共同的文化指相似的语言、宗教、习俗等。"②

族群的范围可大可小,既可指少数群体,也可指主体民族。民族则是固定的,带有政治性特点。笔者在这里使用族群认同而不是民族认同的概念,是因为从历史上看,壮族是民族识别之后,尤其是1965年按照周恩来总理的建议,才正式改族名为"壮族"。此前漫长的历史时期,壮族有很多不同的族称,既有自称,又有他称,因此不能以"民族"来涵盖壮族历史上的各种不同族称,诸如西瓯、骆越依人、狼人等。壮族没有被识别为一个民族之时,只能以族群称之,当时的壮族先民已经有了族群意识。另外,族群这个概念则更灵活,既可以指一个民族,又可以指一个民族内部的各个分支。而从横向上来看,讲到壮族认同的时候,既要关注壮族人民对民族族体的认同(即对壮族这一个族体的认同),还要顾及壮族内部各个次级群体的认同,比如还有黑衣壮认同、依人认同、布傣认同等对本族群的认同现象。因此,基于如上考虑,本文使用"族群认同"而不是"民族认同"的概念。在这里,"族群认同"有时指对于壮族这个族体的认同,有时又仅指对壮族内部某个具体的族群的认同。可见族群认同是个内涵和外延都较为广泛的概念。

在人类学的族群研究上,族群研究通常被划分为四大流派:原生论、工具—建构论、边界论、神话符号论。但是越来越多的学者们强调族群的主观性认同,而非客观特征。韦伯、利奇、巴斯等学者的研究强调了族群主观认同性,后来的学者则进一步深入探讨族群认同的形式。安德森的《想象的共同体》中指出:国家、共同体、民族主义、民族是想象出来的。

---

① 徐杰舜:《从多元走向一体:中华民族论》,广西师范大学出版社2008年版,第9—12页。

② 孙九霞:《试论族群与族群认同》,《中山大学学报》1998年第2期。

但是我们拿什么来想象族群或民族这样的共同体？因为，我们并不能凭空想象来建构一个族群和民族，更不可能无中生有。"族群和民族的建构要依赖符号认知和历史记忆，更要依赖日常生活和社会实践，尤其是耳濡目染的形物，更是不可忽略。因此，族群与民族的现象涉及心物，涉及把心物联结在一起的交流活动。"① 他强调要对关键符号的研究，并将其与族群认同和国家认同联系起来进行系统的实证分析。②

陈志明、巫达等学者强调了文化认同对于建构族群的重要性，认为文化认同并不一定与族群认同相重合。但是文化认同又常常成为建构族群的一个重要工具。因此，学术界越来越多人关注文化认同这一主题，人类学对文化认同的关注，主要在于学者们"想进一步了解人们如何通过文化认同来表达其族群认同的，因为一个族群在其被建构过程中往往借助该族群对其文化认同的力量"。③

回顾壮族形成发展的历史和族群认同的历程和审视当前不同地理区域的壮族族群认同模式，我们发现，文化认同同样是壮族塑造自身的一个重要工具，是壮族族群认同的基础。比如，一直延续至今的对壮族骆越文化的重视和借以重塑骆越文化为壮族之源的系列行动，尤其是近年来，武鸣举办一年一度的骆越王祭祀大典，强化壮族同胞对骆越文化的记忆和认同。而被视为壮族人文始祖甚至是珠江流域人文始祖的布洛陀，在以右江流域为主的壮族地区受到顶礼膜拜，布洛陀被认为是壮侗语族诸民族民间传说中的创造世界万物的英雄人物，是壮侗语族诸民族崇拜的创世神、始祖神、宗教神和道德神。布洛陀在民间有广泛的信仰基础。尤其是民间巫师或麽公在进行法事时都会唱诵布洛陀经诗，如前所述，经诗内容涵盖非常广泛，包罗万象，是壮族的百科全书。在广西田阳敢壮山、玉凤镇亭怀山、头塘镇布洛陀山和云南广南等地，建有布洛陀庙或者祭坛，在每年传说中的布洛陀诞辰日，举行隆重的祭祀活动。覃彩銮指出，布洛陀文化是由布洛陀信仰、布洛陀神话和布洛陀经诗三大要素构成，即以布洛陀麽经为载体，以布洛陀神话、信仰和崇拜为核心，以布洛陀祭祀习俗为表现形

---

① 纳日碧力戈：《万象共生中的族群与民族》，中国社会科学出版社2015年版，第1页。
② 同上书，第4—5页。
③ 巫达：《社会变迁与文化认同：凉山彝族的个案研究》，学林出版社2008年版，第226页。

式的文化体系。① 它与骆越文化成为目前壮族最为凸显的文化表征，也是壮族文化认同的两大重要因素。关于两者的关系，覃彩銮进行了清楚的区分：

> 骆越文化与布洛陀文化是两个不同时空和两种不同质态的文化。骆越文化是历史上生活在中国岭南西部地区骆越族创造的文化；而布洛陀文化则是以布洛陀神话和布洛陀经诗为载体、以布洛陀信仰为核心的文化系列。二者关系表现在：布洛陀文化是骆越文化的源头，而骆越文化是对布洛陀文化的传承与发展。②

无论是骆越文化还是布洛陀文化，其内容都包含了对壮族的溯源，都涉及到壮族从哪里来的问题。虽然不强调血缘，但正如张海洋所认为的那样，我们不得不承认，民族认同的持久魅力来源于它那可以随意发挥的"拟家族"性质。民族认同对于起源地、语言、原生宗教、传统、生活习俗等要素的强调，均围绕"共同起源"进行。③

因此，对于虚拟的人文始祖布洛陀的集体祭祀和崇拜，把田阳敢壮山作为壮族发源地，就在于它很好地解决了壮族认同的核心问题，布洛陀文化也因之成为壮族认同的"核心凝聚力"。对于骆越始祖王这一"真实"的始祖的祭祀崇拜活动，同样是围绕壮族的共同起源问题。从而也成为壮族族群认同的一大重要纽带。其他的诸如对节日文化、语言、生活习俗等文化要素的重视，都共同构成了壮族族群认同的牢固纽带。

因此，无论是以客观特征为代表的原生论还是以主观论为代表的工具论、边界论等都无法令人满意地回答族群之所以被视为这一族群而区别于其他族群的问题。客观特征论或者主观论都有其说服力，又同时表现出各自不足之处。

在对壮族漫长的形成发展历史进行审视后，我们发现既不能简单地认

---

① 覃彩銮：《骆越文化与布洛陀文化关系述论》，《广西民族大学学报》2015年第4期。
② 同上。
③ 张海洋：《中国的多元文化与中国人的认同》，民族出版社2006年版，第257页。

为壮族是被无端地、毫无根基地"创造"出来的民族,又不能按照传统的民族志方法,按照可见的文化现象等诸多族群要素来界定谁是壮族,而是提出壮族有其贯穿始终的认同纽带,有其深厚的历史文化根源。透过文化认同来追寻族群认同的纽带,是我们把握壮族认同曲折的认同道路和复杂的认同现象的一条重要途径。

二 多元与流变:壮族族群认同的特征

在人类学的族群研究领域,学者们越来越认可族群认同不是恒定不变的,而是会随着历史而流变,也就是说族群认同不是静态的,而是动态变迁的。"创造壮族"论的最大不足在于其仅仅关注"壮族"成为一个族称之后的实体,而没有注意到在"壮族"族称出现之前,壮族的先民(西瓯、骆越、僮人、俚僚、俍人等)早已活跃在历史的舞台上,他们积淀的文化成为后来壮族认同的重要因素。也就是说,壮族作为一个人民共同体,是先于这个族称而出现的。如果没有从历史的纵深上对壮族的发展历程进行梳理,就会误以为壮族是由中国共产党创造出来,从而得出无法令人信服的结论。其实,壮族的认同早已有之,只是假如我们用今天的民族概念去套用过去的"民族",则是非常不严谨的做法。因此,我们有充分的理由否定"壮族创造"论,也有足够的证据证明壮族并非创造出来。

> 民族是由哪些东西组成的,每个人都可以列出一份自己的清单。随便举个一两项,我称之为基本群体认同要素的东西一定是跑不掉的,总不外共同的文化、历史、传统、语言、宗教,有的还加上"种族",以及领土、政治、经济,所有这些东西各以不同的份量组成一个实体,就是所谓的"民族"。贴近一点去看,在这些组成民族的要素里面,硬要说哪一项是不可或缺的却又未必;当然,像弥尔与雷南所提出来的共同过去与共同意志,或许是必备的,另外,在一些人所下定义中,某些基本要件或许也是不可少的。……"我们"这个唯一重要的民族,为什么会有别于其他非我族类的"他们",却没

有人能够说得明白。①

后来的学者试图把"民族"予以客观化，其实是徒劳无功的，因为"民族"的要素无法科学量化，其混乱才是常态。"如果说组成'民族'的一些成分能够像二氢一氧合成水那样予以公式化，这条公式没有人找到。经过漫长的努力，艾莫生失望之余下了一个结论：'组成民族的东西难以常理分析。'"②

因此族群认同是动态的，而不是静态的，族群认同的各个要素以多种方式进行融合，没有固定的模式。周大鸣在谈到中国族群问题研究的现状时说过，"当下存在着许多族群理论，如文化说、族界理论、根基论、情境论、辨证阐释论、民族国家及其意识形态构建说等，但是，当我们在特定的地点展开具体的族群调查与研究时，很快就发现，现时的族群关系与族群认同模式，比起预先准备的族群理论要生动得多，更要复杂得多。"③同样，当我们把视野投放到壮族身上，我们也发现了壮族的族群认同也是如此复杂。因为回顾和梳理壮族的族群认同现象之后，我们发现无法用任何一种族群理论来解释壮族的族群认同问题，无法概括出壮族的族群认同模式究竟对应于哪一种族群理论。

基于上述认识，我们探讨壮族的族群认同时，可以说壮族的族群认同表现出流变与多元的特点：一方面指壮族的族群认同是一种主动性的而非被动性的认同，是一种随着时间和不同的历史环境而发生变化的动态过程，在不同历史时期表现出不同的认同模式。从纵向上看，在不同历史时期，壮族的族群认同也会跟随政治、经济、社会的环境变化而发生变化。这也就是说，对于壮族来说，族群认同并非恒定不变，而是流动变迁的，族群认同的表现形式也并非单一，而是多元化的。流变与多元是壮族族群认同的典型特征；另一方面，从横向上看，处于不同地理环境的壮族族群，则会表现出不同样式的多元认同面貌。表明不同的壮族地区对壮族的认同感和对壮族文化的表达都是因各自不同的历史资源和社会环境而有不

---

① 哈罗德·伊萨克（Harold R. Isaacs）：《族群：集体认同与政治变迁》，邓伯宸译，台北立绪文化事业有限公司2004年，第258—259页。
② 同上书，第260页。
③ 周大鸣：《关于中国族群研究的若干问题》，《广西民族大学学报》2009年第2期。

同的认同表达模式。也就是说壮族的族群认同模式是因时、因地而异的。这也就是我们所说的壮族族群认同表现出来的复杂性和文化表达的多元性特征。表现在：

一是历史上壮族认同的曲折动态历程。如壮族在历史上的不同遭遇，曾一度导致壮族先民更改族谱，向慕汉文化，表现出明显的"汉人后裔"认同。正如《族群》所言，尽管定义各异，表征也不断在变，但不可否认的，在打造每个人的基本族群认同上，"国家"的政治性最强烈也最排他。[1] 进入到新的时期，尤其是改革开放之后，如靖西县的农姓人，又要求改回原来的"侬"姓，不再声称是汉人的后代，而是认同侬智高为他们的祖先，是壮族。因此，壮族的人口不断攀升。这充分说明了壮族认同的曲折道路。有关这一点，张声震主编的《壮族通史》里有很好的总结。

> 壮族也只是瓯骆人后裔的一支。壮族的形成大抵孕育于唐代，形成于宋代。唐朝中叶黄乾曜、黄少卿、潘长安等领导西原僚人起义，是僚人部落联盟为一个共同的政治目标而斗争的表现，可视为民族认同的孕育期。但"僮"的称谓出现于宋。北宋间侬智高联合左、右江壮族各首领南抗交趾的吞并，北反宋廷压迫，企求建立地方民族统一政权，是为部落联盟、民族认同、壮族形成的标志。但随着侬智高起义的失败，宋王朝施以残酷的军事镇压，继之政治压迫，思想歧视，怀柔同化，壮族人民面临灭顶之灾。为了逃避镇压，被迫瞒宗易姓。原是土著人改成外省人氏，原是侬智高部族后裔改成所谓随狄青南征的"山东白马县人"等。这种历史状况，不能不对壮人的民族意识、民族自尊心产生影响。从唐代起在桂西壮族地区设置的羁縻州、县、峒，宋、元、明、清设置土州、土县、土峒，封建王朝对壮族施行"分而治之""以夷制夷"的政策长达1300多年。长期的分而治之，使壮族互不统属，以致壮族从来没有形成共同的中心。这种历史状况不能不对民族凝聚力的形成产生重大影响。由于长期的民族压迫、民族歧视、民族同化政策，至民国时被认为是"讲僮话的汉

---

[1] 哈罗德·伊萨克（Harold R. Isaacs）：《族群：集体认同与政治变迁》，邓伯宸译，台北立绪文化事业有限公司2004年版，第270页。

人"，或干脆说壮族都汉化了。只有中国共产党缔造的中华人民共和国，以马克思列宁主义民族观看待民族问题，制定民族平等团结政策，才使壮族得以恢复承认，得以享受在多民族祖国大家庭中的平等地位，得以与各兄弟民族一道走上共同繁荣的道路，才使壮民族意识得以复苏。①

这就是壮族族群认同的发展历程，我们从中看到壮族民族意识发展的异常曲折的历程。从纵向的思路来总结壮族在不同历史时期的不同表现，是一种宏观的视角。充分反映了族群认同在不同历史时期的变化，壮族的发展历史是曲折复杂的，同样，壮族族群认同的历史也是曲折复杂的，反映出壮族认同的流变性。

二是从横向上来考察，壮族认同一样表现出其复杂性，不同地方的壮族依托自身的历史文化资源，寻找出各自表述壮族的方式，出现了多元化的政治文化表达。这主要由于壮族分布地域之广，内部族群众多之缘故。

如我们知道的那样，广西壮族按方言和分布区域一般被划分为南壮和北壮两大支系。从桂南沿郁江和右江而上，到平果县后再沿北回归线往西走，上到云南省富宁县，沿此划分线为水准，以北为壮族北部方言，俗称"北壮"；以南为壮族南部方言，俗称"南壮"。广西北壮的分布区主要是龙胜、三江、永福、融安、融水、罗城、环江、河池、南丹、天峨、东兰、巴马、柳江、来宾、宜山、柳城、忻城、贺县、阳朔、荔浦、鹿寨、桂平、贵县、武宣、象州、上林、都安、马山、横县、邕宁（北部）、宾阳、武鸣、平果、田东、田阳、百色、凤山、田林、隆林、西林、凌云、乐业等县（自治县）；而广西南壮的分布区域主要是天等、大新、崇左、宁明、龙州、凭祥、隆安、扶绥、上思、钦州、防城、邕宁（南部）、靖西、德保、那坡等县（自治县）。②

南、北壮族文化特点的差异主要表现在：首先是语言上的差异，然后是源流的不同。南壮和古代骆越人的渊源关系十分密切；北壮和西瓯人的关系比较密切。因此，地处不同地理位置的壮族地区，其族群认同的表现

---

① 张声震主编：《壮族通史》，民族出版社1997年版，第1181—1182页。
② 玉石阶：《试论南北壮族文化特点之差异》，《中南民族学院学报》1990年第4期。

是非常不一样的，不能笼统概括，更不能以某一种族群理论来对应解释。笔者主要选择壮族相对聚居的广西武鸣、靖西、田阳为田野调查对象，同时选择处于壮族边缘地带的云南马关县，以及与其他民族杂居的广西大化瑶族自治县的壮族为田野点，多点调查的结果更进一步证明了壮族族群认同的复杂性和壮族文化表达的多元性这一突出特点。

在武鸣县（现为南宁市武鸣区），人们以骆越文化和龙母文化的中心为共识，从神话传说、习俗实践、文化展示、话语表述等各个方面展现出以龙母文化为核心的壮族认同感；在靖西，壮族民众以共同的侬智高抗击交趾的英雄祖先历史和土司制度等历史记忆为基础要素，并通过壮语、绣球、壮锦、信仰与仪式等文化表征来加以巩固和维持族群边界线。在田阳县，人们从口头传说、经书文本解读、布洛陀庆典等方面极力打造壮族人文始祖的无可替代的地位，声称这里是"壮族发源地"的族群认同模式。可以说，这些地方的壮族均从各自历史传说中挖掘出可资利用的资源，给我们呈现出不一样的族群认同样貌。他们的共同之处是，都对壮族这一族体有高度的认同感和凝聚力。同时，这些地区的壮族纷纷通过各种媒介，展现自己作为壮族的自豪感和荣耀感。无论是出于族群情感还是现实的经济利益，他们均声称自己是壮族的发源地，抢占作为壮族正宗的发言权和合法性。这是文化认同与族群认同高度一致的表现。

此外，在壮族的边缘地带，如马关县和大化瑶族自治县的壮族认同问题，则表现出另外一种模式，与上述处于核心地区的壮族认同大不一样。马关县壮族因地处壮族边缘（地理上的），同时又是壮族这一民族上的边缘（民族文化上的边缘），其族群认同表现在极力挖掘据称是侬智高部队士兵后裔的族源认同以及马关县壮学会在推动族群认同，增强民族意识做出的努力，他们极力向壮族大哥——广西武鸣壮族学习，推广"三月三"节日，挖掘研究壮族的历史文化，寻找正统的壮族文化表征，以获得自身作为壮族正统的合法性。

大化瑶族自治县里的壮族，因其处于周边与汉族、瑶族杂居的地理环境，在表达自身的同时，处处依据其与汉族、瑶族的不同互动经验，一方面对汉族存在向慕心理，称自己祖先也是大汉族，后来才改为壮族；另一方面，由过去对瑶族存在一定偏见，与瑶族保持清晰的族群边界，到如今瑶族自治县成立之后，瑶族身份地位的提升，壮族重新发现瑶族热情真诚的优良品质,与瑶族的交流互动更为深入。因此大化瑶族自治县壮族的族群意识也是极为复杂的。

也就是壮族认同既有最核心的区域,田阳、武鸣等被称为壮族代表的地方,又有边缘的不懂布洛陀、侬智高为何许人也的桂中、桂东地区壮族的较为薄弱的壮族认同意识,还有一些甚至希望认同为傣族、苗族或者自成"拉基"这另一个新民族的不认同壮族的现象。因此我们说壮族的认同并非铁板一块,一个模式。内部的复杂性值得引起我们的注意。

纳日碧力戈用万象共生来比喻和形容中国族群和民族的多元化,并认为这是建设现代中国超级共同体的必要前提,给了笔者很大启发。他说:

> 总之,中国国民的认同及其研究,离不开了解族群意识和民族意识及其"无控性"(即它们是对外部形势的反应,本身不能加以控制),离不开多族、多语和多维的视角,离不开对历史过程的仔细考察,离不开建立在多元族群和民族之上的超级共同体建设,也离不开发展超越"种见"、"族界"和"私利"的高层次共同政治"语法"。民族文化多样,民族感情多样,但都可以包容在同一个主权国民国家的政治空间当中。以主权—空间共性统辖文化—情感特性,是建设现代中国超级共同体的必要前提。①

因此,多元与流变,正是壮族在长期的历史发展过程中作为一个人们共同体的认同特征。通过对历史上壮族的认同演变进行梳理,以及当代壮族的不同认同表达,均表明壮族并非西方学者所认为的那样,是一个被无端"创造的"壮族,而是有着深厚历史基础的、在长期的与汉族相处互动中形成的一个族体。

三 "壮"心可鉴:壮族的族群认同与国家认同高度统一

关于民族认同与国家认同的研究状况,李智环进行了较为全面的总结。她指出,当前国内外研究者的研究成果多集中在全球化、现代化背景

---

① 纳日碧力戈:《万象共生中的族群与民族》,中国社会科学出版社2015年版,第309页。

下，多民族国家的民族认同与国家认同的认同危机上。具体说来，主要体现在以下三个焦点问题：其一，民族认同与国家认同是冲突还是一致；其二，二者之间价值地位高低问题；其三，民族认同、国家认同与文化适应关系。而纵观我国学术界近20年的研究，在民族认同与国家认同二者的关系问题上，基本已形成了主流观点，那就是民族认同与国家认同共存于个体的观念和意识中，应有机地统一起来，不是非此即彼；二者的长期共存是客观事实，并不必然是矛盾与冲突的情况，实践中可以存在良性互动的共生关系。简而言之，二者应该"和而不同，求同存异"。[①]

因此，国家认同对多元族群或民族的国家来说非常重要，族群认同（或民族认同）与国家认同共存于个体的观念和价值体系中，两者并非是矛盾或对立，而是相辅相成的关系。在多民族国家中，族群认同与国家认同在具体实践中可以实现良性互动的共生关系。

尽管对于族群认同与国家认同之间所潜藏的紧张关系表示担忧，但不少学者仍相信，族群的现实生存和自我认同的形成与国家共同体的存在密不可分，因此族群认同与国家认同的关系并不必然是矛盾和对抗的关系，而矛盾与冲突也不是它们所固有的属性和全部内容。[②]

张海洋区分了广义的中华民族认同（文化认同）以及狭义的主权和政体意义上的民族认同（国民认同）和国内地方民族意义上的民族认同（族群认同）这三种认同。同时强调几个层次的认同存在共性，亦有差别。差别在于：其一，国民认同的基本互动对象是国际社会；民族或族群认同的互动对象则主要是国内兄弟民族或政府；其二，国民认同有政体属性，可由政府以主权行为动员和操作。民族或族群认同则多数社会文化性质，主要为民间自发。[③]

那么，在处理它们之间的关系时，他呼吁，"我们应该在保持族群认同时，勿忘国民认同；提倡国民认同时，勿忘人类认同；达于人类认同的境界时，勿失物我同在天人合一的襟怀。这是中国人在面对世界时应该持

[①] 李智环：《民族认同与国家认同研究述论》，《西南科技大学学报》2012年第2期。
[②] 钱雪梅：《从认同的基本特性看族群认同与国家认同的关系》，《民族研究》2006年第6期。
[③] 张海洋：《中国的多元文化与中国人的认同》，民族出版社2006年版，第261—262页。

有的精神境界"①。

吕俊彪通过对京族人的个案研究指出，京族人的族群认同与国家认同的关系并非相互排斥的，二者在相当多的时候表现为一种共生关系。较为显著地表现为一种"家国一体"的集体意识。而京族人族群认同与国家认同的形成与发展，是一个动态推进的历史过程。在此过程中，族群认同和国家认同经历了从零散到集中、从淡薄到稳固、从被动到主动的建构过程。②

从纵横两个角度来统观壮族的族群认同和国家认同问题，我们进一步加深了壮族的族群认同与国家认同相辅相成、高度统一的认识。笔者在此用"'壮'心可鉴"来形容壮族族群认同与国家认同的高度统一，以及壮族作为"五个认同"的模范代表之一。"可鉴"是清澈得可以照见人的意思，"鉴"在这里是照的意思。"'壮'心可鉴"一方面是指壮族的族群认同与国家认同是清晰可见的，是可以研究探讨的议题；另一方面是指壮族无论对本族群（民族）的认同还是对国家的认同，均是耿耿忠心，日月可鉴。壮族既认同于自己的族群和民族，又认同更高一级的国家，两者相辅相成、高度统一，成为维护祖国边境安全、保持民族团结局面的模范。壮族的族群认同与国家认同达到相辅相成、高度统一的境界，主要得益于以下几个因素：

（一）侬智高：壮族族群认同与国家认同高度统一的精神源泉

从历史上看，壮族对国家的认同，首先来自于得到国家的承认，侬智高成为壮族族群认同与国家认同的核心力量来源之一。侬智高抗交反宋事件及国家对这一事件的解读，深刻影响了壮族民众的族群认同和国家认同。

梁庭望教授旗帜鲜明地指出侬智高是中华爱国者。大量的史料解读，分析侬智高前面存在的三条路，以及侬智高起义的性质，侬智高建立地方政权的性质，从而让读者弄清侬智高之所以起兵的原因所在，侬智高是为

---

① 张海洋：《中国的多元文化与中国人的认同》，民族出版社2006年版，第265页。
② 吕俊彪：《京族人的族群认同与国家认同》，社会科学文献出版社2014年版，第174—176页。

了保卫国家领土才被杀死的,朝廷的正史野史都对侬智高大加谴责,谩骂其为"叛贼""逆贼"等,这是不符合历史事实的。他饱含深情地说:

> 侬智高生前请求将广源州中国领土还璧归宋的强烈愿望,竟然是在捐躯的情势下实现的。领土回归了,他还要被人谩骂上千年,冤不冤?!……今日的靖西、德保、那坡、富宁、大新、天等等县地,仍是热火朝天的中华热土,人民享受着改革开放的光荣,对侬智高这位爱国者,我们难道不应当给他说句公道话吗?!这不光是肯定一个人的问题,而是肯定1800万壮人的祖先的爱国护边的光荣历史!千百年来,壮人守住了一千多公里的边界。到近代,广西以外沿海各省都被列强的铁蹄踩踏过,唯独广西壮汉各族人民对付外来入侵没有打过败仗。侬智高的精神曾经给了壮人很大的鼓舞,这是不可否认的事实。①

侬智高反宋出于义举,最主要的目的是使广源道回归,而后建立地方政权,保岭南边关国土。他虽然失败了,但广源道内附的目的总算达到了。广源州属于邕州管辖,是宋朝的国土,虽然被分离出去的交趾当局临时侵占,但作为广源州首领的侬智高父子非常清楚,广源州是中国的,不是交趾李朝的。在广源州的民众和首领都反对交趾李朝占领,决意回归。在受到宋廷拒绝后,只有保境自守以待还璧归宋。广源州包括今天的靖西县、德保县、那坡县、大新县(部分)、天等县(部分)和云南富宁县,还有后来宋廷奉送给交趾的越南高平省。侬智高父子建立地方政权以后,先后七次向宋廷求附,但都遭到了拒绝。史料充分证明,侬智高不是卖国求荣之辈,而是一个堂堂正正的爱国者,保卫祖国领土的功臣。

同样,在壮族人的心目中,侬智高不是叛首,而是壮族人的首领、祖先或神灵。回顾前文所述,无论是壮族的族群认同还是国家认同层面,侬智高事件都是人们反复提到和加以利用的历史资源,成为壮族族群认同与国家认同高度统一的精神源泉。如在对本族群、民族的认同上,靖西壮族侬姓以及马关县壮族侬人都极力把祖先追溯到侬智高及其士兵身上;人们

---

① 梁庭望:《侬智高面前的三条路》,作者赠稿。

还以各种节日（如马关县六月节）、仪式来纪念侬智高，以此强调自己的壮族身份。壮族的许多习俗都可以追溯到与侬智高起义有关的传说故事。对于国家的认同也同样如此，在今天的靖西、大新、德保一带尤为突出。靖西市安德镇即将建立侬智高文化广场和侬王圩，以及近年来搬上舞台的由本地群众表演的"侬智高六旗兵阵"表演，把有关侬智高的英雄历史记忆转换成为可以操演的文化表征符号，既给地方经济发展带来效益，又极大提升壮族的共同体意识和国家认同感。在大新下雷镇，人们把历史文献的记载与现实的文化遗址相结合，努力构建出一个完整的"大历国"遗址出来，向世人呈现那里是侬智高文化的正统代表。在与越南相邻的壮族边境地区，人们对于国家的认同感更为直观和清晰，越南的一举一动都会牵动到当地壮族精英和老百姓的心，其中有关侬智高崇拜的问题，就成了一个非常敏感的话题。在那里，如何表述侬智高，成为是否爱国、是否忠诚于国家的一个衡量标准。因此，侬智高是壮族的杰出首领，被壮族视为祖先、神灵和英雄，是壮族族群认同和国家认同高度统一的重要历史资源和精神源泉。

（二）大度包容：壮族族群认同与国家认同高度统一的有力保障

壮族是对统一国家向心力极强的民族，壮族人民为保卫祖国边疆维护国家统一做出了重大贡献。自1999年起，广西社会科学院每年都开展"公众舆论与社会热点调查"。2010年2月21日，广西社会科学院发布《2010年广西蓝皮书：广西社会发展报告》，67.6%的受调查者最满意广西的"民族关系"。至此，"民族关系"已连续11年成为广西民众最满意的社会发展指标。①

此次调查再一次证明，广西作为我国少数民族人口最多的自治区，各民族之间的关系是非常融洽和谐的。这种融洽和谐的民族关系在全国早已享有盛名，是中华民族强大凝聚力的生动体现。广西"汉族离不开少数民族、少数民族离不开汉族、各少数民族之间也相互离不开"的思想深入人心，平等、团结、互助、和谐的社会主义民族关系进一步得到巩固。

---

① 《"民族关系"连续11年成桂民众最满意社会发展指标》，新华社，2010年2月21日。http://www.gov.cn/jrzg/2010-02/21/content_1537897.htm。

广西壮族自治区的民族团结进步事业蓬勃发展,成为民族团结的模范。壮族具有大度包容的民族性格,不排斥外来文化,积极吸收外来文化以丰富自己,努力与众多外来文化和睦相处,和谐发展。

正如人类学家奈杰尔·拉波特和乔安娜·奥弗林表述的一样:"如今的社会远不是在分散的社会空间中容纳自己的一系列分散的民族和文化标准,社会天生从根本上就是混合的,生活方式相互交融,没有恒定的特性或统一的规则。一系列的沟通或是转换穿过了人与人之间的社会屏障和文化区隔,从连续融合的一端一直延伸到另一端,这些沟通在人们交换物品或行为准则时总是有用的,而这一切都是多样的和矛盾的生活方式造成的。"① 壮族人民走出去,他族人民走进来,更是加速了民族融合和文化融合,这也为壮族人民提高民族认同和国家认同奠定坚实的基础。

> 活动在今广西境属的百越族群,"周时为骆越,秦时为西瓯",西瓯、骆越都是壮族先民。东汉以至隋唐,西瓯、骆越这两个部落先后衍化出乌浒、俚、僚、僮、俍等族群,是现代壮侗语诸民族的共祖先。"僮"这个民族名称,是南宋出现的……除了土著的壮僮诸民族外,自秦始皇统一岭南,置南海、桂林、象郡,将南下大军留戍岭南,并征调一万五千中原妇女南来"以为士卒补衣"后,汉族开始了南下定居岭南的历史……唐宋时期,(汉族)已全面深入桂西山区。明清以后,特别是近代以来……形成了壮汉杂居的局面。②

民族杂居是民族融合的一个基础条件,而广西独特的自然地理条件正是促成外来民族迁入的诱因。广西虽然远离农业发达的中原地带,但是这里也分布着相当数量的人口,由于同华夏文化的中心地带相去甚远,而且文化交流不便,广西土著居民有着自己的、不同于中原汉人的文化和信仰,加之广西地形复杂,地势多险要,"汉人"常常视之为威胁自身发展的不稳定因素,于是就借用战争的方式来解决这一问题。如上所述,战争

---

① [美]奈杰尔·拉波特、乔安娜·奥弗林:《社会文化人类学的关键概念》,鲍雯妍、张亚辉译,华夏出版社2013年版。
② 罗彩娟、徐杰舜:《人类学视野中的广西民族》,《中国民族》2008年第12期。

带来的人口迁移是规模较大的迁移，也是促成民族杂居、融合的重要途径。以靖西安德镇为例，安德镇是宋代广西农民军首领侬智高建立南天国王朝的建都之地，其势力盛极一时。时宋朝皇帝派大将狄青统帅"汉"军来此平灭南天国政权，并在此留下守军，守军多为汉人，也有极少部分的"胡人"，他们在此安定下来繁衍生息，渐渐与当地人民化为一体，最后成为壮族的成员。

在靖西安德镇安德街，有一位周姓的老伯，他的民族是壮族，主要语言是壮话，他的体貌特征也与当地人别无二致，但是他澄清自己的祖籍不在广西而在湖北，他的祖先本是汉人，是随狄青南下广西后留在这里的。但是在这里出生长大的他已然把广西这片土地作为了自己的家乡，也把壮族这个民族身份牢牢地烙在心里。当问到他是否以壮族为豪、愿不愿意做回汉族时，他说："壮族是最热情好客、爱交朋友的少数民族，我身上早就是流着壮族的血液，不会再改啦。"

> 壮族是广西的土著民族。历代广西地区普遍居住着壮族的先民。由于各地区壮族所处的地理历史不同，受中原汉族政治、经济、文化影响的深浅不一样，社会发展的步伐也就迟早不一，当桂西还处在原始社会阶段的时候，桂东北、东南地区已进入封建社会。总之，发展是不平衡的。但不管怎样，广西壮族社会的发展有它的共同点，那就是都受到中原汉族先进政治、经济、文化的影响，都没有经过奴隶社会阶段。可以说，没有汉族老大哥各方面的强大影响，壮族社会的发展将会更慢；可以说，没有汉族这个坚强的核心，就没有我们今天这么一个幅员广大，人口众多的统一的多民族国家，这是历史给我们做出的明确结论。今天，我们应十分珍惜这个结论，加强壮、汉族和各兄弟民族间的团结，为早日实现"四化"，使祖国更加繁荣昌盛而共同奋斗。①

如前所述，对汉文化的仰慕和接受，在某种意义上就是对国家认同的

---

① 黄增庆、张一民：《壮族没有经过奴隶社会的探讨》，载谢启晃等编《岭外壮族汇考》，广西民族出版社1989年版，第229页。

表现。壮族人通过对汉文化的吸收接纳,来达到对国家的认同。在历史上,不论是壮族土司,还是壮族百姓,都曾修改过族谱,声称自己的祖先汉族,表现出"汉人后裔"认同。这种现象一方面是在不利于壮族生存发展的时代,壮族人做出的应对策略;但另一方面,也反映出壮族人对他族文化的包容接纳。

正因此,也常常出现壮族汉化、壮族没有特点等看法。出现这一现象的原因有两个。一是民族交往,这是一种族际互动的实践,任何民族的形成与发展都离不开与其他民族的交往。博厄斯在《种族的纯洁》一文中曾经说过:"人类的历史证明,一个社会集团,其文化的进步往往取决于它是否有机会吸取临近社会集团的经验。一个社会集团所有的种种发现可以传递给其他社会集团;彼此之间的交流愈多样化,相互学习的机会也就愈多。"① 武鸣依托南宁市这一大环境,增强了民族间的交往,通过"三月三"歌圩节,以歌会友、以歌传情、以歌促商,实现了经济互动、文化互动、族际通婚。二是民族社会的发展。民族社会发展是对民族社会的各种构成要素发展和演变的动态考察。任何社会都不是静止不变的,民族社会也是如此,民族社会中各种具有进步性和上升性的变化运动,构成了民族社会的发展。随着改革开放30多年的翻天覆地的变化,广西的民族社会也发生了巨大的变化。从社会层面的发展来说,南宁市城市化的进程不断加快,辐射到武鸣区,并且由城市化这一推动力,延伸到民族社会内部的各个层面;从政治层面的发展来说,政治的发展为民族社会的发展提供制度保障,少数民族越来越多地参与本地区的社会事务和政治决策,并且少数民族成员的利益不断完善,实现民族平等、民族团结;从经济发展的层面来说,武鸣区近年来通过不断地招商引资,缩小地区差距,实现民族地区社会经济的发展;从文化层面的发展来说,武鸣在弘扬本民族语言和文化的同时,以主流文化为导向,使之与现代社会相适应。

大度包容,是壮族的民族性格特征,也是壮族族群认同与国家认同高度统一的有力保障。

---

① F. 博厄斯:《种族的纯洁》,《亚洲》1940年第4期,转引自韦浩明《论族群交往与婚姻互动——贺州族群问题研究》,《黑龙江民族丛刊》2006年第6期。

(三) 文化认同：壮族族群认同与国家认同高度统一的坚实纽带

每一个民族都有深厚的历史文化，在其中浸淫越深，对它的感情也越深。壮族的族群认同和国家认同是以文化认同为基础的，文化认同是族群认同和国家认同的坚实纽带和黏合剂。其实，当我们追问"谁是我们"的时候，倒可以不必过度追寻血缘，"认同"的基础在文化，钱穆先生早就说过，"中国"不是一个国家，更是一个文化。葛兆光认为，文化认同与文化归属有三个要素：首先，你得承认这些人曾经有一个共同的历史渊源和文化传统；其次，你要承认这些人现在与"其他人"是不同的，不同的地方不是人种差异，更重要的是文化差异；最后，这些人相信彼此共享一些价值，相信将来要做一个共同的道路，所以要在这条道路上同舟共济。①

在过去、现在、未来这三个面向上，壮族均有共同的认同。既有共享的历史渊源和文化传统，又能认识到自己与他人的不同，特别意识到文化上的不同；在面对未来时也能达成共识，同舟共济。回顾前文讨论的壮族无论在历史上的曲折认同历程，还是在当代不同壮族地区均表现出强烈的文化认同。比如，壮族对本族群的龙母文化、布洛陀文化、那文化、铜鼓文化、歌谣文化、节日文化等文化有高度的肯定和认同感，这些是族群认同的体现。同样，壮族又是一个包容的民族，对汉族的文化、中华民族的文化均充分吸收和接纳。比如，绝大多数壮族同胞不仅会讲壮语，还会讲汉语；在文字上，极少使用本民族的文字，而基本以汉字作为通用的文字；在节日上，也与汉族及其他民族一起，欢度庆祝春节、中秋节等中华民族共同的节日；在服饰上，除了特殊场合特殊日子，大多数壮族人民穿着的服饰与汉族几无二致。

徐杰舜认为，应从多元走向一体的过程论来理解中华民族多元一体论。"在中国民族发展史上，中华民族从多元走向一体中出现过多元化的民族过程，主要有华夏诸族群聚合为汉族的民族过程，相关族群聚合为蒙古族、维吾尔族等少数中国少数民族的民族过程，大量少数民族的人口融合于汉族的民族过程，部分汉族人口融合于少数民族的民族过程。所有这

---

① 葛兆光：《给你安全感的"祖国"是"吾心安处"》，《信睿》，2011年九月号。

些民族过程在中国这个统一多民族国家的整合下，从多元走向一体形成为中华民族。"① 壮族正是构成中华民族多元中的一元。社会上存在类似"壮族和汉族没有多大区别"之类的观点，从另一个角度来看，却表明了壮族对汉族和其他外来族群文化的包容吸收，更体现了壮族不仅仅认同本民族文化，还认同中华民族文化，是族群认同与国家认同、中华民族认同高度统一的表现。

周建新用"和平跨居"来形容概括中越、中老跨国民族之间的良好关系。中越中老跨国民族族群"和平跨居"及其内部互动模式，包括壮族在内的中越、中老跨国民族和平相处、共生互助的"和平跨居"模式，为国家社会稳定，边疆安全做出不可磨灭的贡献。对于壮族来说，在维护边疆安全上贡献突出，正是壮族对国家有高度的认同感和使命感所致。他还强调要实现中华民族的大认同，"就是实现全中国各族人民的大凝聚，这种大认同既不是同化，也不是异化，而是实现一种最高层次的民族与国家相一致的大认同"②。

2015年8月24日，习近平在中央第六次西藏工作座谈会上指出："必须全面正确贯彻党的民族政策和宗教政策，加强民族团结，不断增进各族群众对伟大祖国、中华民族、中华文化、中国共产党、中国特色社会主义的认同。"更是认同理论的进一步升华。党中央对这五个认同的表述，让我们深刻体会到认同的重大意义。通过"五个认同"培养和树立人民的国家意识、公民意识和中华民族意识，达到民族团结的目的。"五个认同"是国家统一、民族团结、社会稳定的思想基础，是坚定中国特色社会主义道路、弘扬中国精神、凝聚中国力量的源泉。

对照这"五个认同"，壮族无疑都有出色的表现。壮族在认同本民族、本族群文化的同时，还有更高层次的认同，即对伟大祖国的认同、对中华民族、中华文化的认同。"广西地处祖国南疆，在历史上的抗交趾入侵、瓦氏夫人抗倭、中法战争、邕州保卫战、镇南关大捷、昆仑关战役、对越反击战等，广西边疆各族人民保家卫国英勇牺牲的壮烈情怀就是国家

---

① 徐杰舜：《从多元走向一体：中华民族论》，广西师范大学出版社2008年，第176页。
② 周建新：《中越中老跨国民族及其族群关系研究》，民族出版社2002年，第291页。

认同的最好证明。"①

此外，自从中国共产党诞生和中华人民共和国成立以来，壮族一直追随中国共产党的步伐，紧密团结在党中央周围，坚持走中国特色社会主义道路。在五个认同中最后两个"对中国共产党和中国特色社会主义的认同"上，壮族有非常强烈的认同。尤以1929年的百色起义为代表。以邓小平、张云逸、韦拔群等同志为领导的百色起义，建立了中国工农红军第七军，这是在南昌起义、秋收起义、广州起义的影响和鼓舞下，中国共产党在广西少数民族地区实行"工农武装割据"的一次光辉实践。如今，百色起义纪念馆是爱国主义教育的基地。

因此，可以说壮族是践行"五个认同"的模范代表之一。壮族的族群认同与国家认同相辅相成，高度统一。壮族人民对本族群、本民族以及对国家的赤胆忠心，天地为证，日月可鉴！

---

① 罗彩娟：《壮族的民族认同与国家认同相辅相成——广西师范学院黄桂秋教授访谈录》，《民族论坛》2014年第9期。

参考文献

[1][法]爱弥尔·涂尔干:《宗教生活的基本形式》,渠东、汲喆译,商务印书馆2011年版。

[2][英]安东尼·吉登斯:《民族—国家与暴力》,胡宗泽等译,生活·读书·新知三联书店1998年版。

[3][美]本尼迪克特·安德森:《想象的共同体:民族主义的起源与散布》,吴叡人译,上海人民出版社2003年版。

[4]车文博:《弗洛伊德主义原理选辑》,辽宁人民出版社1988年版。

[5]陈志明:《族群认同与国家认同:以马来西亚为例(下)》,罗左毅译,《广西民族学院学报》2002年第6期。

[6]陈志明:《族群的名称与族群研究》,《西北民族研究》2002年第1期。

[7]陈心林:《认同的层次与变迁:潭溪土家族的个案研究》,《湖北民族学院学报》2006年第5期。

[8]崔新建:《文化认同及其根源》,《北京师范大学学报》2004年第4期。

[9]戴光禄、何正廷:《勐僚西尼故:壮族文化概览》,云南美术出版社2005年版。

[10]定宜庄、邵丹:《历史"事实"与多重性叙述——齐齐哈尔市富裕县三家子村调查报告》,《广西民族学院学报》2002年第2期。

[11][美]杜赞奇:《从民族国家拯救历史:民族主义话语与中国现代史研究》,王宪明译,社会科学文献出版社2003年版。

[12]范宏贵:《侬智高研究资料集》,广西民族出版社2005年版。

[13] 方文：《学科制度和社会认同》，中国人民大学出版社 2008 年版。

[14] [美] 菲利克斯·格罗斯：《公民与国家：民族、部族和族属身份》，王建娥等译，中央编译出版社 2002 年版。

[15] 费孝通：《江村经济》，上海人民出版集团 2007 年。

[16] 费孝通：《乡土中国》，上海世纪出版集团 2007 年。

[17] 费孝通：《中华民族多元一体格局》，中央民族大学出版社 1999 年版。

[18] [美] 弗朗兹·博厄斯：《原始艺术》，金辉译，上海文艺出版社 1989 年版。

[19] [英] 盖尔纳：《民族与民族主义》，韩红译，中央编译出版社 2002 年版。

[20] 高永久、朱军：《论多民族国家中的民族认同与国家认同》，《民族研究》2010 年第 2 期。

[21] [美] 格林菲尔德：《资本主义精神：民族主义与经济增长》，张京生、刘新义译，上海世纪出版集团 2004 年。

[22] [美] 哈罗德·伊萨克（Harold R. Isaacs）：《族群：集体认同与政治变迁》，邓伯宸译，台北立绪文化事业有限公司 2004 年。

[23] 海力波：《道出真我——黑衣壮的人观与认同表征》，中国社会科学文献出版社 2008 年版。

[24] 黄应贵：《空间、力与社会》，台北"中央研究院"民族学研究所 1995 年。

[25] 黄现璠、黄增庆、张一民：《壮族通史》，广西民族出版社 1988 年版。

[26] 黄桂秋：《壮族麽文化研究》，民族出版社 2006 年版。

[27] 黄桂秋：《壮族社会民间信仰研究》，中国社会科学出版社 2010 年版。

[28] 黄桂秋：《壮族"岩洞情结"的人类学分析》，《河池学院学报》2007 年第 6 期。

[29] 黄全安：《武鸣骆越文化遗产撷英》，广西民族出版社 2010 年版。

[30] 黄岩：《国家认同：民族发展政治的目标建构》，民族出版社 2011 年版。

[31] 贺金瑞、燕继荣：《论民族认同到国家认同》，《中央民族大学学报》2008 年第 3 期。

[32] [英] 霍布斯鲍姆：《民族与民族主义》，李金梅译，上海人民出版社 2000 年版。

[33] 金观涛：《探索现代社会的起源》，社会科学文献出版社 2010 年版。

[34] [美] 杰弗里·巴洛：《壮族：他们的历史文化与民族性》，金丽等译，广西人民出版社 2011 年版。

[35] 靖西县县志编纂委员会：《靖西县志》，广西人民出版社 2000 年版。

[36] 科大卫，刘志伟：《宗族与地方社会的国家认同：明清华南地区宗族发展的意识形态基础》，《历史研究》2000 年第 3 期。

[37] [美] 克利德福·格尔茨：《文化的解释》，张海洋等译，上海人民出版社 1999 年版。

[38] 兰林友：《论族群与族群认同》，《广西民族学院学报》2003 年第 3 期。

[39] 李伟、丁明俊：《从文化认同到国家认同：论中华传统文化在回族形成与发展中的重要作用》，《北方民族大学学报》2010 年第 2 期。

[40] 李智环：《民族认同与国家认同研究述论》，《西南科技大学学报》2012 年第 2 期。

[41] 李远龙：《认同与互动：防城港的族群关系》，广西民族出版社 1999 年版。

[42] 梁庭望：《壮族原生型民间宗教调查研究》，宗教文化出版社 2009 年版。

[43] 梁庭望：《西瓯骆越关系考略》，《广西民族研究》1989 年第 4 期。

[44] 梁茂春：《跨越族群边界：社会学视野下的大瑶山族群关系》，社会科学文献出版社 2008 年版。

[45] 罗树杰：《论土司制度的灵魂》，《民族论坛》2011 年第 7 期。

[46] 罗世敏，谢寿球：《大明山龙母揭秘》，广西民族出版社 2006 年版。

[47] 罗彩娟：《千年追忆：云南壮族历史表述中的侬智高》，广西师范大学出版社 2012 年版。

[48] 吕俊彪：《财富与他者：一个古镇的商品交换与族群关系》，社会科学文献出版社 2009 年版。

[50] [美] 马丁·N. 麦格：《族群社会学》，祖力亚提·司马义译，华夏出版社 2007 年版。

[51] 马戎：《民族社会学——社会学的族群关系研究》，北京大学出版社 2004 年版。

[52] 马戎：《理解民族关系的新思路：少数族群问题的"去政治化"》，《北京大学学报》2004 年第 6 期。

[53] [美] 麦克尔·赫兹菲尔德：《什么是人类常识》，刘珩、石毅、李昌银译，华夏出版社 2005 年版。

[54] [澳] 迈克尔·A. 豪格等：《社会认同过程》，高明华译，中国人民大学出版社 2011 年版。

[55] 明跃玲：《神话传说与族群认同——以五溪地区苗族盘瓠信仰为例》，《广西民族学院学报》2005 年第 3 期。

[56] [法] 莫里斯·哈布瓦赫：《论集体记忆》，毕然、郭金华译，上海人民出版社 2002 年版。

[57] 纳日碧力戈：《现代背景下的族群建构》，云南教育出版社 1999 年版。

[58] 侬芸青：《侬智高侬氏是原住左右江地区的土著民族》，《靖西壮学研究》2009 年第 30 期。

[59] 祁进玉：《群体身份与多元认同——基于三个土族社区的人类学对比研究》，社会科学文献出版社 2008 年版。

[60] 钱雪梅：《从认同的基本特性看族群认同与国家认同的关系》，《民族研究》2006 年第 6 期。

[61] 覃乃昌：《从族群认同走向民族认同：20 世纪中后期广西的民族识别研究之三》，《广西民族研究》2009 年第 3 期。

[62] 覃彩銮：《壮族的国家认同与边疆稳定：广西民族"四个模范"

研究之二》,《广西民族研究》2010 年第 4 期。

[63] 覃德清:《多重的认同,共赢的汇融——壮汉族群互动模式及其对消解民族矛盾的启示》,《广西民族研究》1999 年第 4 期。

[64] 丘振声:《壮族图腾考》,广西教育出版社 2006 年版。

[65] 权新宇:《白马人的族群认同——基于地域、"沙嘎帽"与白鸡传说的思考》,《河北北方学院学报》2011 年第 3 期。

[66] [美] 塞缪尔·亨廷顿:《文明的冲突与世界秩序的重建》,周琪等译,新华出版社 2009 年版。

[67] 施正锋:《台湾人的民族认同》,台湾中山大学台湾研究中心,2000 年。

[68] 史宗:《20 世纪西方宗教人类学文选(下卷)》,金泽、宋立道、徐大建等译,上海三联书店 1995 年版。

[69] 石文斌,杨虎得:《多元文化整合:国家认同构建的文化路径》,《青海社会科学》2012 年第 6 期。

[70] 苏华清:《"掘尾龙拜山"源远流长的原生态龙母文化》,《南宁日报》2008 年 7 月 28 日第 012 版。

[71] 孙九霞:《论族群与族群认同》,《中山大学学报》1998 年第 2 期。

[72] 滕兰花:《从广西龙州班夫人信仰看壮族民众的国家认同——广西民间信仰研究之三》,《广西民族研究》2011 年第 3 期。

[73] 田昌五:《古代社会形态研究》,天津人民出版社 1980 年版。

[74] 万建中:《传说记忆与族群认同——以盘瓠传说为考察对象》,《广西民族学院学报》2004 年第 1 期。

[75] [英] 王斯福:《帝国的隐喻:中国的民间宗教》,赵旭东译,江苏人民出版社 2008 年版。

[76] 王明珂:《华夏边缘:历史记忆与族群认同》,允晨文化实业股份有限公司 1997 年。

[77] 王明珂:《羌在汉藏之间——一个华夏边缘的历史人类学研究》,联经出版事业股份有限公司 2003 年。

[78] 王铭铭:《社会人类学与中国研究》,广西师范大学出版社 2005 年版。

[79] 王铭铭:《走在乡土上——历史人类学札记》,中国人民大学出版社 2003 年版。

[80] 王希恩:《民族认同与民族意识》,《民族研究》1995 年第 6 期。

[81] 王文光、李晓斌:《百越民族发展演变史——从越、僚到壮侗语族各民族》,民族出版社 2007 年版。

[82] 王柏中、刘萍、肖可意:《短衣壮的家乡:广西大新县宝圩乡板价村板价屯调查报告》,社会科学文献出版社 2011 年版。

[83] 王逸舟:《当代国际政治析论》,上海人民出版社 1995 年版。

[84] 王军:《民族主义与国际关系》,浙江人民出版社 2009 年版。

[85] 吴泽霖:《人类学词典》,上海辞书出版社 1991 年版。

[86] 巫达:《社会变迁与文化认同:凉山彝族的个案研究》,学林出版社 2008 年版。

[87] 武鸣县政协:《武鸣文化遗产荟萃》(上卷),广西民族出版社 2013 年版。

[88] 武鸣县政协:《武鸣文化遗产荟萃》(下卷),广西民族出版社 2013 年版。

[89] 萧凤霞、刘志伟:《宗族、市场、盗寇与疍民》,《中国社会经济史研究》2004 年第 3 期。

[90] 谢启晃等编:《岭外壮族汇考》,广西民族出版社 1989 年版。

[91] 徐杰舜:《论族群与民族》,《民族研究》2002 年第 1 期。

[92] 徐杰舜:《从多元走向一体:中华民族论》,广西师范大学出版社 2008 年版。

[93] 徐杰舜:《文化基因:五论中华民族从多元走向一体》,《湖北民族学院学报》2008 年第 3 期。

[94] 徐杰舜:《从多元走向一体是民族过程的规律:以汉民族的民族过程为例》,《青海民族研究》2010 年第 4 期。

[95] 徐松石:《徐松石民族学文集》(上卷),广西师范大学出版社 2005 年版。

[96] 许慎:《说文解字》,中华书局 1963 年版。

[97] 阎云翔:《差序格局与中国文化的等级观》,《社会学研究》

2006年第4期。

［98］闫伟宁：《当代西方民族主义研究范式述论》，《民族研究》2008年第4期。

［99］玉时阶：《美国瑶族的国家认同与文化认同》，《广西民族研究》2011年第3期。

［100］杨庆堃：《中国社会中的宗教：宗教的现代社会功能及其历史因素之研究》，范丽珠等译，上海人民出版社2006年版。

［101］杨念群：《生活世界中的"象征替代"》，载张立升《社会学家茶座》，山东人民出版社2006年版。

［102］袁娥：《民族与国家何以和谐——云南沧源佤族民族认同与国家认同实证研究》，知识产权出版社2012年版。

［103］张声震主编：《壮族通史》，民族出版社1997年版。

［104］张声震主编：《壮族史》，广东人民出版社2002年版。

［105］张宝成：《民族认同与国家认同之比较》，《贵州民族研究》2010年第3期。

［106］张自明修，王富臣等纂：《马关县志》，台北成文出版社1932年。

［107］周大鸣：《多元与共融——族群研究的理论与实践》，商务印书馆2011年版。

［108］周大鸣：《论族群与族群关系》，《广西民族学院学报》2001年第2期。

［109］周建新：《中越中老跨国民族及其族群关系研究》，民族出版社2006年版。

［110］周星：《关于"中华民族多元一体格局"的学术评论》，《北京大学学报》1990年第4期。

［111］周星、王铭铭：《社会文化人类学讲演集》，天津人民出版社1997年。

［112］周平：《论中国的国家认同建设》，《学术探索》2009年第6期。

［113］庄孔韶：《人类学通论》，山西教育出版社2005年版。

［114］Erik H. Erikson, Ldentity and the Life Cycle：Vol. 1 Selected papers. Psychological issues. New York: International Universities Press, 1959.

[115] Katherine Palmer Kaup, *Creating the Zhuang: Ethnic Politics in China*, Colorado: Lynne Rienner Publishers, 2000.

[116] Max Weber, The Ethnic Group, In Parsons and Shils et al (eds.). Theories of Society, Vol. 1 Gleercol Illinois, The Free Press, 1961.

[117] Phinney. J, Stage of ethnic identity development inminority group adolescents. Journal of Early Adolescence, 1989 (9), pp. 1 - 2.

后　　记

本书是笔者于2010年获得国家社科基金项目"壮族的族群认同与国家认同研究"（项目批准号：10XMZ038）的最终成果，本书获得广西民族大学民族学与社会学学院"中国南方与东南亚民族研究中心"资助出版。自从立项后，笔者在日常工作之余，花了近五年时间完成了项目研究，得以顺利结项。五位匿名评审专家对该项目成果提出的修改意见都非常中肯，笔者在结项后也针对修改意见尽可能地补充完善。

本项目的顺利完成，首先感谢我的导师徐杰舜教授。自从2002年进入师门，成为徐老师门下的一名硕士生，这10余年来，我从一个天资愚钝之人逐步成长为一个专业的人类学研究者。此后，我于2008年获得人类学博士学位，2017年完成博士后研究任务。2010年初，我在申报此项目时，徐老师对我的申报书提出非常中肯的意见；而在项目研究过程中，他亦提出许多宝贵的建议。

广西大学的罗树杰教授和广西师范学院的曾令辉教授对我的申报书提出非常有益的修改意见，最终促成我获得立项。我对他们的帮助表示衷心感谢。此项目完成写作后，得到我的博士后合作导师——中山大学刘志伟教授，以及云南大学周建新教授、广西民族大学王柏中院长、秦红增教授等专家的指导，在此深表谢意！

在繁忙的工作之余，我之所以能较为顺利地完成项目研究，离不开我当时所在的工作单位——广西师范学院政法学院给我提供的宽松环境和成长平台，离不开政法学院的领导和同事们的大力支持。衷心感谢曾令辉院长、李传珂书记、黄志强副院长、侯宣杰副院长（现为政法学院院长）等学院领导对我的关照和帮助！同时感谢我当时的同事覃明兴副教授、玉长文老师、付敏红老师、刘坚老师、李何春博士等一起为我分担教学和其他工作任务，减轻我的教学工作量，我得以把更多时间投入到项目研究中。感谢玉长文老师为我牵线搭桥，联系武鸣县相关领导，使我得以顺利前往武鸣县开展田野调查。感谢付开镜教授和张兴副教授多次对我工作中遇到的各种难题给予力所能及的帮助。

感谢中央民族大学原副校长梁庭望教授，在一同前往大新、靖西考察途中，梁老师与我分享他开展研究的诸多切身经历和对壮学研究的寄望，让我受益匪浅。感谢广西师范大学覃德清教授，在他的提携和支持下，我的论文得以发表；如他所说，给我们这些年轻学者发论文犹如雪中送炭，而不像给知名学者发论文那样锦上添花。

感谢广西壮学学会会长覃彩銮研究员在我申报出版资助项目时，作为鉴定专家对我给予的肯定和提出修改建议。此外，他把我带入广西壮学学会的队伍，让我有更多的机会与学术同行交流。并有机会于2015年12月与30多名专家一同前往靖西、大新等地考察，为我完成研究补充更为丰富的田野资料。

本研究得以顺利完成，尤其离不开我这几年深入壮乡开展田野调查所获得的各方人士的鼎力支持。武鸣总工会困难职工帮扶中心的黄荣新为我联系安排到罗波镇调查相关事宜；罗波镇统战委员周博、罗波镇罗波社区陆映春书记等为我们在罗波镇调查期间，联系地方长老与我们开座谈会，妥善解决我们的食宿问题。马头镇副镇长杨锡纯开车带领我和我的学生前往马头镇敬三村联系调查；马头镇敬三村韦武荣书记、韦爱珠妇女主任为我们安排食宿，带领我们走访村中长老，为我顺利完成调查研究提供大力支持。

田阳县委宣传部杨发猛副部长为我在田阳调查期间安排得力的向导和助手；田阳县布洛陀文化研究会黄明标会长赠送给我数本他自己的著作，让我受益良多，和他的访谈也成为我写作的主要素材，他热情联系当地向导，使我得以顺利前往百育镇敢壮山和玉凤镇开展调查；田阳县布洛陀文化研究会莫实坤副会长陪同我到实地考察布洛陀信仰圣地——敢壮山，他早上特自为我从县城送来早餐的场景令我感动不已；坡洪镇宣传委员袁丰莉不仅陪同我在县城考察瓦氏夫人墓和拜访相关人员，还为我到坡洪镇调查提供便利，是我重要的田野报道人；坡洪镇干部梁绍山、韦刚曾开车带我去考察当地著名庙宇和村落；玉凤镇文化站原站长黄正才带领我们走访布洛陀文化的相关遗迹，他的热情好客深深地感动了我。我对上述领导和朋友的鼎力相助致以崇高的敬意，感谢他们！

感谢马关县马洒村欧阳志成支书，自从2005年开始进入马洒进行田野调查以来，我们之间已结成深厚的友谊，感谢她一直以来的支持和帮助。还有许多在田野中遇到的善良的人们，恕我不能在此一一点名，我将永远铭记和感谢他们。没有他们的帮助，就不会有我今天这本著作的。

此外，感谢这几年随我一起参与调查研究的我的几个硕士研究生，他们是已经毕业的王玲霞、王晟阳、梁莹、马佳、李明典、刘丽等同学以及2017年毕业的陆奕晓同学，其中梁莹同学对部分内容的写作有贡献。与他们共同成长的经历令人难忘。

最后，感谢我的家人一如既往地支持我的研究工作。

虽然有幸得到这么多人的关心、提携和帮助，但是由于本人水平有限，学术不够精深，本书还有诸多有待完善的地方。愿将此书作为一个新的起点，继续行走在人类学研究的征程上。

罗彩娟

2017年7月26日